Yasmin Boland

Astrologie

Yasmin Boland

Astrologie

Die Magie deiner Sterne

So deutest du dein Geburtshoroskop
und nutzt die Kraft des Universums

Aus dem Englischen übersetzt
von Sabine Zürn

INTEGRAL

Die Originalausgabe erschien 2016 unter dem Titel
Astrology Made Easy: A Guide to Understanding Your Birth Chart
bei Hay House UK Ltd.

MIX
Papier | Fördert
gute Waldnutzung
FSC® C014496

Penguin Random House Verlagsgruppe FSC® N001967

Erste Auflage 2023

Printed in Germany.
Covergestaltung: Guter Punkt, München
Coverfoto: © titoOnz/iStock/Getty Images Plus,
© painterr/iStock/Getty Images Plus und
© mouu007/iStock/Getty Images Plus
Satz: Leingärtner, Nabburg
Druck und Bindung: GGP Media GmbH, Pößneck
ISBN 978-3-7787-9323-7

www.Integral-Lotos-Ansata.de
www.facebook.com/Integral.Lotos.Ansata

Für meinen alten Kumpel und Astrologie-Kollegen,
den verstorbenen wunderbaren Jonathan Cainer.

Inhalt

Vorwort 15

Über dieses Buch 19

Teil 1 Die Grundlagen der Astrologie 21

Kapitel 1 Was ist Astrologie? 23

Die Ursprünge der Astrologie 24

Der Tierkreis 25

Wie funktioniert die Astrologie? 27

Teilgebiete der Astrologie 28

Das Geburtsbild oder Horoskop 29

Kapitel 2 Dein Geburtshoroskop – Wegweiser für dein Leben 31

Dein Geburtshoroskop berechnen 31

Dein Horoskop kennenlernen 35

Die Tierkreiszeichen in deinem Horoskop 36

Die Planeten in deinem Horoskop 39

Die Planeten in den Zeichen deines Horoskops 42

Die zwölf Häuser 44

Die Zeichen in den einzelnen Häusern 45
Dein Aszendent 46

Kapitel 3 Die Tierkreiszeichen verstehen 49
Die vier Elemente 50
Die Einteilung der Zeichen nach den vier Elementen 51
Die Elemente in deinem Horoskop 55
Die drei Modalitäten 57
Kardinale, feste und bewegliche Zeichen 57
Die Modalitäten in deinem Horoskop 59
Die Polaritäten 61
Die Polaritäten in deinem Horoskop 61

Kapitel 4 Die Planeten 65
Die inneren und äußeren Planeten 65
Die Generationsplaneten 67
Die Eigenschaften der Planeten 69
Die Sonne 69
Der Mond 71
Merkur 73
Venus 75
Mars 77
Jupiter 79
Saturn 81
Uranus 83
Neptun 85
Pluto 87
Die positiven und negativen Seiten der Planeten 89

Kapitel 5 Die Tierkreiszeichen erforschen 93
Die Herrscherplaneten der verschiedenen Zeichen 94
Die Bedeutung der Tierkreiszeichen 95
Widder 96
Stier 97
Zwillinge 99
Krebs 100
Löwe 101
Jungfrau 103
Waage 104
Skorpion 105
Schütze 107
Steinbock 108
Wassermann 109
Fische 111

Kapitel 6 Die Kardinalpunkte eines Horoskops 113
Der Aszendent 114
Die Zeichen im Aszendenten 116
Die Herrscherplaneten des Aszendenten 118
Der Deszendent 118
Die Zeichen im Deszendenten 119
Das Medium Coeli 120
Die Zeichen auf dem Medium Coeli 121
Das Imum Coeli 122
Die Zeichen auf dem Imum Coeli 122

Kapitel 7 Die Häuser 125
Verschiedene Formen der Horoskopdeutung 126
Winkel-, Nachfolge- und Kadentenhäuser 129
Die Häuserspitzen 130

Die Herrscherplaneten der Häuserspitzen ... 131
Die Bedeutung der Häuser ... 132
1. Haus ... 134
2. Haus ... 135
3. Haus ... 135
4. Haus ... 136
5. Haus ... 137
6. Haus ... 137
7. Haus ... 138
8. Haus ... 139
9. Haus ... 139
10. Haus ... 140
11. Haus ... 141
12. Haus ... 142
Die Herrscherplaneten deiner Häuser ... 142
Widder oder Widder-Aszendent ... 143
Stier oder Stier-Aszendent ... 144
Zwillinge oder Zwillinge-Aszendent ... 144
Krebs oder Krebs-Aszendent ... 145
Löwe oder Löwe-Aszendent ... 146
Jungfrau oder Jungfrau-Aszendent ... 147
Waage oder Waage-Aszendent ... 148
Skorpion oder Skorpion-Aszendent ... 149
Schütze oder Schütze-Aszendent ... 149
Steinbock oder Steinbock-Aszendent ... 150
Wassermann oder Wassermann-Aszendent ... 151
Fische oder Fische-Aszendent ... 151

Teil II Vertiefung 155

Kapitel 8 Grade, Aspekte und Orbis 157

Die Gradzahlen in deinem Horoskop 157

Die Aspekte 160

Konjunktion, Sextil, Quadrat, Trigon und Opposition 160

Der kosmische Zustand von Planeten 164

Die Aspekte deuten 166

Kapitel 9 Aspektfiguren und Horoskopmuster 171

Wichtige Aspektmuster 171

Das T-Quadrat 171

Das große Trigon 172

Die Yod-Figur 174

Das mystische Rechteck 175

Die Drachenfigur 176

Wichtige Horoskopmuster 177

Die Wippenform 177

Die Spreizform 178

Die Lokomotivform 178

Die Eimerform 179

Die Bündelform 180

Die Spritzerform 180

Kapitel 10 Rückläufige Planeten 183

Was eine Rückläufigkeit verursacht 183

Wie sich rückläufige Planeten auf uns auswirken 184

Die Bedeutung von Rückläufigkeiten 185

Rückläufiger Merkur 186

Rückläufige Venus 186

Rückläufiger Mars 187

Rückläufiger Jupiter 188
Rückläufiger Saturn 189
Rückläufiger Uranus 189
Rückläufiger Neptun 190
Rückläufiger Pluto 191
Rückläufigkeit mit drei Durchläufen 192

Kapitel 11 Die Mondknoten 195
Mit den Mondknoten arbeiten 196
Die Wirkungen der Mondknoten in den Häusern 197

Teil III Alles zusammenfügen 201

Kapitel 12 Einführung in die Horoskopdeutung 203
Das Geburtshoroskop als Ganzes betrachten 203
Die »Großen Drei« analysieren: Sonne, Mond und Aszendent 204
Die astrologische Synthese 205

Kapitel 13 Das »astrologische Kochbuch« 209
Planeten in Zeichen und Häusern deuten 209
Die Sonne 210
Der Mond 211
Der Aszendent 217
Merkur 219
Venus 222
Mars 225
Jupiter 227
Saturn 229
Uranus 233
Neptun 236
Pluto 239

Kapitel 14 Liebe, Geld und andere Geheimnisse deines Horoskops ... 243
Geld ... 243
Liebe ... 245
Karriere, Erfolg und Ansehen ... 247
Lebenslektionen und Lebensglück ... 249
Reisen und Abenteuerlust ... 250
Wie du auf andere wirkst ... 250
Familie ... 251
Kinder ... 252
Gesundheit ... 252
Erotik ... 253
Kreativität ... 254
Ängste ... 255
Freundschaften ... 255
Lebensaufgabe ... 256

Kapitel 15 Prognostische Astrologie ... 257
Was sind Prognosen? ... 257
Noch eine Anmerkung zum »astrologischen Kochbuch« ... 259
Prognosen erstellen mithilfe der Ephemeriden ... 259
Prognosen erstellen mithilfe der Mondphasen ... 267

Zum Schluss ... 269
Glossar ... 273
FAQ ... 281
Literatur ... 285
Dank ... 287
Über die Autorin ... 288

Vorwort

Die Astrologie ist ein Geheimcode für Erfolg. Für mich ist sie das Geheimnisvollste und Interessanteste, das ich jemals entdeckt habe. Ich lebe und liebe die Astrologie nun schon seit fast zwanzig Jahren und bin immer noch begeistert von ihr.

Die Astrologie ist eine seit Jahrtausenden bewährte Methode der Zukunftsdeutung. Mit ihrer Hilfe konnte ich mein eigenes Leben entschlüsseln und anderen Menschen in Einzelgesprächen helfen. Oft habe ich sie auch eingesetzt, um Freunden zu helfen, die schwere Zeiten durchmachten. Auf der ganzen Welt habe ich Vorträge über Astrologie gehalten, unzählige positive Rückmeldungen live und digital bekommen, zahlreiche Workshops geleitet und Artikel, Beiträge und Bücher über Astrologie geschrieben.

Es überrascht mich – und macht mich gleichzeitig ärgerlich –, dass einige der weltweit führenden Wissenschaftlerinnen und Wissenschaftler die Astrologie kategorisch ablehnen, ohne sich je mit ihr befasst oder sie auch nur fünf Minuten lang getestet zu haben, ganz zu schweigen von den Jahrzehnten, die es braucht, um sie wirklich zu beherrschen. Mein erster Astrologielehrer forderte mich immer wieder auf, die Astrologie zu testen, zu testen und nochmals zu testen. Seither teste ich sie täglich aufs Neue. Fakt ist: Astrologie funktioniert, und in diesem Buch zeige ich dir, wie.

Mein Einstieg in die Astrologie

Meine Freunde aus der Highschool behaupten, dass ich mich schon damals sehr für Astrologie interessiert und ständig von Planeten und Tierkreiszeichen gesprochen hätte. Daran kann ich mich ehrlich gesagt nicht erinnern. Ich weiß nur noch, dass ich im Alter von zwölf Jahren mein Horoskop in einem britischen Teenagermagazin für Mädchen mit dem Titel *Pink* gelesen habe. Ich lebte damals in Tasmanien, Australien, und überlegte, ob die Informationen sowohl für die nördliche als auch für die südliche Hemisphäre der Erde gälten (so ist es).

Meine Reise (in diesem Leben) als Sterndeuterin begann während meiner Zeit als freiberufliche Journalistin. Eine Freundin, die sich intensiv mit Astrologie beschäftigte, räumte ihr Büro aus, weil sie wegzog, und da sie wusste, dass ich mich für das Thema interessierte, schenkte sie mir mehrere Kartons mit ihren Lieblingsbüchern – wahre Schatzkisten! Ich ahnte sofort, dass etwas Großartiges geschehen würde.

Denn im Grunde handelte es um eine handverlesene Sammlung der besten Astrologiebücher der letzten etwa hundert Jahre, geschrieben von den renommiertesten Autoren, im Wert von Hunderten oder Tausenden von Pfund. Aber abgesehen von ihrem materiellen Wert, wusste ich instinktiv, dass sie mein Leben verändern würden. Wenn ich an dieses Geschenk zurückdenke, spüre ich, dass es eine Fügung des Schicksals war. Dieselbe Freundin zeigte mir zudem, wie ich ein Geburtshoroskop für mich und meine Freunde erstellte, und sie erklärte mir, wie man Prognosen trifft.

Also fing ich an, diese Astrologiebücher zu lesen, und verglich das, was ich in ihnen fand, mit meinem eigenen Horoskop. Plötzlich verstand ich mich selbst! Das war die aufschlussreichste Erfahrung, die ich je machte – abgesehen vom Meditieren. Ich bin überzeugt davon, dass wir mit unserem Geburtshoroskop auf die

Welt kommen, um aus den darin zugrunde gelegten Konstellationen etwas zu lernen. Es ist Aufgabe der Astrologie, diese Informationen zu entschlüsseln, und mir wurde dieser Schlüssel in die Hand gedrückt.

Ich gebe ehrlich zu, dass ich mich fast sofort in die Astrologie verliebte. Jeden Tag drang ich noch etwas weiter in die Materie vor, denn ich konnte gar nicht mehr aufhören, die Bücher zu studieren. Außerdem wurde ich Mitglied in mehreren Astro-Chatgroups, in denen ich mit wunderbaren Astrologinnen und Astrologen rund um den Globus kommunizierte.

Rückblickend kann ich die Begeisterung kaum beschreiben, mit der ich über Tierkreiszeichen, Planeten, Häuser und so vieles mehr lernte. Es war unglaublich. Ich entdeckte, dass ein Geburtshoroskop alles umfasst, was du dir nur vorstellen kannst, und dass alles auf wundersame Weise zusammenhängt. Ich ging mein eigenes Horoskop durch, erfuhr, was die einzelnen Planeten bedeuten und warum ich so war, wie ich war, und dann nahm ich mir die Horoskope meiner Freunde, Kollegen und Ex-Partner vor. Plötzlich wurde mir vieles, was ich vorher nicht verstanden hatte … *klar!*

Wenn ich heute jemanden kennenlerne, der mich interessiert, möchte ich sofort sein Geburtsbild sehen – deshalb habe ich auch eine Astro-Software auf meinem Handy. Ein Geburtshoroskop verrät uns eine Menge über eine Person, nicht zuletzt, inwieweit wir mit ihr harmonieren oder wo es Konflikte zwischen uns geben könnte. Geschichten über die Kindheit und die Erziehung eines Menschen mögen zwar einiges aussagen, aber im Vergleich zu seinem Horoskop ist das für uns Astrologen nichts!

Meine damalige unverhoffte Hinwendung zur Astrologie hat mein Leben völlig verändert, und das nicht nur, weil sie zu meinem Beruf wurde. Vielmehr gab sie mir neue Orientierung. Ich weiß noch, wie mich eine Freundin – Nicola, eine sehr praktisch denkende Steinbock-Frau – leicht entsetzt fragte: »Richtest du deine Entscheidungen jetzt nach der Astrologie aus?« Daraufhin murmelte ich so etwas wie: »Äh, irgendwie schon, aber ich setze auch noch meinen Verstand ein.«

Die Wahrheit ist jedoch, dass ich *wirklich* viele meiner Entscheidungen nach den Sternen ausrichte, und sie haben mich noch nie im Stich gelassen. Als ich meinen späteren Mann Olivier kennenlernte, hatte ich auf meinem Handheld eine Astro-App, die ich bei unserem ersten Date nutzte. Während Olivier und ich unsere Drinks genossen, gelang es mir, ihm seine Geburtsdaten zu entlocken. Als ich sah, dass sein Mond in meiner Venus stand, wusste ich, dass etwas Gutes auf mich zukam!

Vor Kurzem erhielt ich eine sehr erfreuliche E-Mail von einem neuen Freund, dem spirituellen Lehrer George Lizos, dessen Geburtshoroskop ich erstmals gedeutet habe. Mit folgenden Worten verschönerte er mir den Tag: »Ich hätte ehrlich gesagt nie gedacht, dass Astrologie so ermutigend sein kann. Lange Zeit hielt ich sie für kontrollierend und einengend, aber jetzt habe ich begriffen, dass sie wirklich dazu beiträgt, mich weiterzuentwickeln.«

Ich war begeistert von Georges Worten, denn genau so sehe ich die Astrologie auch – als einen Weg, der uns weiterbringt! So sollte Astrologie sein, und ich hoffe, dass auch du sie in diesem Sinne praktizieren wirst.

Mit diesem Buch möchte ich meine Leidenschaft und Begeisterung für die Astrologie an dich weitergeben. Wenn du sie ausprobierst und testest – an dir selbst und an anderen –, wirst du mit Sicherheit entdecken, dass sie Wunder wirkt. Begleite mich jetzt auf eine Reise durch das Sonnensystem.

Über dieses Buch

Die Astrologie ist ein äußerst komplexes System und umfasst jahrtausendealte Schriften, Hinweise, Grundsätze und Methoden. Um sich ein vertieftes Wissen über Astrologie anzueignen, kann es Jahre, ja Jahrzehnte dauern: Ich studiere sie seit fast zwei Jahrzehnten und betrachte mich immer noch als Anfängerin. Aber wenn du erst einmal die grundlegenden Prinzipien und Methoden der Astrologie beherrschst – die in diesem Buch Schritt für Schritt erklärt werden –, bist du mehr als gut gerüstet, um sie sofort anzuwenden.

In diesem Buch lernst du alles, was du brauchst, um dein Geburtshoroskop und die Horoskope deiner Freunde, Familienmitglieder, Partner, möglicher Liebespartner und aller anderen, deren Geburtszeit, -datum und -ort du herausfinden kannst, zu berechnen, zu verstehen und zu deuten. Du lernst, die aufschlussreichen persönlichen Daten zu interpretieren, die ein Geburtshoroskop enthält, und gewinnst dadurch wertvolle Erkenntnisse darüber, warum du das tust, was du tust.

Die drei Teile dieses Buches basieren auf den vier Säulen der Astrologie: den Planeten, den Tierkreiszeichen, den Häusern und den Aspekten. Hast du diese erst einmal verstanden und weißt, wie sie sich zueinander verhalten, hast du den Geheimcode der Astrologie geknackt.

Teil I: In diesem Abschnitt erfährst du, wie du dein eigenes Geburtshoroskop online erstellen kannst, um es dann bei der

Lektüre des Buches und bei einfachen Übungen einzusetzen. Hier erfährst du alles über die vier Elemente – Feuer, Erde, Luft und Wasser – und über Sonne, Mond und Planeten: Das sind die wichtigsten Himmelskörper, die traditionell von den meisten Astrologen untersucht werden. Der erste Schritt zur Deutung deines Horoskops besteht darin, sie zu identifizieren und in deinem Geburtshoroskop zu lokalisieren. Ein Geburtshoroskop ist in verschiedene Abschnitte unterteilt – gemeint sind die zwölf Häuser, zwölf Spitzen (die Trennungslinien zwischen den Häusern) und die vier Quadranten. In Teil I erfährst du alles darüber.

Teil II: Nachdem wir uns mit den Planeten, Zeichen und Häusern beschäftigt haben, werfen wir einen Blick auf die Aspekte – das sind die Beziehungen zwischen Planeten und anderen Elementen des Geburtshoroskops, die Auswirkungen auf die Deutung der beteiligten Planeten und Zeichen haben. Mit einem Grundverständnis der Aspekte eröffnet sich dir die echte Astrologie, die weit über die populären Horoskope in Zeitschriften hinausgeht. Diese haben zwar ihre Berechtigung, sind jedoch sehr oberflächlich. Außerdem lernst du verschiedene Aspektfiguren kennen, die sich aus der jeweiligen Anordnung der Planeten in einem Horoskop ergeben, und was sie bedeuten.

Teil III: Nun erfährst du, wie du alles, was du gelernt hast, zusammenfügst. Du hast die Planeten in deinem Horoskop identifiziert und weißt, in welchen Zeichen und Häusern sie stehen, aber was bedeutet das alles? Dieser Abschnitt enthält kurze Erläuterungen zu den Auswirkungen, die ein Planet in einem Zeichen oder ein Planet in einem Haus hat. Und für diejenigen unter euch, die ihre Studien vertiefen möchten, habe ich eine kurze Anleitung für Prognosen beigefügt.

TEIL 1

Die Grundlagen der Astrologie

KAPITEL 1

Was ist Astrologie?

Das Wort leitet sich vom griechischen *astrología* ab. Dieser Begriff ist zusammengesetzt aus den Nomen *ástron* (Stern[bild]) und *lógos* (Lehre, Kunde, Wissenschaft). »Astrologie« bedeutet also »Lehre von den Sternen« oder »Sternkunde«. Seit Jahrtausenden studieren Astrologen die Bewegungen der Planeten um die Sonne und vor dem Hintergrund der Fixsterne sowie den Umlauf des Mondes um die Erde und deuten das Zusammenspiel zwischen den Himmelskörpern und unserem Heimatplaneten. In der Astrologie wird so untersucht, wie die Positionen und Bewegungen von Sonne, Mond, Planeten und Fixsternen mit den Geschehnissen auf der Erde und in unserem Leben zusammenhängen. Aber verursachen diese himmlischen Zyklen und kosmischen Ereignisse die Ereignisse in unserer Welt, oder spiegeln sie sie lediglich wider? Das ist die Millionenfrage.

Dazu kann ich nur aus der sogenannten »Smaragdtafel« zitieren, die der mythischen Gestalt des Hermes Trismegistos zugeschrieben wird. Er gilt als Urvater der Erkenntnis und ist eine der wichtigsten Quellen für die Astrologie:

»Was unten ist, gleicht demjenigen, was oben ist, und was oben ist, wiederum demjenigen, was unten ist, auf dass sie gemeinsam das Wunder des Einen Dinges vollbringen.«

Die Ursprünge der Astrologie

Das erste strukturierte astrologische System entstand im 2. Jahrtausend v. Chr. im antiken Babylon, Mesopotamien (einer Region in Südwestasien, in der sich die älteste bekannte Zivilisation der Welt entwickelte). Die Babylonier nutzten ihre Himmelsbeobachtungen, um Vorhersagen für das Wetter und politische Ereignisse zu treffen. Doch es gibt Hinweise darauf, dass die frühen Menschen bereits vor 25 000 Jahren die Mondzyklen beobachteten und aufzeichneten. Das belegen Markierungen auf Knochen und Höhlenmalereien in Frankreich und anderswo. Die Menschen mussten die Zyklen der Natur verstehen, um im Einklang mit den wechselnden Jahreszeiten zu überleben und sich weiterzuentwickeln. Dabei half ihnen die Orientierung an den Mondzyklen.

Im Laufe der Jahrtausende entstanden viele verschiedene Theorien innerhalb der Astrologie. Erst fragten sich die einfachen Menschen, später die Astrologen, was die Planetenbewegungen wohl für sie bedeuteten, etwa: »Was geschieht, wenn Venus in der Nähe von Jupiter steht?«, »Was geschieht, wenn Mars in Opposition zu Saturn steht?« oder »Finden bei Neumond und Vollmond jeweils unterschiedliche Ereignisse statt?« und dergleichen. Die Beobachtungen und Interpretationen der Planeten und ihrer Bewegungen am Himmel wurden immer wieder hinterfragt und überprüft.

In den Anfängen der Sterndeutung glaubte man, dass jeder Bereich des menschlichen Lebens mit Sonne und Mond sowie den fünf »klassischen« sichtbaren Planeten in Verbindung stünde: Merkur, Venus, Mars, Jupiter und Saturn. Als jedoch die Planeten Uranus, Neptun und Pluto entdeckt und in das bestehende astrologische System eingefügt wurden, die von der modernen Astrologie verwendet wird, verschoben sich einige der Planetenbedeutungen: So wanderte zum Beispiel die Zuordnung des beruflichen Erfolgs von Venus zu Neptun und der Drogenkonsum von Mars zu Neptun. Es dauerte lange, bis alle Astrologen die den neuen Planeten zugeschriebenen Bedeutungen und Interpretationen akzeptierten. Auch heute noch gibt es Astrologen, die sich weigern, Uranus, Neptun und Pluto in ihre Berechnungen und Deutungen von Horoskopen einzubeziehen. Die moderne Astrologie ist sich aber inzwischen weitgehend über ihre Bedeutung einig und berücksichtigt sie genau wie die klassischen Planeten in ihren Berechnungen. In diesem Buch verwende ich das moderne System unter Einbeziehung von Uranus, Neptun und Pluto, nicht zuletzt, weil ich glaube, dass sich die Astrologie immer weiterentwickelt.

Der Tierkreis

Bei der Beobachtung der Sterne achten Astrologen im Wesentlichen auf die Bewegungen und Muster der Sonne, des Mondes und der Planeten um den Tierkreis. Von der Erde aus betrachtet, wandert die Sonne scheinbar um die Erde. Die Sonnenlaufbahn bildet die Ekliptik (Sonnenlaufbahn) oder den Tierkreis. Dieser umfasst 360 Grad und ist in zwölf gleich große Sektoren zu je 30 Grad unterteilt, denen die Tierkreiszeichen zugeordnet sind: Widder, Stier, Zwillinge, Krebs, Löwe, Jungfrau, Waage, Skorpion, Schütze, Steinbock, Wassermann und Fische. Auch der Mond und die Planeten durchlaufen den Tierkreis. Alle Planeten bewegen sich in einer Richtung um die Sonne und brauchen unterschiedlich lang, um eine Umlaufbahn zu vollenden. Jede Planetenposition – zum Beispiel, wenn Venus durch Zwillinge, Krebs oder Löwe läuft – wird astrologisch unterschiedlich gedeutet.

Weil die Erde sich um die eigene Achse dreht, rücken die Äquinoktien (Frühlings- und Herbst-Tagundnachtgleiche) langsam vor (Präzession). Dadurch verschieben sich die Sternbilder alle 71,6 Jahre um jeweils 1 Grad, sodass die Tierkreiszeichen nicht mehr mit den Sternbildern (den Fixsterngruppen) übereinstimmen.

Für jedes Tierkreiszeichen gibt es ein eigenes Symbol. Die Symbole stehen für die Grade oder den Namen eines Tierkreisabschnittes. Auf ihrer Laufbahn ergeben sich zwischen den Planeten bestimmte mathematische Abstände, die sogenannten »Aspekte«. Sie bilden das Herzstück der Astrologie. Alles über die Bedeutung der Aspekte erfährst du in Kapitel 8.

Nebenbei bemerkt: Auch wenn wir uns unser Sonnensystem oft als Kugel vorstellen, ähnelt es in Wirklichkeit einer flachen Scheibe. Abbildung 1 gibt dir eine Vorstellung davon, wie es aussieht.

Abbildung 1: Das Sonnensystem

Wie funktioniert die Astrologie?

Niemand weiß wirklich, wie und warum die Astrologie funktioniert. Wie ich bereits erklärt habe, ist die moderne Astrologie aus dem uralten Wissen entstanden, dass es eine magische Übereinstimmung zwischen dem Kosmos und dem Mikrokosmos der Erde gibt. Ich bin fest davon überzeugt, dass die Astrologie funktioniert, weil alles im Kosmos zusammenarbeitet und wir mit dem gesamten Universum verbunden sind. Der Mikrokosmos ist im Makrokosmos. Alles beeinflusst alles. Das hermetische Gesetz »Wie oben, so unten« ist für die Astrologie von zentraler Bedeutung und entspricht genau diesem Gedanken.

Wir können uns den Tierkreis wie eine große kosmische Uhr vorstellen. Saturn zum Beispiel gilt traditionell als düsterer Planet. Wenn also die Saturn-Alarmglocke auf der kosmischen Uhr läutet (mit anderen Worten, wenn Saturn einen Aspekt zu einem anderen Planeten bildet), ist es höchste Zeit, sich ernsthaft Gedanken zu machen. Merkur gilt unter anderem als Planet der Kommunikation. Läutet die Merkur-Alarmglocke, sollten wir beginnen, mit anderen zu kommunizieren.

Im Grunde handelt es sich bei der Astrologie um ein Mysterium. Man könnte sie deshalb auch als »Geheimnis der Himmelswelt« bezeichnen. Oder als ein vom Universum oder von Gott beziehungsweise der Göttin geschenktes Wissen.

Teilgebiete der Astrologie

Die Astrologie ist sehr vielfältig, aber im Folgenden beschäftigen wir uns mit den beiden wichtigsten Richtungen:

Die **Geburtsastrologie (Individualastrologie)** befasst sich mit der Himmelssituation im Augenblick der Geburt eines Menschen. Astrologen erstellen ein kreisförmiges Geburtsbild vom Himmel zu diesem Zeitpunkt, das sogenannte Geburtshoroskop. Dieses ermöglicht Rückschlüsse auf die Talente und Fähigkeiten einer Person und darauf, welchen Herausforderungen sie in ihrem Leben womöglich begegnet. Im Wesentlichen hilft die Geburtsastrologie, uns selbst besser kennen- und verstehen zu lernen.

Die **prognostische Astrologie:** Nach der Geburt verändern die Planeten weiterhin ständig ihre Position. Astrologen berechnen, wie sie sich im Geburtshoroskop einer Person bewegen und in welchem Winkel sie auf ihrem weiteren Weg zu anderen Planeten stehen (das wird als »Transit« bezeichnet). Auf dieser Grundlage treffen sie Prognosen.

Als ich anfing, mich ernsthaft mit Astrologie zu beschäftigen, interessierte ich mich vor allem für Prognosen. Damals war ich recht überheblich und glaubte, mich selbst bereits gut zu kennen. Heute schätze ich die Geburtsastrologie und die prognostische Astrologie jedoch gleichermaßen, da beide Formen wertvolle Erkenntnisse liefern.

Neben diesen beiden Hauptformen der Astrologie gibt es zum Beispiel noch die *Mundanastrologie* (die Untersuchung der Effekte astrologischer Zyklen auf Politik, Wirtschaft und Natur von Gebieten, Orten und Ländern), die *praktische Astrologie (Horoskopie)* zur Ermittlung des besten Zeitpunkts für eine Person, etwas zu tun, oder die *medizinische* und die *psychologische Astrologie.*

In diesem Buch befassen wir uns mit der Geburtsastrologie, die das Horoskop einer Person auf der Grundlage ihres Geburtsdatums, der Geburtszeit und des Geburtsortes deutet. Im letzten Kapitel widmen wir uns aber auch der prognostischen Astrologie.

Das Geburtsbild oder Horoskop

Dieses Buch soll dir vor allem dabei helfen, dein Geburtsbild zu verstehen und zu deuten. Was genau ist das? Astrologisch betrachtet, ist es die Landkarte deines Lebens. Auf praktischer Ebene ist das astrologische Horoskop eine Momentaufnahme der Planeten zum Zeitpunkt deiner Geburt an deinem Geburtsort. Stell es dir so vor, als ob jemand genau im Moment deiner Geburt in den Garten ging, in den Himmel schaute und dann die Positionen von Sonne, Mond, Merkur, Venus, Mars, Jupiter, Saturn, Uranus, Neptun und Pluto in den Tierkreis übertrug. Genau das ist dein Geburtsbild oder Horoskop.

Die exakten Planetenplatzierungen in diesem Horoskop werden sich in den nächsten 26 000 Jahren nicht wiederholen. Dein Geburtshoroskop zeigt dir an, in welchen Bereichen die Chancen und Herausforderungen deines Lebens liegen, und gibt dir Aufschluss über mögliche Tendenzen in der Zukunft, je nachdem, welches Thema bei dir gerade ansteht. Sobald du dein Geburtshoroskop deuten kannst – was du im Laufe dieses Buches Schritt für Schritt lernen wirst –, hältst du die persönliche Karte deines Lebens in Händen. Das gilt auch für die Horoskope und das Leben deiner Freunde und Liebespartner und, falls du welche hast, deiner Kinder.

Hier findest du das Horoskop der berühmten (im Zeichen Waage geborenen) Gründerin von Hay House, Louise Hay. Am

Ende dieses Buches solltest du in der Lage sein, ihr Horoskop zu deuten. Am Ende des Buches haben wir die Kernaussagen für dich zusammengefasst, aber schlag bitte noch nicht nach.

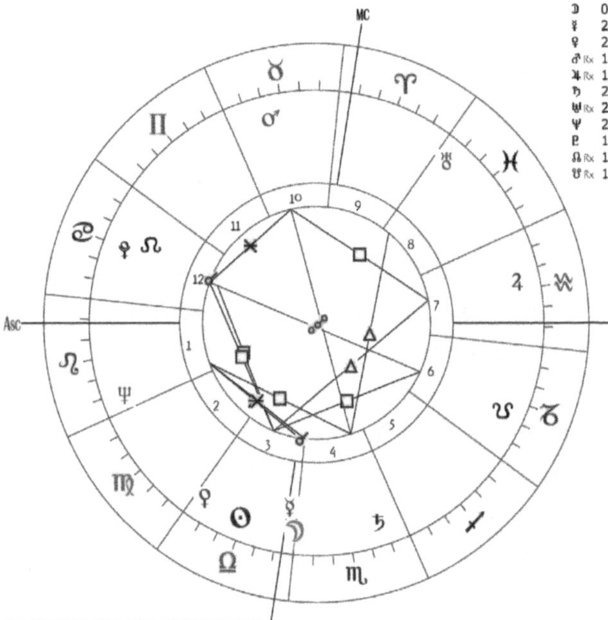

☉		13°55'14"	♎
☽		0°0'29"	♏
☿		27°29'27"	♎
♀		2°47'37"	♎
♂	Rx	18°29'53"	♉
♃	Rx	17°13'35"	♒
♄		23°23'28"	♏
♅	Rx	26°28'9"	♓
♆		26°8'36"	♌
♇		15°33'36"	♋
☊	Rx	11°16'9"	♋
☋	Rx	11°16'9"	VS

	☽	☉	☿	♀	♂	♃	♄	♅	♆	♇	☊	☋
☽			☌						⚹			
☉						△				□	□	□
☿	☌								⚹			
♀												
♂						□	☍			⚹		
♃		△			□							
♄					☍			△	□			
♅							△					
♆	⚹		⚹				□					
♇		□			⚹						☌	☍
☊		□								☌		
☋		□								☍		

KAPITEL 2

Dein Geburtshoroskop – Wegweiser für dein Leben

Nun folgt der erste große Schritt auf deiner astrologischen Reise, indem du dein eigenes Geburtshoroskop online erstellst. Du lernst, die vielen Informationen zu deuten, die in deinem Horoskop enthalten sind.

Dein Geburtshoroskop berechnen

Auf meiner Website yasminboland.com/horoscopes kannst du dein Horoskop berechnen (in englischer Sprache; du findest im Internet aber auch zahlreiche Angebote in Deutsch). Gib einfach Zeit, Datum und Ort deiner Geburt ein, und dein persönliches Horoskop wird automatisch erstellt. (Deine genaue Geburtszeit kannst du beim Standesamt deines Geburtsortes erfahren. Siehe auch die häufig gestellten Fragen zum Geburtshoroskop im Anschluss an diesen Abschnitt.) So einfach geht das! Genieße diesen Augenblick, denn er wird wohl dein Leben zum Guten verändern.

Druck dein Horoskop aus, und schau es dir an. Nimm dir Zeit dafür, und setz dich in Ruhe hin. Auf einer höheren Ebene wirst du dich vielleicht daran erinnern und es wiedererkennen. Der US-amerikanische Astrologe Steven Forrest schreibt in seinem Buch *Der innere Himmel. Eine astrologische Reise in das innere Zentrum*, das Geburtshoroskop sei eine Blaupause für den glücklichsten, erfüllendsten und spirituell kreativsten Weg des Wachstums, der jedem Menschen zur Verfügung stehe. Und dieser Mensch bist jetzt du!

Das könnte ein sehr wichtiger Moment für dein weiteres Leben sein. Man kann ohne Übertreibung sagen, dass die Informationen, die in deinem Geburtshoroskop enthalten sind, Bände von Büchern füllen könnten. Dein Horoskop zeigt dir, mit welchen Begabungen du geboren wurdest und wo Stolpersteine für dich liegen. Es offenbart dir deine Lebensaufgabe, deine Vorlieben, Abneigungen, Ängste, Talente, die Segnungen, mit denen du auf die Erde gekommen bist, und die Möglichkeiten, Herausforderungen zu meistern. Es ist wie ein Lebensplan für alles, was du hier auf der Erde in diesem Leben zu bewältigen hast, damit deine Seele sich weiterentwickeln kann. Es kann dir sogar Auskunft über frühere Leben geben.

Häufig gestellte Fragen zum Geburtshoroskop

An diesem Punkt auf der Reise eines angehenden Astrologen oder einer angehenden Astrologin tauchen unweigerlich Fragen auf, und ich versuche, einige hier zu beantworten.

Was ist, wenn ich meine Geburtszeit nicht kenne? Du kannst deine minutengenaue Geburtszeit beim Standesamt deines Heimatortes beantragen, meist gegen Gebühr. Du kannst auch deinen Eltern oder ein älteres Geschwisterkind fragen, ob sie sich an deine Geburt und die Geburtszeit erinnern.

Falls dich das nicht weiterbringt, kannst du einen Astrologen konsultieren, der sich auf die Geburtszeitkorrektur (Rektifikation) spezialisiert hat. Anhand spezieller Prognosemethoden wird rückwirkend die Geburtszeit rekonstruiert. Dies ist auch mithilfe von verschiedenen Computerprogrammen möglich. Dazu werden die Daten wichtiger Lebensereignisse zusammengestellt, etwa die Geburt deiner Geschwister, dein Schuleintritt, das Jahr deines Schulabschlusses, dein Arbeitsbeginn, wann du Liebeskummer hattest, das Datum deiner Hochzeit beziehungsweise Scheidung und so weiter. Auf Grundlage dieser Angaben wird der wahrscheinlichste Geburtszeitpunkt ermittelt.

Alternativ kannst du auch eine Kinesiologin aufsuchen, um mithilfe des sogenannten Muskeltests deinen genauen Geburtszeitpunkt festzustellen. Dahinter liegt die Annahme, dass du tief in deinem Inneren den Zeitpunkt deiner Geburt kennst und dass diese Information in deinem Körper gespeichert ist und mithilfe dieser Methode herausgefunden werden kann. Hey, du warst doch dabei, also weißt du natürlich, wann du geboren wurdest – und zwar in deinem tiefsten Inneren. Spannend wird es, wenn du das Ergebnis der Geburtszeitkorrektur mit dem des Muskeltests vergleichst. Du darfst natürlich keinem Berater das Ergebnis des jeweils anderen vorher verraten.

Und wenn du die ganze Mühe nicht auf dich nehmen willst? Dann ist es am einfachsten, bei der Online-Erstellung deines Horoskops 6 Uhr morgens als Geburtszeit anzugeben. Viele Astrologen arbeiten mit dieser Zeitangabe, wenn sie die genaue Geburtszeit nicht kennen. Damit ist dein Horoskop zwar weniger präzise, aber es ist einen Versuch wert. Andere verwenden 12 Uhr mittags. Lieber ein weniger genaues Horoskop, als das Studium deines Geburtshoroskops gleich hier abzubrechen. Wenn du erst einmal siehst, wie viele Informationen du auch ohne deine genaue Geburtszeit erhalten kannst, reizt es dich vielleicht, tiefer zu graben.

Was ist, wenn ich per Kaiserschnitt geboren wurde? Die meisten Astrologen, mich eingeschlossen, glauben, dass wir zum richtigen Zeitpunkt zur Welt kommen. Das gilt unabhängig davon, ob du vaginal, vor oder nach dem errechneten Geburtstermin oder zu einem Zeitpunkt per Kaiserschnitt geboren wurdest, der von deiner Mutter festgelegt wurde (oder vom Arzt, der an diesem Tag Golf spielen wollte und deine Ankunft auf irgendeine Uhrzeit festlegte).

So schlau wir Menschen sonst auch sind – ich bezweifle ernsthaft, dass wir unseren Lebensplan wirklich verändern können! Du hast dein Horoskop, weil es dir alle Lektionen zeigt, die du in diesem Leben lernen musst, und weil es dich über alle Segnungen informiert, die auf dich zukommen – vorausgesetzt, du entscheidest dich dafür, das Potenzial deines Horoskops zu nutzen.

Haben manche Menschen »bessere« Horoskope als andere? Das ist nicht der Fall. Allerdings haben manche Menschen »einfachere« Horoskope, zum Beispiel König Charles III. von England. Sein Horoskop ist eines der einfachsten, das man sich nur vorstellen kann, und sein bisheriges Leben war ja auch nicht gerade eine lange und harte Prüfung. Aber das ist sein Karma – ja, auch das Karma ist im Horoskop enthalten (dazu später mehr).

Wenn du also nach der Lektüre dieses Buches feststellst, dass du ein tolles oder ein schwieriges Horoskop hast, bedeutet das nicht, dass du verdammt oder gesegnet bist. Es geht um deine Lektionen in diesem Leben. Horoskope sind neutral. Oder wie Shakespeare es formulierte: »Denn an sich ist nichts weder gut noch schlimm; das Denken macht es erst dazu.«

Wichtiger Hinweis: Du erfährst mehr über dich, indem du lernst, dein Geburtshoroskop zu lesen und zu deuten – und auch die Horoskope deiner Freunde und Familie. Nimm dir hier und jetzt vor, die Informationen aus deinem Geburtshoroskop wirklich weise zu nutzen. So, und jetzt geht's los …

Dein Horoskop kennenlernen

Die Astrologie beruht auf einem mehr oder weniger aufeinander aufbauenden Ordnungssystem, und die einzelnen Kapitel in diesem Buch helfen dir dabei, dieses System Schicht für Schicht zu verstehen und zu erkennen, was das mit deinem Geburtshoroskop zu tun hat. Einfache Übungen zu deinem Horoskop führen dich durch all die neuen Konzepte und Begriffe, die du hier kennenlernst. Dafür benötigst du einen Ausdruck deiner Horoskopgrafik (siehe oben).

Die Horoskopgrafik

Zunächst musst du dich mit dem Aufbau deines Geburtshoroskops vertraut machen und dann die drei wichtigsten astrologischen Elemente darin bestimmen: die Tierkreiszeichen, die Planeten und die Häuser.

Beginnen wir mit der Struktur des Horoskops: Du siehst, dass dein Horoskop aus mehreren Ebenen oder Kreisen besteht. Das mag dir im Moment noch kompliziert oder sogar verwirrend vorkommen, aber keine Sorge: Schon bald wird es dir völlig selbstverständlich sein. Abbildung 2 zeigt ein leeres Geburtshoroskop, in dem die verschiedenen Ebenen beziehungsweise Kreise mit A, B, C und D beschriftet sind. Gehen wir sie der Reihe nach durch.

A. In diesem Bereich des Horoskops werden in verschiedenen Farben die Beziehungen zwischen den einzelnen Planeten eingezeichnet, die sogenannten Aspekte. Sie ergeben sich durch die mathematischen Abstände zwischen den Planeten. Darüber erfährst du später noch mehr.
B. Der innere Kreis ist etwas schmaler und in zwölf Abschnitte unterteilt, die gegen den Uhrzeigersinn von 1 bis 12 durch-

nummeriert sind. Das sind die zwölf Häuser oder Felder. Die Ziffern kennzeichnen die Nummern der einzelnen Häuser. So steht die Ziffer 1 für das erste Haus. Nicht immer werden die Nummern der Häuser angezeigt, aber zu deinem Verständnis habe ich sie hier eingefügt.

C. Die zwölf Felder des Häuserkreises.

D. Der äußere Kreis ist der Tierkreis, der gegen den Uhrzeigersinn in die zwölf Tierkreiszeichen eingeteilt ist.

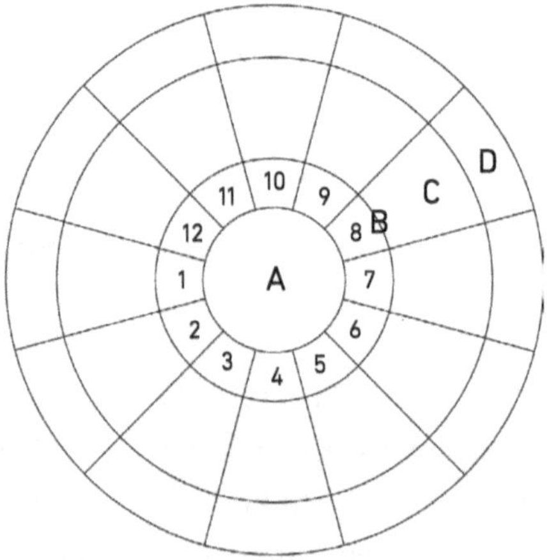

Abbildung 2: Horoskopgrafik

Die Tierkreiszeichen in deinem Horoskop

Nun kommen wir zu den zwölf Tierkreiszeichen: Sie bilden den Ausgangspunkt für dein Verständnis der Astrologie. Du weißt wahrscheinlich, dass dein »persönliches Tierkreiszeichen« (also ob du Zwilling, Löwe, Wassermann und so weiter bist) davon bestimmt wird, durch welches Zeichen die Sonne zum Zeitpunkt deiner Geburt lief. Dieses Zeichen ist dein Tierkreiszeichen oder, wie Astrologen es nennen, dein Sonnenzeichen. Im Folgenden findest du die Liste der Tierkreiszeichen in der traditionellen Reihenfolge der Astrologie. Je eher du dir die Zeichen in der hier angegebenen Reihenfolge einprägst, desto besser.

1. Widder
2. Stier
3. Zwillinge
4. Krebs
5. Löwe
6. Jungfrau
7. Waage
8. Skorpion
9. Schütze
10. Steinbock
11. Wassermann
12. Fische

Dir ist sicher schon aufgefallen, dass die Tierkreiszeichen in deinem Horoskop (im äußersten Kreis, in der Grafik oben mit D gekennzeichnet) nicht mit ihren Namen, sondern mit geheimnisvoll aussehenden Symbolen gekennzeichnet sind. Zur Vereinfachung verwenden Astrologen Symbole – die sogenannten Glyphen –, um die Tierkreiszeichen (und andere Informationen) im Horoskop darzustellen. Vielleicht kannst du es dir jetzt noch nicht vorstellen, aber wenn du dich erst einmal an die Glyphen gewöhnt hast, geht das viel schneller, als die Namen der Himmelskörper und Zeichen auszuschreiben.

Astrologische Symbole – die Glyphen

Betrachten wir die astrologischen Symbole für die Tierkreiszeichen etwas genauer: Du musst die Glyphen nicht auswendig lernen, aber es ist hilfreich, sich mit ihnen vertraut zu machen, um sie zu verstehen. Die Tabelle unten zeigt die Glyphe und das Symbol der einzelnen Zeichen: Die Symbole geben einen guten Hinweis auf die »Energie« des jeweiligen Zeichens (was das bedeutet, erfährst du später in diesem Buch).

Zeichen	**Symbol/Glyphe**	**Erklärung**
Widder	♈	Gekrümmte Hörner eines Bocks
Stier	♉	Stierkopf mit Hörnern
Zwillinge	♊	Zwillinge, sowohl getrennt als auch verbunden
Krebs	♋	Zwei sich gegenüberliegende Krebsscheren
Löwe	♌	Kopf und Mähne des Löwen
Jungfrau	♍	Nach innen gedrehtes M
Waage	♎	Gleichgewicht; Horizont mit untergehender Sonne
Skorpion	♏	Skorpionschwanz mit Stachel
Schütze	♐	Pfeil, der zu den Sternen zeigt
Steinbock	♑	Ziegenfisch*
Wassermann	♒	Wasserträger oder Energiewellen
Fische	♓	Zwei miteinander verbundene Fische

* Alternative Steinbockzeichen: ♑ und ♑.

ARBEITE MIT DEINEM GEBURTSHOROSKOP

Schreib die Namen der Tierkreiszeichen neben ihre Glyphen in dein Horoskop.

Tipp: Die Zeichen befinden sich im äußersten Kreis des Horoskops und sind gegen den Uhrzeigersinn angeordnet in folgender Reihenfolge: Widder, Stier, Zwillinge, Krebs, Löwe, Jungfrau, Waage, Skorpion, Schütze, Steinbock, Wassermann, Fische.

Die Planeten in deinem Horoskop

Wenden wir uns nun einigen anderen seltsamen Schnörkeln in deinem Horoskop zu: Sie befinden sich in dem mit C gekennzeichneten Abschnitt der oberen Grafik des Horoskops und sind in der nächsten Grafik zu sehen, welche die »klassischen« Planeten enthält. Es handelt sich dabei um die folgenden zehn Himmelskörper: Sonne, Mond, Merkur, Venus, Mars, Jupiter, Saturn, Uranus, Neptun und Pluto. (Astrologen wissen natürlich auch, dass Sonne und Mond keine Planeten sind, sondern sogenannte Lichter. Der Einfachheit halber bezeichnen wir sie aber oft als Planeten. Und obwohl Pluto zum Zwergplaneten herabgestuft wurde, gilt er in der Astrologie immer noch als Planet.)

Wenn du dir deine Horoskopgrafik anschaust, siehst du eine Momentaufnahme des Himmels zum Zeitpunkt deiner Geburt: Alle zehn Planeten sind darin enthalten. Auch sie werden mit Symbolen dargestellt.

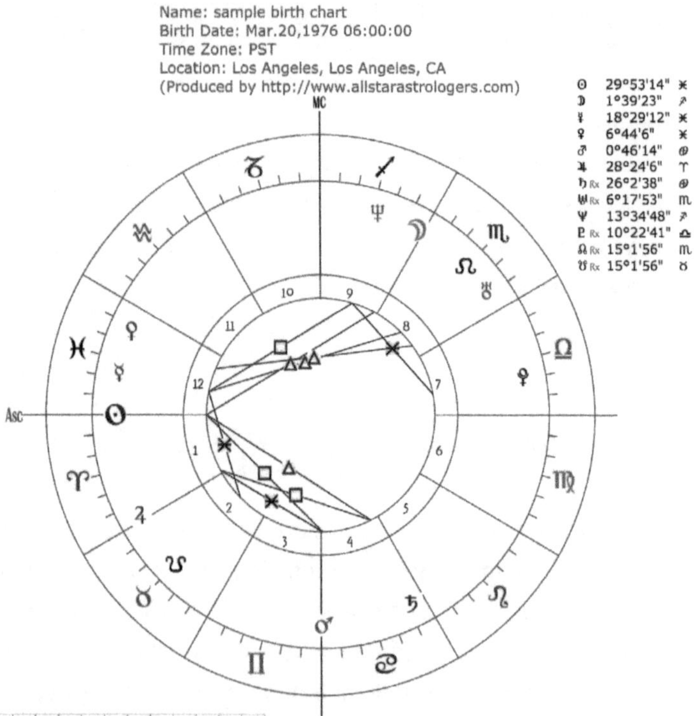

	☽	☉	☿	♀	♂	♃	♄	♅	♆	♇	☊	☋
☽		Δ										
☉	Δ				□		Δ					
☿									□		Δ	✱
♀								Δ				
♂		□				✱						
♃					✱		□					
♄		Δ				□						
♅				Δ								
♆			□							✱		
♇									✱			
☊			Δ									
☋			✱									

Abbildung 3: Geburtshoroskop mit Planeten

Die Planetensymbole

Die nächste Tabelle zeigt die Symbole der Planeten in der Horoskopgrafik. Nimm dir etwas Zeit, um sie kennenzulernen. Versuch, sie abzuschreiben und sie dann zu benennen. Anschließend wiederholst du das Ganze in umgekehrter Reihenfolge. Zu deiner Unterstützung habe ich einige Merkhilfen in die Tabelle eingefügt.

Planet	Symbol/Glyphe	Merkhilfe
Sonne	☉	Kreis mit Punkt in der Mitte
Mond	☾	Mondsichel
Merkur	☿	Geflügelter Bote
Venus	♀	Symbol für Weiblichkeit
Mars	♂	Symbol für Männlichkeit
Jupiter	♃	Die verschnörkelte Zahl 4
Saturn	♄	h mit einem Kreuz an der Spitze
Uranus	♅	Fernsehantenne
Neptun	♆	Dreizack
Pluto	♇ ♇	Kleiner Kreis in einer Schale oder PL

Sobald du die Planetensymbole erforschst, offenbart sich dir ihre tiefere Bedeutung. Hier ein kurzer Überblick über die Bedeutung der Symbole:

- Sonne: Das Symbol steht für die Sonne im Mittelpunkt des Sonnensystems.
- Mond: steht für die Mondsichel.
- Merkur: steht für den geflügelten Helm des Götterboten Merkur.
- Venus: steht für den Spiegel der Göttin der Liebe.
- Mars: steht für Schild und Lanze des Kriegsgottes Mars.

- Jupiter: steht für den Blitz oder Adler von Zeus.
- Saturn: steht für die Sichel des Gottes Saturn (im Mittelalter Symbol für den Tod).
- Uranus: Das stilisierte h steht für Wilhelm Herschel, den Entdecker des Uranus.
- Neptun: der Dreizack des Gottes Neptun.
- Pluto: Für diesen Planeten gibt es zwei Symbole (siehe die Tabelle oben): den Kreis in der Schale und PL für die Initialen seines Entdeckers Percival Lowell.

ARBEITE MIT DEINEM GEBURTSHOROSKOP

Trag in deinem Horoskop die Namen der Planeten neben ihre Symbole ein.

Nutz dazu die Tabelle oben mit den Planetensymbolen als Hilfestellung.

Die Planeten in den Zeichen deines Horoskops

Jetzt solltest du in der Lage sein, sowohl die Zeichen als auch die Planeten in deinem Horoskop zu erkennen. Kombinieren wir, was du bisher gelernt hast, und schauen wir uns an, in welchen Zeichen deine Planeten jeweils stehen. Beginne mit deiner Sonne – findest du das Sonnensymbol in deinem Horoskop? Das Feld, in dem sie steht, entspricht auf dem äußersten Kreis einem Tierkreiszeichen. Wenn sich das Symbol deiner Sonne zum Beispiel im Feld mit dem Symbol für das Zeichen Widder befindet, dann steht deine Sonne im Widder. Danach suchst du deinen Mond: Befindet er sich in dem Bereich mit dem Wassermannsymbol, steht er im Wassermann – und so weiter.

ARBEITE MIT DEINEM GEBURTSHOROSKOP

Notiere dir die Zeichen, in denen deine Planeten stehen.

Auf dem Ausdruck deines Horoskops findest du eine Liste mit deinen Planeten und in welchen Zeichen sie stehen. Mach dich anhand dieser Übersicht und mit den Informationen von oben mit der Position deiner Planeten vertraut. Halte deine Ergebnisse hier oder in einem Journal fest.

Beispiele:

Meine Sonne steht im Zeichen Krebs.
Mein Mond steht im Zeichen Fische.
Mein Merkur steht im Zeichen Zwillinge.

Jetzt bist du dran!

Meine Sonne steht im Zeichen ______________________.
Mein Mond steht im Zeichen ______________________.
Mein Merkur steht im Zeichen ______________________.
Meine Venus steht im Zeichen ______________________.
Mein Mars steht im Zeichen ______________________.
Mein Jupiter steht im Zeichen ______________________.
Mein Saturn steht im Zeichen ______________________.
Mein Uranus steht im Zeichen ______________________.
Mein Neptun steht im Zeichen ______________________.
Mein Pluto steht im Zeichen ______________________.

Gibt es in deinem Horoskop Zeichen, in denen zwei oder mehr Planeten stehen? Steht deine Sonne in einem Zeichen und fast alle deine anderen Planeten in anderen Zeichen? Wenn das der Fall ist, gehörst du vielleicht zu den Menschen, die nicht so stark mit ihrem Sonnenzeichen verbunden sind. Wenn zum Beispiel deine Sonne der einzige Planet im Zeichen Löwe ist und du viele andere Planeten in der benachbarten Jungfrau hast, denkst und fühlst du wahrscheinlich eher wie eine Jungfrau als wie ein Löwe.

Die zwölf Häuser

Nun folgen einige grundlegende Informationen über die zwölf Häuser. Sie unterteilen die Ekliptik, also die Bahn der Sonne über den Himmel von der Erde aus gesehen, in Sektoren. Sieh dir dazu noch einmal die Horoskopgrafik in Abbildung 2 an. Die mit B und C gekennzeichneten Kreise zeigen, wie die Häuser eingeteilt werden: Das entspricht genau deinem Horoskop. Es ist wichtig zu wissen, dass der Anfang eines Hauses oder der Punkt, an dem ein Zeichen endet und ein anderes beginnt, »Häuserspitze« genannt wird (in Kapitel 7 erfährst du mehr darüber).

Was die zwölf Häuser bedeuten

Jedes der zwölf Häuser steht für einen spezifischen Lebensbereich. Hier eine kurze Übersicht, worüber die einzelnen Häuser Auskunft geben:

1. **Haus:** dein physisches Erscheinungsbild; dein Selbst; wie du auf andere wirkst.
2. **Haus:** Geld, Eigentum und Besitz; Werte, einschließlich deines eigenen Wertes.
3. **Haus:** Kommunikation; Geschwister; Nachbarn; Kurztrips; frühes Lernen und Bildung.
4. **Haus:** häusliches Leben und Familie; alle Themen rund ums Wohnen; deine Heimat; deine Vergangenheit.

5. **Haus:** Partnerschaft; Kreativität; Beziehung zu Kindern (eigene oder fremde); Lebensfreude; Liebesbeziehungen.
6. **Haus:** tägliche Routine, auch bei der Arbeit; Lebensweise; Gesundheit; Disziplin.
7. **Haus:** Beziehung zu Partnern in der Liebe und zu Geschäftspartnern; offene Feindschaften; Zusammenarbeit und Konkurrenz.
8. **Haus:** Vermögen; Kreditkarten, Schulden; Sexualität; alles, was du als tabu ansiehst; Erbschaften; Transformation.
9. **Haus:** Studium; Reisen; Zugang zum Wissen der Seele; Internet; höhere Bildung; Religion; Spiritualität; Träume.
10. **Haus:** Ehrgeiz und Karriere; was du tust, um deine Ziele zu erreichen; wofür du bekannt bist; dein Image.
11. **Haus:** Freunde; Netzwerke; Communitys; Hoffnungen und Wünsche.
12. **Haus:** der tiefste, geheimnisvollste und sensibelste Teil deines Horoskops; Ängste, Spiritualität; selbstzerstörerisches Verhalten; Rückzug; geheime oder versteckte Feinde.

Die Zeichen in den einzelnen Häusern

Das Tierkreiszeichen, das an der Spitze eines Hauses steht, »regiert« dieses Haus. Wenn in deinem Horoskop zum Beispiel das Zeichen Löwe auf 9 Uhr steht, regiert es dein 1. Haus, und wenn es um die damit verbundenen Themen geht (dein Selbst und wie du der Welt begegnest), verhältst du dich wie ein Löwe. Steht das Zeichen Skorpion auf 6 Uhr in deinem Horoskop, regiert es dein 4. Haus. Die Themen des 4. Hauses – dein Zuhause und deine Familie – sind in vom Skorpion bestimmt. Auf 3 Uhr liegt das 7. Haus. Regiert das Zeichen Wassermann dein

7. Haus, verhältst du dich in Liebes- und Beziehungsangelegenheiten wie ein Wassermann. (Mehr über die Bedeutung der Tierkreiszeichen und Häuser erfährst du später in diesem Buch.)

ARBEITE MIT DEINEM GEBURTSHOROSKOP

Schreib auf, welche Zeichen deine Häuser regieren.

Trag diese Information hier ein, oder schreib sie in ein Notizbuch:

Das Zeichen ______________ regiert mein 1. Haus.
Das Zeichen ______________ regiert mein 2. Haus.
Das Zeichen ______________ regiert mein 3. Haus.
Das Zeichen ______________ regiert mein 4. Haus.
Das Zeichen ______________ regiert mein 5. Haus.
Das Zeichen ______________ regiert mein 6. Haus.
Das Zeichen ______________ regiert mein 7. Haus.
Das Zeichen ______________ regiert mein 8. Haus.
Das Zeichen ______________ regiert mein 9. Haus.
Das Zeichen ______________ regiert mein 10. Haus.
Das Zeichen ______________ regiert mein 11. Haus.
Das Zeichen ______________ regiert mein 12. Haus.

Dein Aszendent

Selbst wenn du dich noch nicht mit Astrologie beschäftigt hast, hast du vielleicht schon von deinem Aszendenten gehört, der auch »aufsteigendes Zeichen« genannt wird. Der Aszendent ist das Zeichen, das zum Zeitpunkt und am Ort deiner Geburt am östlichen Horizont steht. Um deinen Aszendenten herauszufinden, schaust du einfach auf das Zeichen, das auf 9 Uhr in deinem Horoskop steht, also in deinem 1. Haus. Dieses Zeichen ist dein Aszendent. (Dein Aszendent wird auch in der Liste der Planeten in deinem Horoskop angezeigt.)

ARBEITE MIT DEINEM GEBURTSHOROSKOP

Schreib deinen Aszendenten auf.

Zum Beispiel: Mein Aszendent steht im Zeichen Jungfrau.

Jetzt bist du dran!

Mein Aszendent steht im Zeichen ______________.

ZUSAMMENFASSUNG

In diesem Kapitel hast du gelernt, wie du die drei wichtigsten astrologischen Elemente in deinem Geburtshoroskop erkennen kannst: die Zeichen, Planeten und Häuser. Jetzt können wir tiefer in die Materie einsteigen und mehr über die Bedeutung all dieser Informationen erfahren.

Beachte, dass du in deinem Horoskop auch zwei Zeichen siehst, die wie folgt aussehen: ☊ und ☋. Das sind die sogenannten Mondknoten, über die du in Kapitel 11 mehr erfahren wirst.

KAPITEL 3

Die Tierkreiszeichen verstehen

Sehen wir uns nun die zwölf Tierkreiszeichen etwas näher an. Jedem einzelnen Zeichen werden bestimmte Eigenschaften zugeschrieben, das ist besonders faszinierend an der Astrologie. Du weißt vielleicht schon, dass die Zeichen jeweils einem der vier Elemente – Feuer, Erde, Luft und Wasser – zugeordnet sind, aber sie werden noch weiter unterteilt. Krebs ist zum Beispiel ein Wasserzeichen, aber es ist auch ein sogenanntes Kardinalzeichen und hat die Eigenschaft Yin. Der Widder ist ein Feuerzeichen, außerdem ein Kardinalzeichen und Yang. (Mehr zu Yin und Yang erfährst du im Abschnitt »Die Polaritäten« weiter unten in diesem Kapitel.)

Genau genommen werden die zwölf Tierkreiszeichen in drei verschiedene Kategorien eingeteilt: in die Elemente, die Modalitäten oder Qualitäten und die Polaritäten. Diese drei Unterteilungen beschreiben die Zeichen und ihre grundlegenden Eigenschaften. Auf den nächsten Seiten erfährst du, wie die Tierkreiszeichen eingeteilt werden – das gehört zu den Details der Astrologie, die das Thema so tiefgründig machen, denn kein Tierkreiszeichen ist wie das andere. Wir beginnen mit dem einfachsten Teil des Systems: den Elementen.

Die vier Elemente

Zu jedem Element gehören jeweils drei Tierkreiszeichen. Weil es drei Zeichen sind, bezeichnet man sie auch als »Triplizität«. Die vier Elemente sind Feuer, Erde, Luft und Wasser.

Das Element eines Tierkreiszeichens gibt Aufschluss über das jeweils vorherrschende Temperament eines Menschen. So sind Feuerzeichen eher passioniert, Erdzeichen tendenziell bodenständig, Luftzeichen sind kommunikativ und vielseitig interessiert, Wassermenschen gelten als sehr emotional. Mithilfe der Elemente kannst du viele Informationen über die Haupteigenschaften einer Person erhalten, falls du ihr Sonnenzeichen kennst. Die folgende Übersicht zeigt, welchen Elementen die Zeichen jeweils zugeordnet werden.

Zeichen	**Element**
Widder	Feuer
Stier	Erde
Zwillinge	Luft
Krebs	Wasser
Löwe	Feuer
Jungfrau	Erde
Waage	Luft
Skorpion	Wasser
Schütze	Feuer
Steinbock	Erde
Wassermann	Luft
Fische	Wasser

Die Einteilung der Zeichen nach den vier Elementen

Nun betrachten wir die Element-Zeichen-Verbindungen genauer. Du weißt ja schon, dass die zwölf Zeichen in die vier Kategorien Feuer, Erde, Luft und Wasser unterteilt sind. Diesen übergreifenden Elementen werden bestimmte Eigenschaften zugeschrieben. Obwohl Widder, Löwe und Schütze drei sehr unterschiedliche Zeichen sind, weisen sie trotzdem Ähnlichkeiten auf und haben dieselbe »feurige« Energie.

Wie du gesehen hast, haben wir alle zwölf Tierkreiszeichen in unserem Geburtshoroskop: Sie bilden den äußersten Ring des Tierkreises. Die Zeichen stehen in den zwölf Häusern, die wiederum mit den verschiedensten Lebensbereichen in Beziehung stehen. Es lohnt sich also auf jeden Fall, alle Zeichen kennenzulernen, auch wenn du keinen Planeten in einem bestimmten Zeichen hast.

Ein Hinweis zu den Schlüsselbegriffen: Die Beschreibungen der Elementgruppen weiter unten enden mit einigen Schlüsselbegriffen, die das jeweilige Element charakterisieren. Schlüsselbegriffe werden in der Astrologie häufig verwendet, und du wirst sie in diesem Buch immer wieder finden. Versuch, sie dir einzuprägen.

Die Feuerzeichen: Widder, Löwe, Schütze

Diese Zeichen sind die größten Publikumslieblinge – sie bringen Partys in Schwung und ziehen alle Blicke auf sich. Das heißt nicht, dass wir nicht alle wie ein Feuerzeichen glänzen können, aber diese Zeichen erheben mehr oder weniger exklusiven Anspruch darauf, so zu sein. Auch wenn dein Sonnenzeichen kein Feuerzeichen ist, hast du andere Planeten in deinem Horoskop, und zumindest einige davon haben die überaus kreative Feuerenergie.

Widder, Löwe und Schütze unterscheiden sich zwar, aber sie alle sind heißblütig und temperamentvoll. Wo immer du das Element Feuer in deinem Geburtshoroskop hast – zum Beispiel einen Planeten in einem Feuerzeichen oder ein Feuerzeichen in einem deiner Häuser –, bist du wahrscheinlich alles andere als passiv. Feuerzeichen sind sehr leidenschaftlich, und sie brennen schnell und heftig.

Das Temperament eines Feuerzeichens flammt schnell auf, kann sich aber genauso schnell wieder beruhigen. Wenn du ein Feuerzeichen in deinem Horoskop hast, suchst du dir wahrscheinlich eine besondere Herausforderung oder brennst vor lauter Ehrgeiz. Die feurige Seite in dir weiß, dass sie alles erreichen kann; dieser rastlose Anteil deiner Persönlichkeit ist immer auf der Suche und will die Dinge schnell erledigen.

Schlüsselbegriffe: Feuer; Hitze; bringt dich zum Brennen.

Die Erdzeichen: Stier, Jungfrau, Steinbock

Diese drei Zeichen sind solide, stark und äußerst zuverlässig. Sie legen im Gegensatz zu den Feuerzeichen keinen Wert darauf, aufzufallen und die Aufmerksamkeit aller auf sich zu ziehen. Erdzeichen sind bodenständige Menschen, und wo immer du das Element Erde in deinem Horoskop hast – zum Beispiel einen Planeten in einem Erdzeichen oder ein Erdzeichen in einem deiner Häuser –, bist du so gefestigt wie ein Fels. Die Erde ist ein geduldiges Element, das weiß, dass gut Ding Weile braucht. Wenn du Erde in deinem Horoskop hast und vor allem wenn deine Sonne in einem Erdzeichen steht, weißt du, dass Geduld und Beharrlichkeit oft das Rennen machen.

Das Element ist wie unser Planet Erde: Es nährt, es hilft gern und sorgt dafür, dass dank seiner Unterstützung Gutes entstehen kann. Denk an unseren Planeten und all das Leben, das er still und leise unterstützt, ohne zu viel dafür zu verlangen. Das ist die Energie der Erde. Erdzeichen sind aber auch sehr sensibel und sogar ziemlich gefühlvoll. Wenn du ein Erdzeichen in deinem Horoskop hast – sei es ein Planet in einem Erdzeichen oder ein Erdzeichen in einem deiner Häuser –, willst du, dass die Dinge unverfälscht, wahr und natürlich sind. Außerdem weigert sich das Element Erde, sich zu verstellen oder irgendetwas vorzutäuschen, was nicht der Wahrheit entspricht, auch wenn andere Elemente auftrumpfen oder nachsichtig sein wollen.

Schlüsselbegriffe: Erdung; fester Boden unter den Füßen; Wachstum.

Die Luftzeichen: Zwillinge, Waage, Wassermann

Das Element Luft ist ein wenig wie der Wind und ebenso rätselhaft. Menschen mit viel Luft in ihrem Horoskop (zum Beispiel durch mehrere Planeten im Element Luft) sind nur schwer zu fassen. Sie können sich in Windeseile aus dem Staub machen. Sie haben viele Ideen und lieben es, nachzudenken, zu kommunizieren und sich auszutauschen. Sie bewegen sich im Reich des Intellekts, und dort bleiben sie auch gern. Irgendwie scheinen sie sich weniger von den Regeln der Gesellschaft einschränken zu lassen, und wo immer ein Luftzeichen in deinem Horoskop steht, hast auch du diese leichte Energie. Beim Element Luft geht es weniger um Gefühle.

Wenn du ein Luftzeichen bist oder viel Luftenergie in deinem Horoskop hast – zum Beispiel, wenn du mehrere Planeten in einem Luftzeichen oder verschiedene Luftzeichen hast –, stehst du vor folgender Herausforderung: Du hast zwar diese wunderbare Leichtigkeit des Seins, doch du musst diese Energie auch irgendwie verankern. Achte darauf, dass du dir immer genügend Freiraum gönnst und nicht zu sehr in deinen Gedanken lebst. Luftzeichen sind äußerst unterhaltsame Menschen; Luft ist das Element des Witzes. Luftzeichen haben eigentlich keine

Ecken und Kanten. Oder doch? Manchmal können die Rationalität und der Pragmatismus der Luft ziemlich hart sein!

Schlüsselbegriffe: Gedanken; Herumtändeln; Plaudern; Flüchtigkeit.

Die Wasserzeichen: Krebs, Skorpion, Fische

Kommen wir zum emotionalsten und träumerischen Element! Wasserzeichen nehmen ihre Emotionen wahr – und wie! Fragst du ein Wasserzeichen, wie es ihm geht, musst du mit einer Antwort rechnen, die dich tief berührt, zumindest in den meisten Fällen. Hast du ein Wasserzeichen in deinem Horoskop – etwa einen Planeten in einem Wasserzeichen oder ein Wasserzeichen in einem deiner Häuser –, hast du sehr tiefgehende Gefühle, bist manchmal schwer zu greifen, nimmst intensiv wahr, was dich gerade bewegt, und hast einen Hang zum Drama.

Diese drei Zeichen sind eher zurückhaltend. Auf einer Party fallen uns diese Menschen vielleicht nicht sofort auf, aber es ist gut möglich, dass wir uns mit ihnen am intensivsten unterhalten.

Wasserzeichen haben auch eine schützende Seite: Sie können stärker sein, als man denkt. Sie tun alles, um sich und alles, was oder wen sie lieben, vor Bedrohungen zu bewahren. Wasser ist gefühlvoller und weicher als die anderen Elemente. Menschen dieses Elements sind zwar keine Weichlinge, ganz im Gegenteil, aber sie verfügen über eine gewisse Weichheit, zumindest nach außen hin.

Schlüsselbegriffe: Wasser; flüssig sein; Emotionen und Träume; weich, aber manchmal auch rau.

Die Elemente in deinem Horoskop

In Kapitel 2 hast du festgestellt, in welchen Zeichen deine Planeten stehen. Als Nächstes siehst du dir an, welchen Elementen diese Zeichen zugeordnet sind. Hast du viel Feuerenergie in deinem Horoskop oder eher wenig? Enthält es viel Wasserenergie? Oder Luft ? Finde mithilfe der folgenden Übung heraus, welches Element in deinem Horoskop vorherrscht.

ARBEITE MIT DEINEM GEBURTSHOROSKOP

Welches Element ist in deinem Horoskop am stärksten vertreten? Dazu kannst du einfach die Zahl der Planeten pro Element ermitteln oder das Punktesystem verwenden, das Astrologen bevorzugen, weil mit seiner Hilfe deutlich wird, wie einflussreich bestimmte Planeten und andere Elemente in deinem Horoskop sind. Den »persönlicheren« Planeten (und anderen Elemente) in deinem Horoskop – also die Sonne, der Mond und dein Aszendent – gibst du 2 Punkte, während die anderen Planeten nur je 1 Punkt erhalten.

Beispiel:

Meine Sonne steht im Löwen – Feuer (2 Punkte).
Mein Mond steht im Wassermann – Luft (2 Punkte).
Mein Aszendent steht in der Jungfrau – Erde (2 Punkte).
Mein Merkur steht im Löwen – Feuer (1 Punkt).
Meine Venus steht in der Jungfrau – Erde (1 Punkt).
Mein Mars steht im Stier – Erde (1 Punkt).
Mein Jupiter steht im Wassermann – Luft (1 Punkt).
Mein Saturn steht im Krebs – Wasser (1 Punkt).
Mein Uranus steht in der Waage – Luft (1 Punkt).
Mein Neptun steht im Schützen – Feuer (1 Punkt).
Mein Pluto steht in der Waage – Luft (1 Punkt).

Ich habe:

2 Planeten und den Aszendenten im Element Erde,

4 Planeten im Element Luft,

1 Planeten im Element Wasser.

Oder verwende das Punktesystem:

Feuer = 4 Punkte,

Erde = 4 Punkte,

Luft = 5 Punkte,

Wasser = 1 Punkt.

Jetzt bist du dran!

Meine Sonne steht in ______________ (2 Punkte).

Mein Mond steht in ______________ (2 Punkte).

Mein Aszendent steht in ______________ (2 Punkte).

Mein Merkur steht in ______________ (1 Punkt).

Meine Venus steht in ______________ (1 Punkt).

Mein Mars steht in ______________ (1 Punkt).

Mein Jupiter steht in ______________ (1 Punkt).

Mein Saturn steht in ______________ (1 Punkt).

Mein Uranus steht in ______________ (1 Punkt).

Mein Neptun steht in ______________ (1 Punkt).

Mein Pluto steht in ______________ (1 Punkt).

Was hast du herausgefunden? Dominiert in deinem Horoskop irgendein Element? Schreib auf, wie viele Planeten du in jedem Element hast, um zu erkennen, welches Element in dir am stärksten wirksam ist.

Ich habe ____ Planeten im Element Feuer (___ Punkt[e]).

Ich habe ____ Planeten im Element Erde (___ Punkt[e]).

Ich habe ____ Planeten im Element Luft (___ Punkt[e]).

Ich habe ____ Planeten im Element Wasser (___ Punkt[e]).

Die drei Modalitäten

In diesem Kapitel geht es um die drei Modalitäten kardinal, fest und beweglich. Diese liefern weitere Informationen über die Haupteigenschaften von Personen. Die Modalitäten werden auch als »Qualitäten« der einzelnen Tierkreiszeichen beschrieben. Jede der drei Modalitäten umfasst vier Zeichen. Es ist von großem Vorteil, sie zu verstehen, und ich empfehle dir, sie so bald wie möglich auswendig zu lernen. Die Übersicht zeigt, welchen Modalitäten die einzelnen Zeichen zugeordnet werden.

Zeichen	**Element**
Widder	Kardinal
Stier	Fest
Zwillinge	Beweglich
Krebs	Kardinal
Löwe	Fest
Jungfrau	Beweglich
Waage	Kardinal
Skorpion	Fest
Schütze	Beweglich
Steinbock	Kardinal
Wassermann	Fest
Fische	Beweglich

Kardinale, feste und bewegliche Zeichen

Hier ein kurzer Überblick über die kardinalen, festen und beweglichen Zeichen.

Die Kardinalzeichen

Die Kardinalzeichen sind sehr gut darin, Dinge auf den Weg zu bringen und die Position des Anführers zu übernehmen. Diese Zeichen entsprechen dem Beginn der verschiedenen Jahreszeiten in der Natur.

Schlüsselbegriffe: tonangebend, initiativ, durchsetzungsfähig (oder auch herrisch).

Die festen Zeichen

Die fixen Zeichen haben viel Ausdauer und können durchaus stur sein.

Schlüsselbegriffe: ausdauernd, beharrlich, geduldig (oder auch starrköpfig).

Die beweglichen Zeichen

Diese Menschen sind im Fluss, doch es fällt ihnen manchmal schwer, Dinge zu Ende zu bringen.

Schlüsselbegriffe: mitgehen, umherschweifen, anpassungsfähig (oder auch leicht zu führen).

Denk kurz über dich und die Menschen nach, die du gut kennst, und überleg, ob du ihre Persönlichkeit in den Modalitäten deines beziehungsweise ihres Sonnenzeichens wiederfinden kannst. Und jetzt stell dir vor, wie es ist, wenn zwei Menschen mit derselben Modalität in einer Beziehung stehen. In meiner Familie gibt es zum Beispiel drei kardinale Sonnenzeichen, und wir alle wollen der Boss sein. Zum Glück haben wir alle auch andere Planeten in unseren Horoskopen, die sich harmonischer zusammenfügen.

Die Modalitäten in deinem Horoskop

Jetzt wollen wir herausfinden, welche Modalitäten oder Qualitäten dein Horoskop aufweist – mit anderen Worten, welche Planeten in welcher Modalität vorhanden sind und welche Modalität überwiegt.

ARBEITE MIT DEINEM GEBURTSHOROSKOP

Finde heraus, welche Qualität in deinem Horoskop am stärksten ist. Dazu kannst du einfach die Zahl der Planeten pro Modalität ermitteln oder das Punktesystem verwenden. Sonne, Mond und dein Aszendent erhalten 2 Punkte, die anderen Planeten nur je 1 Punkt.

Beispiel:

Meine Sonne steht im Löwen – fest (2 Punkte).
Mein Mond steht im Wassermann – fest (2 Punkte).
Mein Aszendent steht in der Jungfrau – beweglich (2 Punkte).
Mein Merkur steht im Löwen – fest (1 Punkt).
Meine Venus steht in der Jungfrau – beweglich (1 Punkt).
Mein Mars steht im Stier – fest (1 Punkt).
Mein Jupiter steht im Wassermann – fest (1 Punkt).
Mein Saturn steht im Krebs – kardinal (1 Punkt).
Mein Uranus steht in der Waage – kardinal (1 Punkt).
Mein Neptun steht im Schützen – beweglich (1 Punkt).
Mein Pluto steht in der Waage – kardinal (1 Punkt).

Ich habe:

3 Planeten in Kardinalzeichen,
5 Planeten in festen Zeichen,
2 Planeten und den Aszendenten in beweglichen Zeichen.

Oder verwende das Punktesystem:

kardinal = 3 Punkte,
fest = 7 Punkte,
beweglich = 4 Punkte.

Jetzt bist du dran!

Meine Sonne steht in ______________ (2 Punkte).
Mein Mond steht in ________________ (2 Punkte).
Mein Aszendent steht in ____________ (2 Punkte).
Mein Merkur steht in ________________ (1 Punkt).
Meine Venus steht in ________________ (1 Punkt).
Mein Mars steht in __________________ (1 Punkt).
Mein Jupiter steht in ________________ (1 Punkt).
Mein Saturn steht in ________________ (1 Punkt).
Mein Uranus steht in ________________ (1 Punkt).
Mein Neptun steht in ________________ (1 Punkt).
Mein Pluto steht in __________________ (1 Punkt).

Was hast du herausgefunden? Dominiert in deinem Horoskop eine der Modalitäten? Schreib auf, wie viele Planeten du in jeder Modalität hast, um zu erkennen, welche in dir am stärksten wirksam ist.

Ich habe ____ Kardinalzeichen (___ Punkt[e]).
Ich habe ____ feste Zeichen (___ Punkt[e]).
Ich habe ____ bewegliche Zeichen (___ Punkt[e]).

Die Polaritäten

Abschließend werden die zwölf Tierkreiszeichen in die Polaritäten eingeteilt. Die Polaritäten sind auch bekannt als Yin und Yang (☯), die polar entgegengesetzten und dennoch aufeinander bezogenen dualen Kräfte aus der chinesischen Philosophie:

- Feuer- und Luftzeichen sind positiv und aktiv (Yang).
- Erd- und Wasserzeichen sind negativ und passiv (Yin).

Die Polaritäten in deinem Horoskop

Mit dieser Einteilung ist keine moralische oder sonstige Wertung verbunden. Die Polarität zeigt nur an, wohin ein Zeichen tendiert: Die positiven Zeichen sind nach außen gerichtet, suchende und männliche Energien, während die negativen Zeichen nach innen gerichtet, sanfte und weibliche Energien repräsentieren. Die positiven Zeichen suchen und finden, die negativen Zeichen ziehen an und empfangen. (Wenn du die Begriffe »positiv« beziehungsweise »negativ« für Yang beziehungsweise Yin nicht verwenden willst, kannst du sie auch als »extravertiert« beziehungsweise »introvertiert« bezeichnen.)

Mithilfe der folgenden Übung erkennst du, ob die Polaritäten in deinem Horoskop im Gleichgewicht sind.

ARBEITE MIT DEINEM GEBURTSHOROSKOP

Finde heraus, welche Polarität in deinem Horoskop am stärksten ist. Dazu kannst du einfach die Zahl der Planeten pro Polarität ermitteln oder das Punktesystem verwenden. Sonne, Mond und dein Aszendent erhalten 2 Punkte, die anderen Planeten nur je 1 Punkt.

Beispiel:

Meine Sonne steht im Löwen – Yang (2 Punkte).
Mein Mond steht im Wassermann – Yang (2 Punkte).
Mein Aszendent steht in der Jungfrau – Yin (2 Punkte).
Mein Merkur steht im Löwen – Yang (1 Punkt).
Meine Venus steht in der Jungfrau – Yin (1 Punkt).
Mein Mars steht im Stier – Yang (1 Punkt).
Mein Jupiter steht im Wassermann – Yang (1 Punkt).
Mein Saturn steht im Krebs – Yin (1 Punkt).
Mein Uranus steht in der Waage – Yang (1 Punkt).
Mein Neptun steht im Schützen – Yang (1 Punkt).
Mein Pluto steht in der Waage – Yang (1 Punkt).

Ich habe:

2 Planeten und den Aszendenten in Yin-Zeichen,
8 Planeten in Yang-Zeichen.

Oder verwende das Punktesystem:

Yin-Zeichen = 10 Punkte,
Yang-Zeichen = 4 Punkte.

Jetzt bist du dran!

Meine Sonne steht in ______________ (2 Punkte).
Mein Mond steht in ________________ (2 Punkte).
Mein Aszendent steht in ____________ (2 Punkte).
Mein Merkur steht in _______________ (1 Punkt).

Meine Venus steht in _______________ (1 Punkt).
Mein Mars steht in _______________ (1 Punkt).
Mein Jupiter steht in _______________ (1 Punkt).
Mein Saturn steht in _______________ (1 Punkt).
Mein Uranus steht in _______________ (1 Punkt).
Mein Neptun steht in _______________ (1 Punkt).
Mein Pluto steht in _______________ (1 Punkt).

Was hast du herausgefunden? Dominiert in deinem Horoskop eine der Polaritäten? Schreib auf, wie viele Planeten du in jeder Polarität hast, um zu erkennen, welche in dir am stärksten wirksam ist.

Ich habe ___ Yin-Zeichen (___ Punkt[e]).
Ich habe ___ Yang-Zeichen (___ Punkt[e]).

Die Tabelle umfasst alle Einteilungen der zwölf Tierkreiszeichen.

Zeichen	**Element**	**Modalität**	**Polarität**
Widder	Feuer	Kardinal	Yang (positiv)
Stier	Erde	Fest	Yin (negativ)
Zwillinge	Luft	Beweglich	Yang (positiv)
Krebs	Wasser	Kardinal	Yin (negativ)
Löwe	Feuer	Fest	Yang (positiv)
Jungfrau	Erde	Beweglich	Yin (negativ)
Waage	Luft	Kardinal	Yang (positiv)
Skorpion	Wasser	Fest	Yin (negativ)
Schütze	Feuer	Beweglich	Yang (positiv)
Steinbock	Erde	Kardinal	Yin (negativ)
Wassermann	Luft	Fest	Yang (positiv)
Fische	Wasser	Beweglich	Yin (negativ)

Alternativ findest du diese Einteilung in Form einer Horoskopgrafik (siehe Abbildung 4).

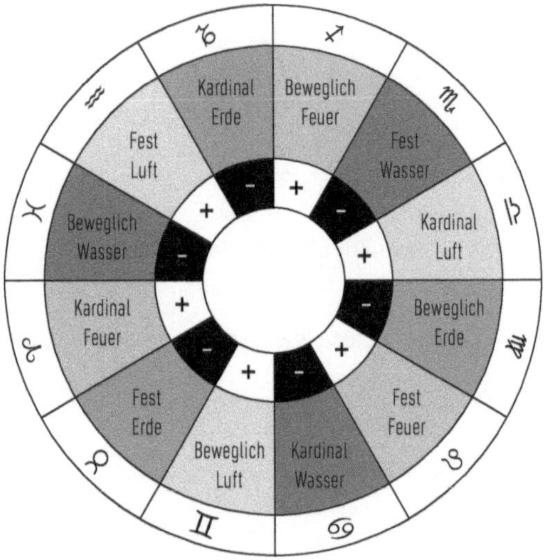

Abbildung 4: Das Ordnungssystem des Tierkreises

ZUSAMMENFASSUNG

In diesem Kapitel hast du einiges über die charakteristischen Merkmale der einzelnen Tierkreiszeichen erfahren. Ich hoffe, du kannst bereits erkennen, dass die Astrologie ein weitaus komplexeres Gebiet ist, als du vielleicht angenommen hast. Die in der Astrologie verwendeten Symbole sind mehr als ein einfaches und eindimensionales Konzept. Die verschiedenen Zeichen werden sortiert in verschiedene Klassifizierungen, die sie sehr detailliert beschreiben. Dazu gehören die Elemente (Feuer, Erde, Luft und Wasser), die Modalitäten oder Qualitäten (kardinal, fest und beweglich) sowie die Polaritäten (Yin und Yang).

Kein Zeichen hat dieselbe Kombination der Elemente, Modalitäten und Polaritäten, sondern ist einzigartig und unverwechselbar.

KAPITEL 4

Die Planeten

Inzwischen kennst du die astrologischen Symbole der zehn Planeten und weißt, wie du sie nutzen kannst, um die Position der Planeten in deinem Horoskop zu bestimmen. Du erkennst, in welchem Tierkreiszeichen die einzelnen Planeten stehen, kennst ihre Elemente, Modalitäten und Polaritäten. Nun befassen wir uns mit den Planeten selbst. Mithilfe der charakteristischen Eigenschaften der einzelnen Planeten kannst du dein Horoskop deuten.

Die inneren und äußeren Planeten

Die Bezeichnung »Planet« geht zurück auf das griechische Wort *planḗtes* (zu *plánēs* [umherschweifend]). Die Planeten kreisen auf ihren Bahnen um die Sonne und durchlaufen dabei die zwölf Tierkreiszeichen. Die Geschwindigkeit, mit der sie sich bewegen, unterscheidet sich je nach ihrer Entfernung zur Sonne.

- In der Astrologie zählen Mond, Merkur und Venus zu den inneren Planeten. Sie bewegen sich innerhalb der Erdbahn um die Sonne, die hier ebenfalls als innerer Planet aufgefasst wird. Sie kreisen mit höherer Geschwindigkeit, weshalb diese

Planeten bei Personen, die nur kurz vor oder nach dir geboren wurden, in ganz anderen Zeichen stehen können als bei dir.

- Die äußeren Planeten sind Mars, Jupiter, Saturn, Uranus, Neptun und Pluto, die außerhalb der Erdbahn um die Sonne kreisen und sich viel langsamer bewegen (wie weiter unten aufgeführt wird). So kann zum Beispiel eine Person, die zwei Jahre nach dir geboren wurde, Saturn im selben Zeichen haben wie du.

Die Planeten bewegen sich unterschiedlich schnell durch den Tierkreis. Für eine Durchquerung des Tierkreises benötigen sie:
Sonne: 1 Jahr.
Mond: circa 27 Tage.
Merkur: circa 88 Tage. Weil Merkur etwa dreimal pro Jahr für drei Wochen rückläufig wird (mehr darüber findest du in Kapitel 10), braucht er etwa ein Jahr für seine Reise durch den Tierkreis. Er hält sich zwischen 14 und 30 Tagen in einem Zeichen auf. Merkur ist nie weiter als 28 Grad von der Sonne entfernt.
Venus: 225 Tage. Venus wird etwa alle 18 Monate rückläufig und braucht daher etwa ein Jahr für die Durchquerung des Tierkreises. Venus ist nie mehr als 48 Grad von der Sonne entfernt.
Mars: 687 Tage. Mars bleibt etwa zwei Monate lang in jedem Zeichen, außer wenn er rückläufig ist (siehe Kapitel 10).
Jupiter: circa 12 Jahre.
Saturn: circa 29 Jahre.
Uranus: circa 84 Jahre.
Neptun: circa 165 Jahre.
Pluto: circa 248 Jahre.

Bitte beachte, dass es tatsächlich 26 000 Jahre dauert, bis alle Planeten wieder in der gleichen Beziehung zueinander stehen wie zu einem früheren Zeitpunkt. Mit Ausnahme von Menschen, die nur wenige Minuten nach dir am selben Ort geboren wurden, wird also niemand in den nächsten 26 000 Jahren genau dasselbe Horoskop haben wie du. Die jeweilige Position der einzelnen Planeten zum Zeitpunkt deiner Geburt beeinflusst dein Horoskop, deine Persönlichkeit, deine Talente und Herausforderungen, mit denen du geboren wirst.

In der Astrologie repräsentieren die Planeten typische Wesenszüge. So steht zum Beispiel deine Sonne für den Anteil in dir, der gern glänzt und sich zeigt, während Venus den Anteil deiner Persönlichkeit repräsentiert, der Liebe gibt und braucht, während Mars deine streitlustige Seite symbolisiert.

Die Generationsplaneten

Wie du siehst, sind Uranus, Neptun und Pluto sehr langsam laufende Planeten. Pluto bleibt zum Beispiel zwischen 14 und 30 Jahren in jedem einzelnen Zeichen. Daher prägen diese Planeten eine ganze Generation von Menschen und werden deshalb auch als »Generationsplaneten« bezeichnet. So spricht man zum Beispiel von der »Generation Pluto in Löwe« (1939–1957), die den Rock 'n' Roll und die Antikriegsbewegung hervorgebracht hat.

Falls du tiefer in die Astrologie einsteigen willst, kannst du das Thema »Generationsplaneten« noch weiter erforschen. Aber um das oben Gesagte noch einmal zu wiederholen: Die sich schneller bewegenden inneren Planeten in einem Geburtshoroskop variieren von einer Person zur nächsten, selbst wenn sie im Abstand von nur ein paar Tagen oder Wochen geboren wurden. Die sich langsamer bewegenden äußeren Planeten dagegen betreffen eine ganze Generation, da sie viel seltener die Zeichen wechseln.

In deinem Horoskop könnten zum Beispiel die Sonne im Wassermann, Merkur in den Fischen und die Venus im Steinbock stehen. Eine Freundin, die ein paar Wochen nach dir geboren wurde, könnte die Sonne in den Fischen, Merkur und Venus im Widder haben, aber ihr könntet beide Saturn, Uranus, Neptun und Pluto in demselben Zeichen haben. Neptun braucht 165 Jahre, um den Tierkreis zu umrunden – die Chancen sind also groß, dass jemand, der in denselben fünf oder zehn Jahren wie du geboren wurde, Neptun im selben Zeichen (und damit im selben Element) hat wie du.

Sterne beobachten

Wenn du das Glück hast, an einem Ort zu leben, an dem es nachts dunkel genug ist, um den Sternenhimmel beobachten zu können, solltest du rausgehen und dir die Sterne und Planeten ansehen. Merkur, Venus, Mars, Jupiter und Saturn sind mit bloßem Auge zu erkennen. Sterne sind selbstleuchtende Himmelskörper, während die Planeten das Sonnenlicht reflektieren. Noch besser ist es, eine Sternwarte zu besuchen und die Planeten durch ein leistungsstarkes Teleskop zu beobachten. Es gibt auch einige hervorragende Apps (zum Beispiel *Star Walk*): Halte die Kamera des Smartphones in den Sternenhimmel, und sofort werden die Sternbilder und Himmelskörper erkannt und benannt.

Wenn du anfängst, Astrologie zu praktizieren, kann es sein, dass du die Planeten nur noch als theoretische Symbole siehst, ohne jemals in den Himmel zu schauen. Deshalb empfehle ich dir, nachts ins Freie zu gehen, den Sternenhimmel zu beobachten und das Wunder zu verspüren, dass der Himmel auf dich herableuchtet. Du weißt ja bestimmt, dass wir alle aus Sternenstaub gemacht sind …! Falls du dich wirklich ernsthaft mit Astrologie beschäftigst, empfehle ich dir, einen Grundkurs in Astronomie zu besuchen. Er wird dir sehr nützlich sein.

Die Eigenschaften der Planeten

Die nun folgende Beschreibung der wichtigsten Merkmale und Eigenschaften der zehn Planeten wird in der modernen Astrologie verwendet und dient uns zur Deutung deines Horoskops in diesem Buch. Lies die Beschreibungen der einzelnen Planeten durch, nimm dann den Ausdruck deiner Horoskopgrafik zur Hand, und führe die Übungen unter der Überschrift »Arbeite mit deinem Geburtshoroskop« durch.

Auch für die Planeten findest du Schlüsselbegriffe. Versuch, beim Lesen ein Gefühl für sie zu entwickeln und sie dir einzuprägen. Die Schlüsselbegriffe zeigen an, was ein Planet in deinem Horoskop »tut« oder was er symbolisiert. So ist Merkur zum Beispiel der Planet der Kommunikation und steht dafür, wie wir reden und zuhören, während Venus uns als Planet der Liebe anzeigt, wie wir lieben – und so weiter.

Jeder Planet hat außerdem positive und negative Ausprägungen seiner Energien. Die Sonne steht zum Beispiel für Selbstvertrauen. Wenn wir mit einer bejahenden Einstellung durchs Leben gehen (»positive Ausrichtung«), strahlen wir Selbstbewusstsein aus, sind wir aber negativ gestimmt (»negative Ausrichtung«), kann dieses Selbstvertrauen in Überheblichkeit umschlagen. *Bitte sei dir bewusst, dass einige der Schlüsselbegriffe an Bedeutung gewinnen werden, je intensiver du dich mit der Astrologie beschäftigst und Prognosen erstellst.*

Die Sonne ☉

Positive Ausrichtung: das Selbst; Selbstbild; Willenskraft.
Negative Ausrichtung: Ego; Eitelkeit; Selbstsucht.
Die Sonne bestimmt dein Tierkreiszeichen und nimmt im Geburtshoroskop die Schlüsselstellung ein. Sie repräsentiert dein

ureigenstes Wesen, dein Selbst und dein Ego. Sie symbolisiert, wie viel Selbstvertrauen du hast und was der Schwerpunkt deines Daseins ist. Als Energiequelle allen Lebens ist sie in vielerlei Hinsicht die treibende Kraft in deinem Horoskop. Die Sonne bildet das Zentrum des Planetensystems und ist die Quelle allen Lichts und Lebens auf der Erde. Sie bildet das geistige Zentrum und steht gern im Mittelpunkt.

Die Position der Sonne in deinem Horoskop – in einem bestimmten Zeichen oder einem Haus – verrät dir viel über deine Lebensaufgabe. Ebenso zeigt sie dir an, wie und wodurch du dein Licht zum Leuchten bringst. Je mehr du über deine Sonne herausfindest, desto mehr erfährst du auch über dich selbst und darüber, welche die wichtigsten Themen deines Lebens sind.

Wo steht deine Sonne?

Du hast bereits bestimmt, in welchem Zeichen und Element die Sonne in deinem Horoskop steht. Mit anderen Worten: Du weißt, ob deine Sonne in einem Feuerzeichen (Widder, Löwe oder Schütze), einem Erdzeichen (Stier, Jungfrau oder Steinbock), einem Luftzeichen (Zwillinge, Waage oder Wassermann) oder in einem Wasserzeichen (Krebs, Skorpion oder Fische) steht. Die folgende Übersicht erklärt, was es bedeutet, wenn deine Sonne in einem bestimmten Element steht:

- **Feuerzeichen:** Du hast wirklich Temperament! Feuerzeichen sind sehr heißblütig.
- **Erdzeichen:** Du bist ein eher bodenständiger Mensch.
- **Luftzeichen:** Du bist mehr in deinem Kopf als in deinem Herzen.
- **Wasserzeichen:** Du gehörst zu den sensitiven Menschen, bist emotional, sentimental und vielleicht ein wenig anhänglich.

Selbst wenn du nur das Sonnenzeichen eines Menschen kennst, weißt du schon eine Menge über ihn, denn die Sonne steht im Zentrum des Lebens. Das ist auch einer der Gründe, warum die Sonnenzeichen-Astrologie in Zeitschriften funktioniert – die Sonne ist ein entscheidender und zentraler Teil des Geburtshoroskops. Die Sonne weist dich auf deine Lebensaufgabe hin und verrät dir viel darüber, wer du wirklich bist.

Schlüsselbegriffe für die Bedeutung der Sonne: dein wahres Wesen; in welchen Bereichen du deine Talente ausleben kannst; das Zentrum deiner Persönlichkeit; deine Individualität; wie mutig du bist; deine männliche Yang-Seite.

Die Wirkungen der Sonne in den Tierkreiszeichen findest du in Kapitel 5. Die Sonne bestimmt Persönlichkeit und Ego der einzelnen Zeichen.

ARBEITE MIT DEINEM GEBURTSHOROSKOP

Zeichne einen Pfeil ein, der auf das Sonnensymbol zeigt, und schreib daneben die Worte »Wer ich wirklich bin«.

Der Mond ☾

Positive Ausrichtung: Gefühle; das Unbewusste; Instinkte.
Negative Ausrichtung: Launenhaftigkeit; Schüchternheit.
Die meisten Menschen kennen ihr Sonnenzeichen, aber das war's dann auch schon. Doch wenn du dein eigenes oder das Mondzeichen einer anderen Person kennst, kannst du viel über dich beziehungsweise andere erfahren. Der Mond steht für unser innerstes Wesen. In deinem Horoskop gibt er dir Auskunft darüber, was du wirklich brauchst. Und wenn du das weißt, kannst du dich daranmachen, es zu bekommen, oder?

Betrachtest du im Horoskop einer Bekannten ihren Mond und in welchem Haus er steht, wird dir sofort klar, was sie braucht. Kannst du es ihr geben? Der Mond in deinem Horoskop kann dir auch etwas über deine Herkunft sagen, darüber, wie du aufgewachsen bist, wie das Verhältnis zu deiner Mutter war, was dich nährt, etwas über deine Gefühle, dein Unterbewusstsein und deine Instinkte.

Das Zeichen und das Haus des Mondes offenbaren deine Vorlieben und Ideen. Was gibt dir ein Gefühl der Sicherheit? Wenn du deinen Mond verstehst, wirst du auch deine eigenen Bedürfnisse besser erfassen können. Der Mond ist geheimnisvoll und sogar ein wenig okkult. Er steht auch für Empfänglichkeit, Fruchtbarkeit, Weiblichkeit, die Göttin, Zyklen und Gemütsbewegungen. Der Mond verändert sich häufiger als alle anderen Himmelskörper, die wir uns näher ansehen werden.

Wo steht dein Mond?

Steht dein Mond in einem Feuerzeichen (Widder, Löwe oder Schütze), einem Erdzeichen (Stier, Jungfrau oder Steinbock), einem Luftzeichen (Zwillinge, Waage oder Wassermann) oder in einem Wasserzeichen (Krebs, Skorpion oder Fische)? Die folgende Übersicht erklärt, was es bedeutet, wenn dein Mond in einem bestimmten Element steht.

- **Feuerzeichen:** Du hast leidenschaftliche Gefühle.
- **Erdzeichen:** Du bist nicht so leicht zu erschüttern.
- **Luftzeichen:** Du solltest dich mehr darum bemühen, dich mit deinen Gefühlen zu verbinden.
- **Wasserzeichen:** Du bist sehr emotional.

Schlüsselbegriffe für die Bedeutung des Mondes: deine Bedürfnisse; was dich nährt; das Verhältnis zu deiner Mutter; deine weibliche

Yin-Seite; deine Gefühle; wie empfindsam du bist; wie intuitiv du vorgehst; deine Instinkte; deine emotionale Sicherheit (oder der Mangel an emotionaler Sicherheit); dein Unterbewusstsein, deine Erinnerungen und deine Vorstellungskraft; deine schützende mütterliche Seite; Häuslichkeit.

Die Wirkungen des Mondes in den Tierkreiszeichen und Häusern findest du im Kapitel »Planeten in Zeichen und Häusern deuten« in Kapitel 13).

ARBEITE MIT DEINEM GEBURTSHOROSKOP

Zeichne einen Pfeil ein, der auf das Mondsymbol zeigt, und schreib daneben die Worte »Was ich brauche und wie ich mich fühle«.

Merkur ☿

Positive Ausrichtung: kommunikativ; intelligent; Austausch von Ideen.

Negative Ausrichtung: geschwätzig; oberflächlich; inkonsequent.

Merkur ist der Planet der Kommunikation. Immer wenn du sprichst oder etwas schreibst – von einer SMS bis zu einem Roman oder mehr –, wenn du nachdenkst oder jemandem zuhörst, ist Merkur im Spiel. Er ist der Planet des Verstandes und steuert, wie du redest, schreibst, dich ausdrückst oder Informationen aufnimmst. Das ist dein intellektueller Prozess. Das Zeichen und das Haus, in dem Merkur steht, entscheiden darüber, wie du denkst und dich ausdrückst, und sogar darüber, wie du verhandelst.

Merkur ist auch der Planet des Transports, der Kurzreisen und des Pendelverkehrs. Zudem ist er für Handel und Gewerbe zuständig. Außerdem bestimmt er deinen Verstand, deine Gedanken und deinen Wissensdurst sowie deinen Wunsch und deine Fähigkeit zu lernen. Denkst du schnell? Magst du es, Dinge zu analysieren? Begreifst du schnell? Kannst du Geheimnisse bewahren? Die Antworten auf diese Fragen findest du, je mehr du über deinen Merkur erfährst.

Merkur ist ein Trickster und auch ein schnelllebiger Planet. Wenn jemand gern und schnell redet, dann liegt das an seinem Merkur. Wenn jemand zu viel grübelt, zu lange überlegt oder keine Entscheidungen treffen kann, findest du in seinem Merkur eine mögliche Erklärung für sein Verhalten.

Wo steht dein Merkur?

Steht dein Merkur in einem Feuerzeichen (Widder, Löwe oder Schütze), einem Erdzeichen (Stier, Jungfrau oder Steinbock), einem Luftzeichen (Zwillinge, Waage oder Wassermann) oder in einem Wasserzeichen (Krebs, Skorpion oder Fische)? Die folgende Übersicht erklärt, was es bedeutet, wenn dein Merkur in einem bestimmten Element steht.

- **Feuerzeichen:** Du schießt öfter über das Ziel hinaus.
- **Erdzeichen:** Es gelingt dir sehr gut, in einem geerdeten Umfeld deine Meinung zu äußern.
- **Luftzeichen:** Du bist eher intellektuell veranlagt.
- **Wasserzeichen:** Du nimmst unbewusst gesendete Signale und Körpersprache wahr.

Schlüsselbegriffe für die Bedeutung Merkurs: die Art und Weise, wie du sprichst; wie du dich mental verbindest; deine Ideen; wie du zuhörst; wie du Ideen austauschst; Affinität zum Thema »Transport«; wie du lernst; wie rational und wie witzig du bist.

Die Wirkungen von Merkur in den Tierkreiszeichen und Häusern findest du im Kapitel »Planeten in Zeichen und Häusern deuten« in Kapitel 13.

ARBEITE MIT DEINEM GEBURTSHOROSKOP

Zeichne einen Pfeil ein, der auf das Merkursymbol zeigt, und schreib daneben die Worte »Wie ich kommuniziere«.

Venus ♀

Positive Ausrichtung: liebevoll; freundlich; fürsorglich.
Negative Ausrichtung: träge; manipulativ; willensschwach.
Bei diesem Planeten dreht sich alles um Romantik und Wohlstand – er ist dein Liebesplanet! Venus begleitet dich, wenn du für jemanden schwärmst, wenn du dich verliebst und wenn du dich aus tiefstem Herzen nach jemandem oder etwas sehnst.

Herzensangelegenheiten werden also von diesem schönen, freundlichen und fürsorglichen Planeten gesteuert. Venus steht für Vergnügen, Freundlichkeit, Zärtlichkeit – beispielsweise für Spitzenunterwäsche und alles, was süß schmeckt. In ihrer stärksten Ausprägung steht die Venus für perfekte und ideale Beziehungen. Wie du mit anderen umgehst, hängt stark von deiner Venus ab. Genauso die Art, wie du dich verliebst.

Die Venus steht auch für das Thema »Anziehungskraft«. Deine Venus sagt dir, wen und was du liebst. Finde heraus, wo und in welchem Haus sich die Venus eines Menschen befindet, und du hast den Schlüssel zu seinem Herzen. (Ob du diesen Schlüssel leicht umdrehen kannst, hängt stark von deinem eigenen Horoskop ab und davon, wie es mit dem der anderen Person übereinstimmt.) Venus steht auch für Ästhetik und für unseren Sinn für die schönen Dinge des Lebens, wie Kunst und Musik, Schönheit und Luxus. Auch Wohlstand und Partnerschaft fallen in den Zuständigkeitsbereich der Venus.

Beachte jedoch, dass eine Person, deren Venus zum Beispiel im Wassermann steht, wahrscheinlich viel weniger Streicheleinheiten braucht als jemand, dessen Venus im Krebs steht. Du wirst die Gründe dafür verstehen, wenn du die einzelnen Zeichen und ihr Zusammenspiel mit den Planeten näher kennenlernst – dazu später mehr. Auch die Erotik gehört zur Venus. Wenn du deine Venus kennst, erfährst du, was du dir von einem Partner oder einer Liebespartnerin wünschst.

Die Kenntnis der Position der Venus und ihres Hauses im Horoskop einer anderen Person liefert dir gute Hinweise darauf, wie du sie am besten verführen kannst! Hingabe, Verbindung, Harmonie, Verständnis und Sehnsucht sind ebenfalls Schlüsselbegriffe für die Venus. Venus ist der Planet, der uns mit dem Göttlich-Weiblichen verbindet. Deine Venus zeigt dir, was du über Liebe und Beziehungen denkst.

Wo steht deine Venus?

Die folgende Übersicht erklärt, was es bedeutet, wenn deine Venus in einem bestimmten Element steht:

- **Feuerzeichen:** Du verliebst dich schnell.
- **Erdzeichen:** Du bist loyal und treu.
- **Luftzeichen:** Du kannst sehr romantisch sein, bist in der Liebe aber nur schwer zu fassen. Du denkst zu viel nach, statt zu fühlen.
- **Wasserzeichen:** Du bist oft übertrieben rührselig und sentimental!

Schlüsselbegriffe für die Bedeutung der Venus: wie und wen du liebst; wie du einen Partner anziehst; deine Vorstellung von Romantik; deine weiche Seite; wie du Fülle in dein Leben ziehst; was du als luxuriös empfindest; wie du flirtest; wie du für Harmonie sorgst; wie du Zuneigung zeigst; wie gesellig du bist und Spaß hast.

Die Wirkungen der Venus in den Tierkreiszeichen und Häusern findest du im Kapitel »Planeten in Zeichen und Häusern deuten« in Kapitel 13.

ARBEITE MIT DEINEM GEBURTSHOROSKOP

Zeichne einen Pfeil ein, der auf das Venussymbol zeigt, und schreib daneben die Worte »Wen und wie ich liebe«.

Mars ♂

Positive Ausrichtung: Entschlossenheit; Mut; Aktion.
Negative Ausrichtung: Wut; Brutalität; Dreistigkeit.
Mars ist der »Sexplanet«. Er wird von Testosteron angetrieben – aber sowohl Männer als auch Frauen haben den Mars im Horoskop. Ohne ihn würde nicht viel passieren, denn er ist unsere Rakete und unser Treibstoff, unsere Entschlossenheit und unser Drive. Sieh dir deinen Mars genauer an.

Mars bestimmt unseren Sexualtrieb, er zeigt, was uns antörnt und wie wir bekommen, was wir haben wollen. Forderst du ein, was du haben möchtest, bist du schräg drauf, machst du viel Wind, bist du ein bisschen verschlagen? Das Zeichen, in dem sich dein Mars befindet, gibt dir Aufschluss darüber, wie du deine Ziele verfolgst. Beim Mars dreht sich alles um das Erreichen von Zielen. Was verfolgst du in deinem Leben? Dein Mars zeigt dir an, was du erreichen willst und wie es dir gelingt.

Bei diesem Planeten dreht sich alles um Gier und Action. Aggressives Verhalten, sexuelle Lust, Wutanfälle und sogar brutale Verhaltensweisen sind typische Eigenschaften des Mars, die je nach seiner Position in den Zeichen und Häusern im Horoskop verstärkt oder abgemildert werden. Mars ist der wohl »männlichste« Planet und der »Partner« der Venus.

Wo steht dein Mars?

Die folgende Übersicht erklärt, was es bedeutet, wenn dein Mars in einem bestimmten Element steht:

- **Feuerzeichen:** Das ist eine großartige Verbindung, denn sie verleiht dir Tatkraft. Gib aber acht, dass du nicht im Burn-out endest, weil du zu schnell zu viel von allem willst.
- **Erdzeichen:** Diese tolle Verbindung verleiht dir Ausdauer, etwa für einen Marathon oder eine lange Partynacht.
- **Luftzeichen:** Eine sehr gute Verbindung, denn ein gesundes Gleichgewicht zwischen dem Feuer des Mars und der Luft versorgt das Feuer mit Sauerstoff und hält es am Brennen. Luftmenschen haben tendenziell viel gute Energie.
- **Wasserzeichen:** Die Kombination ist ein Dilemma, denn das Wasserzeichen kann das Feuer des Mars löschen. Mars will vorpreschen, doch die Zen-Energie des Wassers bremst ihn aus.

Schlüsselbegriffe für die Bedeutung des Mars: wie du deine Ziele verfolgst; dein Verhalten im Streit; wie schnell oder langsam du bist; wie entschlossen und zielstrebig du bist; wie forsch du sein kannst; wie stark dein Zorn und deine sexuelle Energie sind; wie wettbewerbsorientiert du bist; dein Energielevel im Allgemeinen und dein Sexualtrieb; wie du deinen Ärger und deine Entschlossenheit zum Ausdruck bringst.

Die Wirkungen des Mars in den Tierkreiszeichen und Häusern findest du im Kapitel »Planeten in Zeichen und Häusern deuten« in Kapitel 13.

ARBEITE MIT DEINEM GEBURTSHOROSKOP

Zeichne einen Pfeil ein, der auf das Marssymbol zeigt, und schreib daneben die Worte »Wie ich jage und bekomme, was ich will«.

Jupiter ♃

Positive Ausrichtung: Glaube, Aufregung, Abenteuer, Freude.
Negative Ausrichtung: Maßlosigkeit; Wichtigtuerei; Arroganz; Risikobereitschaft.
Dieser Planet ist als »großer Wohltäter« bekannt, was bedeutet, dass alles, was Jupiter berührt, gesegnet ist. Ein Blick auf Jupiter in deinem Horoskop zeigt dir, dass du mit einem Glücksbringer geboren wurdest. Jupiter ist der Planet, der dir Selbstvertrauen gibt und dich an dich glauben lässt. Er sorgt für Fülle und Verstärkung, dafür, dass von allem genug vorhanden ist.

Jupiter ist auch der Planet der Freude, der Freiheit und des Abenteuers; und er kann dank seiner Wahrnehmungskraft das große Ganze erkennen. Er ist der Planet, der dir Vertrauen in dich selbst und in den Kosmos verleiht. Mithilfe deines Jupiters ergreifst du die Chancen, die sich dir bieten. Dieser mächtige Planet hilft dir, weiterzukommen und zu wachsen. Egal, auf welcher Position Jupiter im Horoskop einer Person steht – das ist der Punkt, an dem ihr das Leben Spaß macht.

Aber Jupiter hat zwei Seiten. Auf der einen Seite ist die Jupiter-Stimmung ausgelassen und jovial-heiter. Andererseits ist er der Planet, bei dem sich alles um die Themen »Religion«, »Philosophie« und um die Suche nach dem Sinn des Lebens dreht. Vielleicht ist es ja der Sinn des Lebens, fröhlich zu sein!

Ethik, Selbstvertrauen und Glück – oder ihr Ausbleiben – fallen ebenfalls in den Zuständigkeitsbereich von Jupiter. Es überrascht nicht, dass wir in den Bereichen, in denen wir zuversichtlich sind, auch mehr Glück haben. Jupiter kann aber auch stark überziehen und Selbstvertrauen in Arroganz verwandeln. Wo auch immer du Jupiter im Horoskop einer Person findest: Sie ist entweder besonders erfolgreich oder kommt sehr überheblich daher.

Wo steht dein Jupiter?

Die folgende Übersicht erklärt, was es bedeutet, wenn dein Jupiter in einem bestimmten Element steht:

- **Feuerzeichen:** Du erlebst wahrscheinlich sehr viel Aufregung und Drama.
- **Erdzeichen:** Du hast vermutlich sehr viel Durchhaltevermögen, und deine praktischen Ideen können sich als äußerst lukrativ erweisen.
- **Luftzeichen:** Du hast viele gute Ideen, schaffst dir Freiräume und hast ein ausgesprochen soziales Leben.
- **Wasserzeichen:** Du bist bestimmt von sehr vielen Gefühlen bestimmt. Das kann alles sein, von guten Gefühlen bis hin zu schwierigen. Das ganze Programm eben.

Schlüsselbegriffe für die Bedeutung Jupiters: ob du glücklich bist; wie viel Glück du wahrscheinlich hast; wie optimistisch du bist; in welchen Bereichen du dich gesegnet fühlst oder es bist; wie abenteuerlustig du bist; deine Lebensphilosophie und -perspektive; ob du große oder kleine Ziele hast; wie aufgeschlossen du bist.

Die Wirkungen von Jupiter in den Tierkreiszeichen und Häusern findest du im Kapitel »Planeten in Zeichen und Häusern deuten« in Kapitel 13.

ARBEITE MIT DEINEM GEBURTSHOROSKOP

Zeichne einen Pfeil ein, der auf das Jupitersymbol zeigt, und schreib daneben die Worte »Wo ich besonders glücklich und/oder gesegnet bin«.

Saturn ♄

Positive Ausrichtung: Engagement; Selbstdisziplin; Integrität; Beständigkeit.

Negative Ausrichtung: Angst; Blockaden; Depression; Hartherzigkeit.

Saturn hat den einschüchternden Ruf, der »Zuchtmeister« des Tierkreises zu sein. Saturn sorgt dafür, dass du auch die Lektionen des Lebens lernst, die du eigentlich umgehen wolltest. Wo immer Saturn in deinem Horoskop steht, musst du dich deinen Aufgaben stellen und hart an dir arbeiten; in diesen Bereichen kommen viele Herausforderungen auf dich zu. Zumindest bist du darauf vorbereitet, wenn du die Position deines Saturns kennst. Aber genau die bewältigten Prüfungen machen dich reifer und bringen dich weiter.

Saturn steht für Struktur und verkörpert Ängste, und er wacht über das Erlernen von Lektionen. Er ist der Planet der Selbstdisziplin und Arbeit. Saturn ist der sich am langsamsten bewegende Planet, den wir mit bloßem Auge sehen können. Er ist kalt und berechnend und fordert seinen Teil vom Ganzen. Früher nannte man ihn auch »Karma-Planeten« nach dem Motto »Wir ernten, was wir säen«. Löst diese Redewendung Gänsehaut bei dir aus? Das ist ganz und gar Saturn! Stell dich einer Saturn-Lektion, ändere dein Verhalten und dein Karma!

Das ist aber nur eine Seite dieses Planeten. Seine weibliche Seite ist die weise alte Frau. Sie ist keine Schönheit mehr, aber das ist ihr gleichgültig: Sie steht über diesen irdischen Themen. Sie wird ihr Wissen mit dir teilen. Je nach der Position deines Saturn erwirbst du dir Weisheit. Jemand mit Saturn im 9. Haus kann zum Beispiel durch Studium oder Reisen Weisheit erlangen.

Grundsätzlich geht es um Weisheit und Wissen, darum, sich der Wahrheit zu stellen, aufrichtig und ehrlich zu sein und

Versprechen einzuhalten. Allerdings bringt Saturn auch Angst mit sich, etwa die Sorge, nicht genug zu haben. Darüber hinaus kann Saturn sehr streng sein: Er schreckt nicht davor zurück, dir schlechte Nachrichten zu überbringen, die du eigentlich verdrängen wolltest, und er setzt dir Grenzen. Das kann nützlich, aber auch hinderlich sein. Doch Saturn ist es herzlich egal, ob er ein Spielverderber ist.

Wo steht dein Saturn?

Die folgende Übersicht erklärt, was es bedeutet, wenn dein Saturn in einem bestimmten Element steht:

- **Feuerzeichen:** Frust ist programmiert, denn das Leben kann dich dazu zwingen, einen Gang zurückzuschalten, während du am liebsten vorpreschen würdest.
- **Erdzeichen:** Da Saturn keine großen Hoffnungen zulässt, ist diese Konstellation unproblematisch, denn Erdzeichen haben von Haus aus keine hohen Erwartungen.
- **Luftzeichen:** Das ist genau die richtige Voraussetzung für langfristige Entscheidungen und das Entwickeln von Ideen. Lass deine Kreativität sprudeln.
- **Wasserzeichen:** Es könnte schwierig werden, weil Wasserzeichen ihren Gefühlen freien Lauf lassen wollen, doch Saturn steht für Grenzen und Kargheit.

Schlüsselbegriffe für die Bedeutung Saturns: deine Lektionen in diesem Leben; wovor du Angst hast; was dich traurig macht; was dich deprimiert oder einschränkt; wo deine Grenzen liegen; in welchen Bereichen du dich wirklich beständig engagieren kannst; wo du absolut zuverlässig bist; deine Geduld, deine Selbstdisziplin, wie angepasst du bist, wie ehrgeizig und verantwortungsbewusst du bist.

Die Wirkungen von Saturn in den Tierkreiszeichen und Häusern findest du im Kapitel »Planeten in Zeichen und Häusern deuten« in Kapitel 13.

ARBEITE MIT DEINEM GEBURTSHOROSKOP

Zeichne einen Pfeil ein, der auf das Saturnsymbol zeigt, und schreib daneben die Worte »Wo ich noch viel zu lernen habe/was mir Angst macht«.

Uranus ♅

Positive Ausrichtung: Fortschritt; Veränderung; unerwartete Überraschungen oder Lösungen; Unangepasstheit.
Negative Ausrichtung: Chaos; Zerstörung; Unzuverlässigkeit; Hektik.
Uranus ist der innovative Außenseiter des Tierkreises. Wo auch immer Uranus in deinem Horoskop steht, hast du den Drang nach Freiheit. Du willst die Dinge auf deine Weise machen, und dir ist es egal, was andere davon halten. Dir geht deine Selbstständigkeit über alles. »Freiheit« ist ein Schlüsselbegriff für Uranus. Dieser Planet will absolut nicht eingeengt werden. Dort, wo Uranus in deinem Horoskop steht, strebst du nach Unabhängigkeit. Uranus ist auch der Planet der unerwarteten Entwicklungen und plötzlichen Wendungen.

Steht Uranus in deinem Horoskop an prominenter Stelle – zum Beispiel direkt auf dem Aszendenten oder an der gleichen Stelle wie die Sonne –, dann ist die Wahrscheinlichkeit groß, dass du auf überraschende und ungewöhnliche Weise anders bist als andere, wahrscheinlich auf eine sehr positive Art. Bei Uranus geht es um Befreiung. Er bricht Traditionen auf und zerschlägt Machtstrukturen. Deshalb ist Uranus auch der Planet der Moderne – er reißt uns mit aller Gewalt aus der Vergangenheit und schleudert uns in die Zukunft. Daher überrascht es nicht, dass Uranus auch mit Anarchie und Umsturz in Verbindung gebracht wird.

Uranus ist der Herrscher über das Chaos; und wo immer der Planet in deinem Horoskop steht, neigst du wahrscheinlich dazu, so etwas wie ein Unruhestifter zu sein.

Wo steht dein Uranus?

Astrologen sprechen weniger über die Wirkung von Uranus in den einzelnen Elementen als vielmehr über seine Bedeutung für die einzelnen Tierkreiszeichen über Generationen hinweg. So sind zum Beispiel alle Menschen mit Uranus in Jungfrau zwischen 1961 und 1969 geboren. Danach wechselte Uranus in die Waage, wo er bis 1975 blieb.

Uranus definiert, in welchen Bereichen es massive Veränderungen gibt. Die Generation Uranus in der Jungfrau brachte zum Beispiel Hippies, die Flower-Power-Bewegung und den Aufschwung alternativer Gesundheitstherapien und -verfahren hervor, während die Generation Uranus in der Waage das Konzept der »freien Liebe« und weitere Herausforderungen für die traditionelle Beziehung erfand.

In diesem Stadium deiner astrologischen Reise ist es sinnvoll, über das Haus nachzudenken, in dem sich dein Uranus befindet. Später werden wir uns die Verbindungen ansehen, die Uranus zu deinen anderen Planeten eingeht. Wo immer du Uranus in deinem Horoskop findest (in welchem Haus), kannst du mit radikalen Veränderungen und Aufregungen rechnen.

Schlüsselbegriffe für die Bedeutung von Uranus: wo du frei sein willst; wo du dich schon befreit hast oder befreit werden möchtest; in welchen Bereichen du dich weiterentwickelst und wie sich das gestaltet; deine Originalität; wo du erfinderisch, unberechenbar, unüberlegt und unbezwingbar bist; wo du alle Ketten sprengst, die dich einschränken.

Die Wirkungen von Uranus in den Tierkreiszeichen und Häusern findest du im Kapitel »Planeten in Zeichen und Häusern deuten« in Kapitel 13).

ARBEITE MIT DEINEM GEBURTSHOROSKOP

Zeichne einen Pfeil ein, der auf das Uranussymbol zeigt, und schreib daneben die Worte »Wo ich nicht kontrolliert werden kann«.

Neptun ♆

Positive Ausrichtung: Erleuchtung; Inspiration; Träume; Fortschritt; Verbindung; Okkultes; Opfer.
Negative Ausrichtung: Grenzenlosigkeit; Rauschzustände; Wahnvorstellungen; Enttäuschung.
Neptun ist der Planet der Inspiration, der Träume und der Seelengefährten. Das Haus, in dem du Neptun in deinem Horoskop findest, bestimmt, wie sehr du das Leben verklärst. Neptun steht für das Göttliche. Er hat aber auch mit Drogen und Alkohol zu tun. Aber wie passt das zusammen? Nun, im Leben kommen bekanntlich Extreme vor, und mit Neptun gehören auch veränderte Zustände dazu. Wenn jemand von einer Gotteserfahrung berichtet, kann dies auf einen drogeninduzierten Rausch zurückzuführen sein. Solche Erfahrungen sind aber auch ohne den Einsatz von Substanzen durch eine tiefe Verbindung mit dem Göttlichen möglich.

Ähnlich steht Neptun auf der einen Seite für arglistige Täuschung, auf der anderen Seite für kreative Ausdrucksformen der Fantasie, etwa in der »Traumfabrik« Hollywood.

In dem Haus, in dem sich Neptun in deinem Horoskop befindet, kannst du ein Visionär, ein Dichter, ein Künstler oder ein Märtyrer sein. Aber es kann auch der Ort sein, an dem du dich auflöst wie ein Wassertropfen im Ozean. Auf der einen Seite geht es um Meditation und Erleuchtung, auf der anderen Seite um Sucht und Rauschzustände. Sensibilität, übersinnliche Begabung, Spiritualität und Okkultes gehören ebenfalls zu Neptun.

Wo steht dein Neptun?

Da Neptun ein weiterer sich langsam bewegender Generationsplanet ist, beziehen wir uns nicht auf das Element, sondern auf das Zeichen und das Haus, in dem er sich in einem Horoskop befindet. Wer zum Beispiel mit Neptun im Steinbock geboren ist – von Januar 1984 bis August 1998 –, ist ein wohltätiger Unternehmer, denn Neptun ist der Planet der Güte und Steinbock das Zeichen des Business.

Umgekehrt werden die mit Neptun im Wassermann Geborenen – von Januar 1998 bis August 2011 – oft als universelle Freigeister bezeichnet, da Neptun für das Geheimnisvolle steht und Wassermann ein universelles Zeichen ist. Dieses Thema kannst du im weiteren Verlauf deiner Ausbildung vertiefen. Im Moment ist es wichtig, dass du dir das Haus ansiehst, in dem Neptun in deinem Horoskop steht. Wo immer du Neptun findest (in welchem Haus), ist Potenzial für Inspirationen vorhanden. Später sehen wir uns an, wie Neptun mit den anderen Planeten in deinem Horoskop verbunden ist.

Schlüsselbegriffe für die Bedeutung Neptuns: deine Verbindung mit dem Göttlichen und dem Spirit; was dich inspiriert und wie du andere inspirierst; was dich oft verwirrt und wo du dich verlierst; deine Beziehung zu Musik, Drogen und Alkohol; deine übersinnlichen Fähigkeiten.

Die Wirkungen von Neptun in den Tierkreiszeichen und Häusern findest du im Kapitel »Planeten in Zeichen und Häusern deuten« in Kapitel 13.

ARBEITE MIT DEINEM GEBURTSHOROSKOP

Zeichne einen Pfeil ein, der auf das Neptunsymbol zeigt, und schreib daneben die Worte »Der Ort, an dem ich träume, mich inspirieren lasse, inspiriert oder verwirrt sein kann«.

Pluto ♇ ⯓

Positive Ausrichtung: Transformation; Heilung von Krisen; Leidenschaft; unsichtbare Macht.

Negative Ausrichtung: Zerstörung; Machtkämpfe; Gewalt.

Pluto ist der Herr der Unterwelt und kein Planet, mit dem man spaßen sollte. Auf der anderen Seite ist Pluto auch ein fantastischer Magier und verantwortlich für jede Transformation in unserem Leben. Er steht für den Zyklus von Geburt, Tod und Wiedergeburt. Er ist der Planet, der entgiftet – er ist sozusagen der große »Entschlacker« des Tierkreises. Hast du diesbezüglich ein Problem? Vertrau darauf, dass Pluto alle Detox-Maßnahmen erfolgreich begleitet.

Mit Pluto kann man aber auch in den Abgrund stürzen. Er kann durch Vernichtung transformieren! Und er kann obsessiv und machtbesessen sein. Das klingt in deinen Ohren vielleicht sehr düster, grausam und brutal, aber ohne Zweifel steht der kontrollierende und manipulative Pluto für all diese Themen. In deinem Horoskop zeigt er an, wo du deine Welt transformieren kannst.

Pluto ist zwar sehr subtil und nur schwer zu greifen, aber seine unsichtbare Macht kann dich gegen die Wand schleudern wie eine Figur in einem »Harry-Potter«-Film. Pluto gibt uns die Kraft, Dinge abzuschließen und loszulassen. Stell ihn dir als Entrümpler des Tierkreises vor – er räumt den ganzen Krempel weg. Plutonische Umwälzungen erweisen sich im Nachhinein oft als »Heilungskrise«.

Wo steht dein Pluto?

Pluto bewegt sich am langsamsten von allen Planeten, deshalb achten wir weniger darauf, in welchem Element er sich befindet, sondern in welchem Zeichen. Schau dir an, wo er in deinem Horoskop steht (welches Haus). Dort hast du die Möglichkeit zur Wiedergeburt, aber auch für Obsessionen. Später in diesem Buch werden wir uns ansehen, welche Verbindungen zwischen Pluto und den anderen Planeten in deinem Horoskop bestehen.

Schlüsselbegriffe für die Bedeutung Plutos: wo du die Kontrolle hast oder haben willst; wo du geradezu besessen bist; wo du ausrastest, dich in Machtkämpfe verwickelst, versuchst zu dominieren oder dominiert wirst; deine Abgründe; deine verborgene Seite; dein Schatten – deine dunkle Seite; deine destruktive Seite; wo du wiedergeboren wirst; wie manipulativ du bist.

Die Wirkungen von Pluto in den Tierkreiszeichen und Häusern findest du im Kapitel »Planeten in Zeichen und Häusern deuten« in Kapitel 13.

ARBEITE MIT DEINEM GEBURTSHOROSKOP

Zeichne einen Pfeil ein, der auf das Plutosymbol zeigt, und schreib daneben die Worte »Wo ich kontrolliere, zusammenbreche und wiedergeboren werde«.

Die positiven und negativen Seiten der Planeten

Wie die meisten Menschen hat auch jeder der Planeten positive und negative Seiten. Sonne, Mond und Merkur verändern sich hinsichtlich der Frage, ob sie als positiv oder negativ angesehen werden, wie der Wind. Das hängt davon ab, wo sie in einem Horoskop stehen.

Traditionell gelten Venus und Jupiter als Wohltäter oder einfachere Planeten, während Mars und Saturn Widersacher oder schwierigere Planeten sind. Mars kann in der Tat dreist und Saturn hinderlich sein, aber ich vertrete die modernere Auffassung, dass sie beide durchaus nützlich sind. Mars zum Beispiel verleiht uns Entschlossenheit und Tatkraft – wo wären wir ohne ihn? Saturn hingegen sorgt dafür, dass wir uns zu etwas verpflichten, und schafft Ordnung.

Unter Astrologen herrscht Uneinigkeit darüber, ob Uranus und Neptun einfach oder schwierig sind. Ich sehe sie eher als aufregend beziehungsweise mystisch an. Pluto ist mächtig und bringt uns zu Fall, wenn es nötig ist – aber dieser Prozess kann etwas Gutes bewirken, auch wenn es sich gerade nicht so anfühlt.

Ob die positive oder die negative Seite zum Vorschein kommt, hängt davon ab, wie die einzelnen Planeten im Horoskop miteinander verbunden sind, und auch davon, was gerade am Himmel abläuft und sich auf die Planeten im Geburtshoroskop auswirken kann. Dein Horoskop zeigt zwar, wo die Planeten zum Zeitpunkt deiner Geburt standen, aber wie du weißt, haben die Planeten nach diesem wunderbaren Ereignis nicht aufgehört, sich zu bewegen! Nein, sie haben sich seitdem immer weiterbewegt. Astrologen schauen sich also an, wo die Planeten heute im Vergleich zu dem Zeitpunkt, an dem du geboren wurdest, stehen. Je nachdem, wie weit die sich noch bewegenden Planeten (auch »Transitplaneten« genannt) von ihrer Position bei deiner Geburt entfernt sind, können wir Rückschlüsse und Vorhersagen treffen.

Mit der Zeit wirst du verstehen, wie du die guten Seiten der Planeten manifestieren und die dunklen Seiten ihrer Energie abschwächen kannst. Einiges davon ist dir in die Wiege gelegt, und einiges kannst du allein durch deinen Wunsch umsetzen, das Beste aus deinem Horoskop herauszuholen.

Schlüsselbegriffe für die einzelnen Planeten

Nun folgt eine kurze Zusammenfassung der wichtigsten Eigenschaften der Planeten, damit du sie dir besser einprägen kannst. Fass diese Beschreibungen zu Schlüsselbegriffen und den Ideen zusammen, die dir einfallen, wenn du an die Planeten denkst.

- **Deine Sonne:** Bist du positiv ausgerichtet, ist deine Sonne der Ort, an dem du strahlst, großzügig oder großherzig bist. Solltest du negativ ausgerichtet sein, besteht die Möglichkeit, dass du dich aufspielst oder Probleme mit deinem Selbst hast.
- **Dein Mond** ist der Ort, an dem du tiefe Gefühle empfindest und dich um andere kümmerst. Oder du bist selbst bedürftig, schüchtern oder sogar emotional blockiert.
- **Dein Merkur** kann der Ort sein, an dem du redest, zuhörst und allgemein deine Meinung sagst. Du kannst aber auch tratschen, flunkern oder Dinge einfach übergehen, für die du dir mehr Zeit nehmen solltest.
- **Deine Venus** ist der Ort der Menschenliebe und der Beziehung zu anderen, aber auch der Bereich von Eitelkeit und Trägheit.
- Mit **deinem Mars** gehst du aufs Ganze und verfolgst deine Träume, bist mutig und energiegeladen. Du kannst aber auch aufbrausend, streitsüchtig und/oder zerstörerisch sein.

- **Dein Jupiter** ist der Ort, an dem du glücklich, fröhlich, sympathisch und voller Vertrauen bist. Du kannst aber auch übermütig, selbstgefällig, anmaßend und/oder einfach töricht sein.
- **Dein Saturn** steht dort, wo du hart arbeitest, besonnen, kontrolliert und strategisch vorgehst, oder dort, wo du starr vor Angst, engstirnig, zögerlich oder festgefahren bist.
- **Dein Uranus** kann der Punkt sein, an dem du es wagst, dich von anderen zu unterscheiden; an dem es dir egal ist, was andere sagen; an dem du die Dinge auf deine Weise machst und Grenzen überschreitest. Du kannst aber auch eine echte Nervensäge sein.
- **Dein Neptun** ist der Ort, an dem du inspiriert wirst, an dem du dich mit dem Göttlichen verbindest und erhoben wirst. Du kannst aber auch betrügen, verwirrt, übertrieben idealistisch und unnötig besorgt sein.
- **Dein Pluto** ermöglicht es dir, alles von innen heraus zu transformieren. Er ist der Ort, an dem du Macht und Magie hast und dich von altem Ballast befreien kannst. Du kannst aber auch ein machtgieriger Kontrollfreak sein.

ZUSAMMENFASSUNG

In diesem Kapitel hast du die wichtigsten astrologischen Eigenschaften der zehn Planeten kennengelernt – deren Kenntnis ist für die Astrologie von grundlegender Bedeutung, denn wir haben alle Planeten in unserem Horoskop. Schon zu wissen, in welchem Element oder Zeichen sich deine Planeten befinden, ist aufschlussreich. Wenn du noch mehr lernst und die Häuser entdeckst, in denen deine Planeten stehen, und die Verbindungen, die sie zu anderen Planeten in deinem Horoskop herstellen – das kommt bald –, wirst du weitere faszinierende Informationen über dich und andere erhalten.

KAPITEL 5

Die Tierkreiszeichen erforschen

Bisher hast du mit deinem Horoskop gearbeitet, um alle zwölf Tierkreiszeichen ausfindig zu machen, zu bestimmen, welche Planeten in welchen Zeichen stehen, und das Zeichen zu identifizieren, das jedes Haus regiert. Außerdem hast du gelernt, dass jedes Zeichen eine einzigartige Kombination und ein Ausdruck seines Elements, seiner Modalität und seiner Polarität ist. Jetzt wollen wir die Tierkreiszeichen etwas genauer betrachten und herausfinden, was sie über dich aussagen können.

Dein Geburtsdatum verrät dir, welches der zwölf Tierkreiszeichen, die auch als »Sonnenzeichen« bezeichnet werden, du »bist«. Du könntest zum Beispiel ein Widder-Sonnenzeichen oder ein Fische-Sonnenzeichen sein und so weiter (bevor du mit dem Studium der Astrologie begonnen hast, hast du dein Sonnenzeichen vielleicht »Sternzeichen« genannt). Inzwischen weißt du aber, dass du außer deiner Sonne noch andere Planeten in deinem Horoskop hast, und viele davon stehen in anderen Zeichen.

Dein Mondzeichen, dein Merkurzeichen, dein Plutozeichen und so weiter sind genauso wichtig wie dein Sonnenzeichen und vermitteln dir ein vollständiges Bild deiner Persönlichkeit. Deshalb ist es wichtig, die Eigenschaften *aller zwölf Zeichen* kennenzulernen. Und das werden wir jetzt angehen.

Wie du in Kapitel 3 gelernt hast, unterscheidet sich jedes Zeichen deutlich von seinem Nachbarzeichen. Wenn überhaupt, dann haben die entgegengesetzten Zeichen die meisten Gemeinsamkeiten. Das entspricht der Vorstellung, dass sich Gegensätze entweder anziehen oder abstoßen können, und zwar auf oft dramatische Weise.

Die Herrscherplaneten der verschiedenen Zeichen

An dieser Stelle muss darauf hingewiesen werden, dass jedes Tierkreiszeichen von einem »Herrscherplaneten« regiert wird, der ihm bestimmte Persönlichkeitseigenschaften verleiht. Im Folgenden findest du den Herrscherplaneten jedes Zeichens (jeder Planet regiert zwei Zeichen, Sonne und Mond jeweils eines).

- **Widder** wird von **Mars** regiert.
- **Stier** wird von **Venus** regiert.
- Das Zeichen **Zwillinge** wird von **Merkur** regiert.
- **Krebs** wird vom **Mond** regiert.
- **Löwe** wird von der **Sonne** regiert.
- **Jungfrau** wird von **Merkur** regiert.
- **Waage** wird von der **Venus** regiert.
- **Skorpion** wird in der traditionellen Astrologie von **Mars** regiert, in der modernen Astrologie von **Pluto**.
- **Schütze** wird von **Jupiter** regiert.
- **Steinbock** wird von **Saturn** regiert.
- **Wassermann** wird in der traditionellen Astrologie von **Saturn** regiert, in der modernen Astrologie von **Uranus**.
- Das Zeichen **Fische** wird in der traditionellen Astrologie von **Jupiter** regiert, in der modernen Astrologie von **Neptun**.

ARBEITE MIT DEINEM GEBURTSHOROSKOP

Schreib auf, welches dein Herrscherplanet ist.

Dein Herrscherplanet regiert deinen Aszendenten.

Beispiel:

Mein Aszendent ist Zwillinge, deshalb ist Merkur mein Herrscherplanet.

Jetzt bist du dran!

Mein Aszendent ist ____________, deshalb ist __________ mein Herrscherplanet.

Die Bedeutung der Tierkreiszeichen

In Kapitel 3 hast du gelernt, dass die Wirkungsweise der Tierkreiszeichen bestimmt ist durch die vier Elemente (Feuer, Erde, Luft, Wasser), die drei Modalitäten (kardinal, fest, beweglich) und die zwei Polaritäten (Yang/Yin). Gehen wir nun näher auf die wichtigsten Qualitäten der einzelnen Zeichen ein.

Die folgenden Beschreibungen gelten nicht nur oder ausschließlich für Menschen, deren Sonne in diesem Zeichen steht. Sie können auch auf dich als Löwe, Jungfrau oder ein anderes Sonnenzeichen zutreffen, aber vergiss nicht, dass sie ebenso für die anderen Planeten und Punkte in deinem Horoskop gelten (einschließlich der Häuser und Aspekte – darüber wirst du später noch mehr erfahren).

Fasse die Beschreibungen der einzelnen Zeichen zu Schlüsselbegriffen zusammen. In den Übungen zu deinem Geburtshoroskop am Ende jedes Kapitels zu den Tierkreiszeichen sollst du einige der Informationen, die du bisher gelernt hast, zusammenfassen, um zu überprüfen, ob du einen Zusammenhang zwischen dem, was du in deinem Horoskop gefunden hast, und dir als Persönlichkeit herstellen kannst.

Hier findest du einige Deutungsbeispiele:

- Mars im Steinbock in deinem 10. Haus könnte bedeuten, dass du ambitioniert (Steinbock) und beruflich (10. Haus) sehr engagiert bist (Mars).
- Merkur in der Jungfrau in deinem 4. Haus könnte darauf hindeuten, dass du oft darüber nachdenkst (Merkur), was du tun könntest, um daheim (4. Haus) zu helfen (Jungfrau).
- Venus im Zeichen Zwillinge im 1. Haus könnte dich als jemanden erscheinen lassen (1. Haus), der gern (Venus) plaudert (Zwillinge).

Widder ♈

- Element: Feuer.
- Modalität: kardinal.
- Herrscherplanet: Mars.
- Gegenüberliegendes Zeichen: Waage.
- Schlüsselwort(e): Ich bin.
- Harmoniert am besten mit: Widder, Zwillinge, Löwe, Waage, Schütze und Wassermann.

Widder ist das erste Zeichen des Tierkreises, und Widder-Menschen sowie das Zeichen sind nach außen gerichtet – sie drängen vorwärts, glühen beinahe und wollen die Welt aus den Angeln heben. Widder wird vom feurigen Planeten Mars regiert, der Antriebskraft im Motor des Tierkreises. Mauerblümchen und schüchterne Menschen haben bei diesem Zeichen grundsätzlich keine Chance.

Der Widder rast an allem und jedem vorbei, der stillsteht oder nicht gut aufpasst. Wo immer du Widder in deinem Horoskop hast, bist du in Eile. Entschlossen und zielstrebig erledigst du deine Aufgaben. Achte aber darauf, dass du in deiner ganzen Eile nicht grob wirst. In Widder-Menschen lodert ein Feuer, das Wasser- und Erdzeichen manchmal löschen wollen! Sie nehmen das selbst mit einem Augenzwinkern hin, und das ist auch gut so. Es ist jedoch wichtig, dass du dich von der Widder-Energie nicht verschleißen oder ausbrennen lässt. Der Widder verbraucht viel Energie und ist sehr Yang-dominiert. Die sanfteren Yin-Elemente im Horoskop müssen ebenfalls beachtet werden.

ARBEITE MIT DEINEM GEBURTSHOROSKOP

Welches Haus regiert Widder? Welche(n) Planeten hast du vielleicht in Widder?

Kannst du einen Zusammenhang zwischen deinem Horoskop und dir als Person herstellen? Sieh dir die Beispiele oben nochmals an, und formuliere dann deine eigene Deutung.

Stier ♉

- Element: Erde.
- Modalität: fest.
- Herrscherplanet: Venus.
- Gegenüberliegendes Zeichen: Skorpion.
- Schlüsselwort(e): Ich habe.
- Harmoniert am besten mit: Stier, Krebs, Jungfrau, Skorpion, Steinbock und Fische.

Der typische Vertreter dieses Tierkreiszeichens hat ein langsames und zufriedenes Wesen, zumindest die meiste Zeit über. Natürlich kann er auch mal rotsehen wie ein wütender Stier, aber wenn er in Balance ist, kannst du ihn dir – im übertragenen Sinne – so vorstellen wie einen zufrieden auf der Weide stehenden und grasfressenden Vierbeiner. Wo immer Stier in deinem Horoskop steht, findest du deine sinnliche, aber auch deine sture Seite. Ebenso ist der Stier bedächtig und sehr nachsichtig. Beruflich hat er mit Geld zu tun. Du solltest über ihn wissen, dass sein Hauptinteresse darin besteht, sich so wohl wie nur möglich zu fühlen. Diesem Ziel ordnet er alle Aktivitäten unter.

Wo immer er in deinem Horoskop auftaucht, ist die magische Fähigkeit des Stiers spürbar, Geld anzuziehen oder deine sinnliche Seite zu entfesseln. Als Erdzeichen ist er praktisch veranlagt. Er weiß, wie man das Geld für die gewünschten Genüsse verdient, denn er wird von dem eleganten und genusssüchtigen Planeten Venus regiert. Sollte dich jemand bitten, Schlagsahne von seinem Bauch zu lecken, hast du es wahrscheinlich mit jemandem zu tun, dessen Horoskop einen ausgeprägten Stier zeigt. Das bedeutet, diese Person könnte das Sonnenzeichen Stier haben, einen Stiermond, einen Stieraszendenten oder einfach viele Planeten im Stier.

ARBEITE MIT DEINEM GEBURTSHOROSKOP

Welches Haus regiert Stier? Welche(n) Planeten hast du vielleicht im Zeichen Stier?

Kannst du einen Zusammenhang zwischen deinem Horoskop und dir als Person herstellen? Sieh dir die Beispiele oben nochmals an, und formuliere dann deine eigene Deutung.

Zwillinge ♊

- Element: Luft.
- Modalität: beweglich.
- Herrscherplanet: Merkur.
- Gegenüberliegendes Zeichen: Schütze.
- Schlüsselwort(e): Ich denke.
- Harmoniert am besten mit: Widder, Zwillinge, Löwe, Waage, Schütze und Wassermann.

Zwillinge gelten als Weltmeister im Flirten. Sie sind Denker und tragen ihr Herz auf der Zunge – wenn sie richtig in Fahrt sind, reden sie ohne Punkt und Komma! Es überrascht nicht, dass dieses Zeichen mit seinem wissbegierigen Verstand auch eines der intellektuellsten im Tierkreis ist. Bei den Zwillingen geht es hauptsächlich darum, clever zu sein und Ideen schnell zu erfassen. Zur Energie der Zwillinge gehört der messerscharfe Verstand. Wo immer du Zwillinge in deinem Horoskop hast (über einen Planeten, eine Häuserspitze oder einen Aspekt), besteht so etwas wie intellektuelle Beweglichkeit. Wunderbarerweise ist Zwillingsenergie die personifizierte Wissbegierde.

Dort, wo du Zwillinge in deinem Horoskop hast, bist du verspielt und bereit, zu lernen und dich geistig zu verbinden. Manchmal kann viel Zwillingsenergie zu viel Kopf- und zu wenig Herzensenergie bedeuten, aber das kannst du ausgleichen, indem du dich mit deiner Venus verbindest. Wie das geht, erfährst du, wenn du mehr über Astrologie erfahren hast – im Kern geht es darum, Dinge zu tun, die der Venus entsprechen, indem du zum Beispiel deine Weiblichkeit genießt oder alles, was weiblich ist.

Egal, wo du Zwillinge in deinem Horoskop hast, du kannst immer über alles reden – hier bist du offen für Kommunikation. Zwillinge haben das Gefühl, leichtfertig zu sein. In Bezug auf das Vorurteil, Zwillinge seien doppelzüngig, würde ich eher sagen, dass Zwillinge schnell alle Optionen ausloten. Vielleicht sind sie gelegentlich ein bisschen spitzzüngig, aber auf die netteste Art und Weise, die man sich vorstellen kann – zumindest die meiste Zeit. Zwillinge sind nicht nur manchmal sehr geschwätzig, sondern oft auch sehr laut. Und einfach wunderbar!

ARBEITE MIT DEINEM GEBURTSHOROSKOP

Welches Haus regiert das Zeichen Zwillinge? Welche(n) Planeten hast du vielleicht im Zeichen Zwillinge?

Kannst du einen Zusammenhang zwischen deinem Horoskop und dir als Person herstellen? Sieh dir die Beispiele oben nochmals an, und formuliere dann deine eigene Deutung.

Krebs ♋

- Element: Wasser.
- Modalität: kardinal.
- Herrscherplanet: Mond.
- Gegenüberliegendes Zeichen: Steinbock.
- Schlüsselwort(e): Ich fühle.
- Harmoniert am besten mit: Stier, Krebs, Jungfrau, Skorpion, Steinbock und Fische.

Das Zeichen Krebs ist für mich durch seine Glyphe am besten zu verstehen. Sie zeigt die in unterschiedliche Richtungen weisenden Scheren eines Krebses: Er hat einen harten Panzer, darunter verbirgt sich jedoch ein »weicher Kern«. Das sagt schon viel aus über die Energie dieses Zeichens, denn Krebs-Geborene sind als typische Wasserzeichen empfindsam und verletzlich. Sie sind als ein dynamisches Kardinalzeichen gleichzeitig aber auch sehr selbstbewusst. Diese beiden Charaktereigenschaften der ehrgeizigen und unermüdlichen Krebse können sich manchmal im Weg stehen. Wo der Krebs sich in deinem Horoskop befindet, bist du besonders gefühlsbetont.

Mein wunderbarer verstorbener Lehrer Jonathan Cainer meinte einmal, es sei eine Ironie, dass ausgerechnet das sensibelste aller Tierkreiszeichen den »unschönsten« Namen habe. Wir inkarnieren uns ja in die Horoskope, die wir uns als Seelen vor der Geburt aussuchen, weil wir Lektionen zu lernen haben. Wo auch immer du das Zeichen Krebs in deinem Horoskop hast – durch einen Planeten, eine Häuserspitze oder einen Aspekt –, lernst du, sensibel und doch nicht überempfindlich zu sein. Der Krebs ist ein weibliches Zeichen, und Empfindungen und Gefühle prägen sein Denken und Handeln. Er ist fürsorglich und hilfsbereit und interessiert sich für alles, was mit Geschichte zu tun hat.

ARBEITE MIT DEINEM GEBURTSHOROSKOP

Welches Haus regiert das Zeichen Krebs? Welche(n) Planeten hast du vielleicht im Zeichen Krebs?

Kannst du einen Zusammenhang zwischen deinem Horoskop und dir als Person herstellen? Sieh dir die Beispiele oben nochmals an, und formuliere dann deine eigene Deutung

---

Löwe ♌

- Element: Feuer.
- Modalität: fest.
- Herrscherplanet: Sonne.
- Gegenüberliegendes Zeichen: Wassermann.
- Schlüsselwort(e): Ich werde.
- Harmoniert am besten mit: Widder, Zwillinge, Löwe, Waage, Schütze und Wassermann.

Ach, ihr Löwen, wir bewundern euch! Ich möchte betonen, dass der Löwe brillieren will, und das tut er auch. Er will verehrt werden, und das wird er auch. Der Löwe ist zwar großzügig und großmütig, aber er herrscht auch gern über uns, seine Untergebenen. Er wirft einen langen Schatten im Licht seines Herrscherplaneten, der Sonne. Wo immer du den Löwen in deinem Horoskop hast, wirst du auffallen. Mit diesem Zeichen verbindet man ein starkes Wort: Vitalität. Wenn der Löwe erscheint, denkt man, die Sonne geht auf.

Löwe ist ein beeindruckendes Zeichen, das sich durch Ehrgeiz, Kreativität und Würde auszeichnet. Löwen lieben es, im Mittelpunkt zu stehen, und das gelingt ihnen auch oft. Aber wie gesagt, wir alle haben das Zeichen Löwe in unserem Horoskop, sei es durch einen Planeten, das Zeichen oder eine Häuserspitze, und es gibt einen Teil von uns, der Zugang zu dieser feurigen Energie hat. Vergiss nicht, dass die Löwe-Energie, die von der Sonne regiert wird, denkt (oder weiß!), dass sich alles um sie dreht. Die Löwe-Energie möchte gelobt werden – sie braucht das Gefühl, der König oder die Königin zu sein, und sie mag es ganz sicher nicht, wenn sie verdrängt wird. Zudem ist sie eine sehr stolze Energie. Genau wie wir alle macht auch der Löwe Fehler, aber er kann es nicht leiden, wenn man sie ihm unter die Nase reibt. Löwe-Geborene – ob männlich oder weiblich – sind außerdem die »Drama-Queen« des Tierkreises. Sie ziehen stets alle Blicke auf sich.

ARBEITE MIT DEINEM GEBURTSHOROSKOP

Welches Haus regiert der Löwe? Welche(n) Planeten hast du vielleicht im Zeichen Löwe?

Kannst du einen Zusammenhang zwischen deinem Horoskop und dir als Person herstellen? Sieh dir die Beispiele oben nochmals an, und formuliere dann deine eigene Deutung.

Jungfrau ♍

- Element: Erde.
- Modalität: beweglich.
- Herrscherplanet: Merkur.
- Gegenüberliegendes Zeichen: Fische.
- Schlüsselwort(e): Ich analysiere.
- Harmoniert am besten mit: Stier, Krebs, Jungfrau, Skorpion, Steinbock und Fische.

Die Jungfrau ist ein typisches Erdzeichen, und man weiß die im Zeichen Jungfrau Geborenen gern um sich herum. Sie sind praktisch veranlagt, hilfsbereit und vernunftbetont – manchmal vielleicht sogar ein bisschen zu viel. Sie bemerken, dass deine Autoreifen demnächst keine Luft mehr haben, und machen dich darauf aufmerksam; oder sie entdecken den Staub hinter deinem Fernsehgerät. Dort, wo die Jungfrau in deinem Horoskop steht, gehst du analytisch und strukturiert vor.

Die Jungfrau ist auf der einen Seite vernünftig und ernsthaft, auf der anderen Seite aber auch kreativ, und diese Kombination kann zu wirklich fantastischen Ergebnissen führen. Bei der Einstellung von Assistenten und Assistentinnen habe ich schon öfter speziell nach Jungfrau-Geborenen gesucht, weil sie sich um die Details kümmern und Verantwortung übernehmen. Die Jungfrau arbeitet planvoll, präzise und geht in der Regel vorsichtig vor.

Die Jungfrau-Energie kann zwar manchmal etwas ernsthaft wirken, aber das liegt daran, dass dieses Zeichen vom Kommunikationsplaneten Merkur beherrscht wird und eine Botschaft ganz exakt rüberbringen will, auch wenn das manchmal etwas pedantisch wirken mag. Vergiss bitte nicht, dass wir alle irgendwo in unserem Horoskop die Jungfrau haben, sei es in Form von Planeten, Häuserspitzen oder Aspekten, bevor du deine Jungfrau-

Freunde als brav und madonnenhaft abtust. Das Image der Jungfrau ist weniger glanzvoll, weil sie nicht so direkt ist wie andere Zeichen. Sie wird jedoch stark mit der Göttin assoziiert – wir alle kennen Frauen, die gern unermüdlich und ohne jeglichen Dank im Hintergrund arbeiten, und das ist typisch für die Jungfrau.

ARBEITE MIT DEINEM GEBURTSHOROSKOP

Welches Haus regiert die Jungfrau? Welche(n) Planeten hast du vielleicht im Zeichen Jungfrau?

Kannst du einen Zusammenhang zwischen deinem Horoskop und dir als Person herstellen? Sieh dir die Beispiele oben nochmals an, und formuliere dann deine eigene Deutung.

Waage ♎

- Element: Luft.
- Modalität: kardinal.
- Herrscherplanet: Venus.
- Gegenüberliegendes Zeichen: Widder.
- Schlüsselwort(e): Ich gleiche aus.
- Harmoniert am besten mit: Widder, Zwillinge, Löwe, Waage, Schütze und Wassermann.

Die Waage wird regiert von der Venus, dem Planeten der Liebe und der Fülle. Sie ist das einzige Zeichen im Tierkreis, wo ein weiblicher Planet (Venus) ein männlich polarisiertes Zeichen beherrscht. Die Venus ist auch der Planet der göttlichen Mutter, des göttlichen Weiblichen und der göttlichen Liebe. Wie viel Liebe und Emotionen kann ein Zeichen deiner Meinung nach in sich vereinen?

Die Waage liebt die Liebe, sie liebt Beziehungen und Flirts. Sie sehnt sich nach Nähe, Schönheit und Harmonie. Wo immer du die Waage in deinem Horoskop hast, geht es dir darum, alles richtig zu machen, für Gerechtigkeit zu sorgen und alles so konfliktfrei und reibungslos wie möglich zu gestalten. Waage-Geborene haben den Ruf, unentschlossen zu sein, aber ich glaube, das ist nur vordergründig betrachtet so. Die Waage steht für Balance und Gleichgewicht, und sie wägt alle Seiten einer Angelegenheit ab, bevor sie eine Entscheidung trifft. Die Waage-Energie ist vermittelnd. Sie will immer die Wahrheit wissen, am besten auf möglichst angenehme Art und Weise.

ARBEITE MIT DEINEM GEBURTSHOROSKOP

Welches Haus regiert die Waage? Welche(n) Planeten hast du vielleicht im Zeichen Waage?

Kannst du einen Zusammenhang zwischen deinem Horoskop und dir als Person herstellen? Sieh dir die Beispiele oben nochmals an, und formuliere dann deine eigene Deutung.

Skorpion ♏

- Element: Wasser.
- Modalität: fest.
- Herrscherplanet: Mars (in der traditionellen Astrologie) und Pluto (in der modernen Astrologie).
- Gegenüberliegendes Zeichen: Stier.
- Schlüsselwort(e): Ich habe Lust.
- Harmoniert am besten mit: Stier, Krebs, Jungfrau, Skorpion, Steinbock und Fische.

Der Skorpion wird von einem Tier symbolisiert, das einen todbringenden Stachel hat. Skorpion-Geborene entschuldigen sich oft bei mir dafür, dass sie Skorpione sind! Aber wir alle haben dieses Zeichen in unserem Horoskop und weisen entsprechende Eigenschaften auf. Sieh dich jetzt um, und finde das Skorpion-Symbol in deinem Horoskop – es regiert mindestens ein Haus und möglicherweise einen oder mehrere Planeten. Dort wirst du deine Schattenseiten finden. Skorpion ist die Energie, die uns hilft, die Geheimnisse des Lebens zu verstehen. Er stellt sich den Situationen, vor denen andere zurückschrecken, und manchmal zwingt er auch uns direkt dazu, es ihm gleichzutun.

Skorpion steht für die dunkle Seite, aber sie hat auch etwas Gutes, vor dem wir uns nicht fürchten sollten, denn sie ist machtvoll. Der Skorpion ist tiefgründig, und wir können seine Lektionen lernen, wenn wir nicht vor Angst davor die Augen verschließen. Es stimmt, dass der Skorpion ein Leben lang Groll hegen kann, und das ist wirklich schade, wenn du mich fragst. Aber gehört das nicht einfach zum Menschsein dazu? Ich sage es noch einmal: Wir alle haben irgendwo in unserem Horoskop das Zeichen Skorpion! Außerdem ist der Skorpion sexy.

ARBEITE MIT DEINEM GEBURTSHOROSKOP

Welches Haus regiert der Skorpion? Welche(n) Planeten hast du vielleicht im Zeichen Skorpion?

Kannst du einen Zusammenhang zwischen deinem Horoskop und dir als Person herstellen? Sieh dir die Beispiele oben nochmals an, und formuliere dann deine eigene Deutung.

Schütze ♐

- Element: Feuer.
- Modalität: beweglich.
- Herrscherplanet: Jupiter.
- Gegenüberliegendes Zeichen: Zwillinge.
- Schlüsselwort(e): Ich sehe.
- Harmoniert am besten mit: Widder, Zwillinge, Löwe, Waage, Schütze und Wassermann.

Schütze ist so ziemlich das am meisten vom Glück verfolgte Tierkreiszeichen, und die gute Nachricht lautet, dass wir alle irgendwo in unserem Horoskop das Zeichen Schütze haben – in diesen Bereichen läuft es einfach für uns. (Wir schauen deswegen auch auf den Planeten Jupiter, aber Schütze trägt eine Menge Jupiter-Energie in sich und umgekehrt.) Wir sollten die schützentypische Fröhlichkeit nicht mit Oberflächlichkeit verwechseln. Vielmehr hat der Schütze die Fähigkeit, wichtige Themen zu überdenken und das große Ganze des Lebens zu sehen. Er kann manchmal etwas schulmeisterlich wirken, aber das liegt daran, dass die Schütze-Energie forschen, Abenteuer erleben und die eigene Sicht aufs Leben erweitern will, vor allem durch Studium und Lehre.

Bei Schützen besteht die Gefahr der Selbstgefälligkeit, wie auch immer das für dich aussehen mag. Leichtfertigkeit ist ebenfalls dort möglich, wo du Schütze in deinem Horoskop hast. Der Schütze ist ein Draufgänger und hat keine Angst, das auch unter Beweis zu stellen. Natürlich kann man viel erreichen, wenn man große Risiken eingeht, und der Schütze ist alles andere als risikoscheu. Sei also vorsichtig, und setz nicht alles auf eine Karte, falls du viele Schützen in deinem Horoskop hast – es sei denn, es macht dir nichts aus, alles zu verlieren!

ARBEITE MIT DEINEM GEBURTSHOROSKOP

Welches Haus regiert der Schütze? Welche(n) Planeten hast du vielleicht im Zeichen Schütze?

Kannst du einen Zusammenhang zwischen deinem Horoskop und dir als Person herstellen? Sieh dir die Beispiele oben nochmals an, und formuliere dann deine eigene Deutung.

Steinbock ♑

- Element: Erde.
- Modalität: kardinal.
- Herrscherplanet: Saturn.
- Gegenüberliegendes Zeichen: Krebs.
- Schlüsselwort(e): Ich nutze.
- Harmoniert am besten mit: Stier, Krebs, Jungfrau, Skorpion, Steinbock und Fische.

Steinbock ist eine sehr intensive Energie, die dich wirklich umhauen kann. Dieses Zeichen wird vom Planeten Saturn beherrscht, der »Dampfwalze« des Tierkreises. Das ist einer der Gründe, warum Menschen mit vielen Planeten im Steinbock oft sehr erfolgreich sind: Sie bahnen sich ihren Weg durch Ausdauer, Fleiß und ihr seriöses Auftreten, was potenzielle Gegner manchmal einfach aushebelt. Die Steinbock-Energie weiß, dass »Rom nicht an einem Tag erbaut wurde« und dass Beharrlichkeit zum Ziel führt. Steinbock-Geborene wissen ganz genau, dass Qualität ihre Zeit braucht. Dieses traditionelle Zeichen hat auch den Drang nach tieferen Erkenntnissen zur Frage, warum wir hier sind.

Die Steinbock-Energie ist diszipliniert und braucht Ordnung, und sie scheut nicht davor zurück, diese auch von anderen einzufordern. Sie steht für harte Zahlen und Fakten und bietet wenig oder gar keinen Platz für »Hokuspokus« (für Letzteres schau mal nach, wo du die Fische in deinem Horoskop hast …). Steinbock ist klar und präzise und kann Angelegenheiten auf wunderbare Weise bewerten: Du erhältst Zugang zu dieser Energie, wenn du Planeten im Steinbock hast und/oder Häuser, die von Steinbock regiert werden. Dieses Zeichen kann streng und maßregelnd sein. Es symbolisiert Staat, Recht und Gesetz und die Regierung.

ARBEITE MIT DEINEM GEBURTSHOROSKOP

Welches Haus regiert der Steinbock? Welche(n) Planeten hast du vielleicht im Zeichen Steinbock?

Kannst du einen Zusammenhang zwischen deinem Horoskop und dir als Person herstellen? Sieh dir die Beispiele oben nochmals an, und formuliere dann deine eigene Deutung.

Wassermann ♒

- Element: Luft.
- Modalität: fest.
- Herrscherplanet: Saturn (in der traditionellen Astrologie) und Uranus (in der modernen Astrologie).
- Gegenüberliegendes Zeichen: Löwe.
- Schlüsselwort(e): Ich weiß.
- Harmoniert am besten mit: Widder, Zwillinge, Löwe, Waage, Schütze und Wassermann.

Auch der Wassermann ist ein Zeichen, das viel nachdenkt. Viele meinen, wegen der Glyphe des Wasserträgers sei er ein Wasserzeichen, aber er ist Luft, Luft und nochmals Luft. Wassermann-Geborene sind pragmatisch, außergewöhnlich und immer in Gedanken mit zukunftsweisenden neuen Ideen beschäftigt. Eric Francis, einer meiner Astro-Kollegen, nennt sie »Aqu*ee*rius« –

der Name könnte kaum treffender sein! Die »Verrückten, die Unangepassten, die Rebellen, die Unruhestifter, die runden Stifte in den eckigen Löchern, diejenigen, die die Dinge anders sehen«, von denen Steve Jobs einstmals sprach, hatten beziehungsweise haben mit ziemlicher Sicherheit eine Menge Wassermann-Energie in ihrem Horoskop. Tatsächlich steht Uranus, der moderne Herrscherplanet des Wassermanns, für wissenschaftliche Entdeckungen, Computer und Internet.

Wenn du Wassermann in deinem Horoskop hast (einen Planeten im Wassermann oder ein Haus mit Wassermann auf der Häuserspitze), ist es dir nicht so wichtig, was andere Leute von dir denken – es tangiert dich jedenfalls nicht in deinem tiefsten Inneren. Typische Wassermann-Geborene können recht exzentrisch sein. Je ausgeprägter deine psychologische Entsprechung mit dem Zeichen Wassermann ist, desto mehr solltest du diese besonderen Eigenschaften akzeptieren.

Der Wassermann strebt nach Unabhängigkeit und mag es gar nicht, kontrolliert zu werden oder sich unterzuordnen. Was aber nicht heißt, dass Wassermänner nicht auch anpassungsfähig wären – aber nur dann, wenn es ihnen in den Kram passt. Ihr traditioneller Herrscherplanet Saturn verleiht diesem luftigen Zeichen etwas Schwerblütigkeit. Wassermann-Geborene sind Vordenker und Erfinder; sie sind manchmal etwas zu direkt, aber auch ungewöhnlich charmant.

ARBEITE MIT DEINEM GEBURTSHOROSKOP

Welches Haus regiert der Wassermann? Welche(n) Planeten hast du vielleicht im Zeichen Wassermann?

Kannst du einen Zusammenhang zwischen deinem Horoskop und dir als Person herstellen? Sieh dir die Beispiele oben nochmals an, und formuliere dann deine eigene Deutung.

Fische ♓

- Element: Wasser.
- Modalität: beweglich.
- Herrscherplanet: Jupiter (in der traditionellen Astrologie) und Neptun (in der modernen Astrologie).
- Gegenüberliegendes Zeichen: Jungfrau.
- Schlüsselwort(e): Ich glaube.
- Harmoniert am besten mit: Stier, Krebs, Jungfrau, Skorpion, Steinbock und Fische.

Das Zeichen Fische steht für Träumereien und Realitätsflucht. Um das Zeichen besser zu verstehen, kannst du dir zwei Fische vorstellen, die in sehr tiefem Wasser schwimmen. Versuch in deiner Fantasie, beide einzufangen. Das ist gar nicht so einfach, und das Gleiche gilt für die Fische-Energie: Immer wenn du denkst: »Jetzt hab ich sie«, entgleitet sie dir wieder. Menschen mit einem hohen Fische-Anteil in ihrem Horoskop (durch ein Haus, einen Aspekt oder einen Planeten) sind nicht wirklich zu fassen. Sie leben irgendwie in Fantasiewelten und sind manchmal derart verträumt, dass sie dich inspirieren, ebenfalls in diese Welten einzutauchen.

Fische-Geborene können sehr romantisch, aber auch widersprüchlich sein. Sie hüllen sich öfter mal in »Nebel« oder zeigen ihre mystische Seite. Sie sind Yin-lastig, es sei denn, sie setzen sich selbst zu sehr unter Druck oder sie sind aufgebracht. Dann können sie sehr ausgeprägt Yang-dominiert sein.

Fische-Menschen lieben Kunst, Filme und Literatur – eben alles, in das sie regelrecht »eintauchen« können, um im Meer von Fantasien zu schwimmen und den Leidenschaften ihrer Seele zu folgen. Viele Fische-Geborene sprechen gern über ihre Seele oder bezeichnen sich als »seelenvoll«. Wo auch immer die Fische in deinem Horoskop stehen, findest du diese schwer fassbare, traumähnliche Energie vor, die sich nur schwer beschreiben lässt. Es mag dich nicht überraschen, dass die Fische in der modernen Astrologie vom mystischen, nebligen blauen Planeten Neptun regiert werden. Fische sind übersinnlich begabt.

ARBEITE MIT DEINEM GEBURTSHOROSKOP

Welches Haus regiert das Zeichen Fische? Welche(n) Planeten hast du vielleicht im Zeichen Fische?

Kannst du einen Zusammenhang zwischen deinem Horoskop und dir als Person herstellen? Sieh dir die Beispiele oben nochmals an, und formuliere dann deine eigene Deutung.

ZUSAMMENFASSUNG

In diesem Kapitel hast du dein Grundwissen über die Tierkreiszeichen vertieft. Je schneller du die Zeichen kennenlernst, desto besser. Manche Astrologen bezeichnen die Zeichen als »Kleider«, welche die Planeten und Häuser anziehen. Steht zum Beispiel in deinem Horoskop die Venus im Widder, wird Venus in Bezug auf die Liebe eine Widder-Energie ausstrahlen. Je mehr du die Zeichen verstehst, desto deutlicher wird dir, wie sie die Planeten, Häuser und anderen Elemente in deinem Horoskop formen oder beeinflussen.

KAPITEL 6

Die Kardinalpunkte eines Horoskops

Nun kommen wir zu einem weiteren wichtigen Baustein der Astrologie. Jedes Geburtshoroskop wird durch das Achsenkreuz geteilt. Im Horoskop findest du etwa bei 3, 6, 9 und 12 Uhr Linien, die die Achsen bilden. Die Punkte dieses Achsenkreuzes bilden die vier sogenannten »Kardinalpunkte« oder Sonderwinkel des Horoskops: Auf der Horizontlinie, die von 9 Uhr bis 3 Uhr verläuft, steht auf der linken Seite »AC«, während am oberen Ende der Vertikallinie, die von 12 Uhr bis 6 Uhr verläuft, »MC« steht.

- Die **Horizontachse** teilt dein Horoskop in eine obere und untere Hälfte. Am linken Rand steht der **Aszendent** (lateinisch *ascendere* [aufsteigen], das aufsteigende Zeichen), am rechten Rand der **Deszendent** (*descendere* [absteigen], das absteigende Zeichen).
- Die **Vertikalachse** teilt dein Horoskop in eine linke und rechte Hälfte. Am oberen Ende steht das **Medium Coeli** (lateinisch *medius* [der Mittlere] und *caelum*, Nebenform *coelum* [Himmel], die Himmelsmitte). Unten steht das **Imum Coeli** (*imus/inferus* [der Unterste], die Himmelstiefe).

Die Kardinalpunkte sind wichtig, denn sie bestimmen unser Selbst, unsere Beziehungen, unser Gefühlsleben und unsere berufliche Karriere. Durch das Achsenkreuz wird der Kreis außerdem in vier Quadranten eingeteilt.

ARBEITE MIT DEINEM GEBURTSHOROSKOP

Wo liegen die vier Kardinalpunkte in deinem Geburtsbild?

- Der Aszendent wird markiert durch die Abkürzung AC.
- Der Deszendent liegt genau gegenüber und wird markiert durch die Abkürzung DC.
- Das Medium Coeli wird markiert durch die Abkürzung MC.
- Das Imum Coeli liegt genau gegenüber und wird markiert durch die Abkürzung IC.

Sehen wir uns die einzelnen Kardinalpunkte nun etwas genauer an:

Der Aszendent

Sicher hast du deinen Aszendenten im Horoskop schon gefunden. Was hat es damit auf sich? Kurz gesagt, ist der Aszendent der Schnittpunkt des Osthorizonts mit der Ekliptik und bezeichnet den zum Zeitpunkt deiner Geburt den am Geburtsort am östlichen Horizont aufgehenden Grad des Tierkreises. (Der Osten liegt im Horoskop links.)

Der Aszendent beschreibt, wie du auf andere Menschen wirkst und was sie an dir wahrnehmen, wenn sie dir zum ersten Mal begegnen. Der Aszendent wird auch als »Maske« bezeichnet, damit ist gemeint, welches »Gesicht« du anderen präsentierst. Das mag düster klingen, aber denk mal darüber nach – wir alle tragen doch ständig eine Art soziale Maske, vor allem wenn wir uns unbekannte Menschen treffen, sei es auf einer Party, bei einem Event oder Vorstellungsgespräch.

Mit anderen Worten: Dein Sonnenzeichen ist dein »wahres Ich«, während dein Aszendent der erste Eindruck ist, den andere von dir gewinnen. Das Tierkreiszeichen, in dem dein Aszendent steht, spielt also eine große Rolle, denn es ist der sichtbarste Aspekt deiner Persönlichkeit. Als Aszendent Skorpion wirkst du »skorpionisch«, also eher undurchschaubar. Und als Aszendent Waage verströmst du Waage-Energie, bist also sehr charmant.

Das aufsteigende Zeichen zeigt also an, wie wir von anderen wahrgenommen werden. Das ist unser persönlicher Stil. Ein Steinbock-Sonnenzeichen ist eigentlich ehrgeizig und zurückhaltend, aber in Verbindung mit einem Schütze-Aszendenten wirkt diese Person trotz der harten Arbeit an den eigenen Zielen recht sorglos und entspannt.

Der Aszendent ist gleichzeitig der persönlichste Kardinalpunkt in deinem Horoskop, denn er wird bestimmt von den Faktoren Datum, Zeit und Ort deiner Geburt. Jemand, der zur exakt gleichen Zeit wie du geboren wurde, aber auf der anderen Seite der Welt (oder sogar nur ein paar Kilometer entfernt), hat einen ganz anderen Aszendenten als du. Um zu verstehen, wie sich die verschiedenen Aszendenten präsentieren, müssen wir unseren persönlichen Eindruck einer Person mit den Eigenschaften ihres jeweiligen Aszendenten kombinieren. Im Großen und Ganzen erhalten wir also etwa die folgenden Beschreibungen.

Die Zeichen im Aszendenten

Der Aszendent ist das Zeichen des 1. Hauses. Es liegt auf 9 Uhr in deinem Geburtshoroskop.

Aszendent Widder: jemand, der sich gern mal einmischt, der temperamentvoll und sehr spontan ist. Aufbrausend. Enthusiastisch.

Aszendent Stier: eine Person, die ziemlich stur sein kann, vielleicht auch etwas schwerfällig und träge. Wirkt natürlich und zufrieden – außer wenn es sich um einen »wütenden Stier« handelt …

Aszendent Zwillinge: eine sehr gesprächige Person, die gelegentlich oberflächlich erscheinen mag, aber in Wirklichkeit weiß, wie man ein Gespräch am Laufen hält.

Aszendent Krebs: Diese Person verwöhnt gern andere, etwa mit gutem Essen. Sie ist warmherzig und häuslich, kann aber auch ziemlich bissig und dominant auftreten. Eine Frau mit diesem Aszendenten kann eine große Oberweite aufweisen.

Aszendent Löwe: kann eine tolle Mähne haben. Zieht die Blicke auf sich und kann sich in Szene setzen. Wirkt ziemlich stolz und steht oft im Mittelpunkt der Aufmerksamkeit.

Aszendent Jungfrau: Hinter dieser Person mit unauffälligem Äußeren kann sich hinter der Fassade eine viel wildere Seite verbergen. Ein Erbsenzähler oder ein überkritischer Mensch, der auf Details achtet, aber hilfsbereit ist.

Aszendent Waage: ein Mensch, der harmonisch oder friedlich wirkt. Ein guter Verhandlungspartner mit diplomatischem Geschick. Kann auch ein Schmeichler sein, der sagt, was andere hören wollen.

Aszendent Skorpion: ein mysteriös wirkender Mensch, der gern Geheimnisse bewahrt. Er hat eine dunkle Seite und weiß das. Es fällt ihm schwer, andere an sich heranzulassen. Wirkt tiefgründig und vielschichtig.

Aszendent Schütze: der Spaßvogel mit Dauergrinsen im Gesicht. Abenteuerlustig. Kann eine ziemliche Plaudertasche sein. Liebt das Studium aller Themen oder ist im Staatswesen tätig.
Aszendent Steinbock: ein sehr ernster Mensch. Zumindest hat er eine ernste Seite. Neigt dazu, über alles zu jammern. Wird als äußerst seriös eingestuft. Sehr erfolgreich im Business.
Aszendent Wassermann: die Person mit den leuchtend blauen Haaren – oder etwas anderem, was sie so besonders macht. Schöne Nixenaugen! Der fanatische Wissenschaftler. Wild und lustvoll.
Aszendent Fische: ein Träumer! Die Person, die dir Gedichte vorträgt, den Kopf in den Wolken hat oder zumindest so erscheint und mit der mystischen Seite des Lebens in Verbindung steht.

ARBEITE MIT DEINEM GEBURTSHOROSKOP

Sieh dir nochmals das Zeichen deines Aszendenten an.

Mein Aszendent liegt im Zeichen _______________. Wenn ich anderen begegne, strahle ich eine _______________-Energie aus.

Mir ist im Laufe der Jahre aufgefallen, dass zahlreiche Menschen ihren Aszendenten nicht mögen. Ich vermute, das liegt daran, dass viele von uns glauben, ganz anders zu sein, als sie tatsächlich sind! Mehr über deinen Aszendenten und seine Bedeutung erfährst du im »astrologischen Kochbuch« (Kapitel 13).

Denk daran, dass dein Aszendent so etwas wie die Eingangstür zu deinem Horoskop ist. Der Planet (oder die Planeten), der/die dein aufsteigendes Zeichen beherrscht/beherrschen, ist/sind auch der/die herrschende(n) Planet(en) im gesamten Horoskop. Im Laufe deines astrologischen Studiums wirst du dir den oder die herrschenden Planeten deines Aszendenten genauer ansehen. Du findest sie in der folgenden Übersicht:

Die Herrscherplaneten der Aszendenten

- **Aszendent Widder:** Mars.
- **Aszendent Stier:** Venus.
- **Aszendent Zwillinge:** Merkur.
- **Aszendent Krebs:** Mond.
- **Aszendent Löwe:** Sonne.
- **Aszendent Jungfrau:** Merkur.
- **Aszendent Waage:** Venus.
- **Aszendent Skorpion:** Mars und Pluto.
- **Aszendent Schütze:** Jupiter.
- **Aszendent Steinbock:** Saturn.
- **Aszendent Wassermann:** Saturn und Uranus.
- **Aszendent Fische:** Jupiter und Neptun.

Siehe auch den Abschnitt »Die Eigenschaften der Planeten« in Kapitel 4.

Der Deszendent

Der Deszendent ist das Zeichen, das im Moment der Geburt am westlichen Horizont steht, je nach Datum, Zeit und Ort der Geburt (der Westen ist im Horoskop rechts). Dieser Kardinalpunkt kann äußerst interessant sein, da er das 7. Haus regiert, das Haus der Partnerschaft und Ehe. Wer einen entspannten Schützen als Deszendenten hat, führt eine ganz andere Form der Partnerschaft als jemand mit einem intensiven Skorpion. Wenn du den Deszendenten einer Person kennst (oder ihre »Liebeslinie«, wie ich gern sage), wirst du viel besser einschätzen können, wie sie Beziehungen lebt und was du erwarten kannst. Das sind nützliche Informationen für jede neue Partnerschaft, aber auch wenn du die Beziehung zu deinem aktuellen Lebenspartner verbessern möchtest oder einen neuen Freund, eine Freundin, einen neuen Kollegen oder eine Kollegin hast.

Am Zeichen des Deszendenten kannst du verschiedene Aspekte ablesen: So wird zum Beispiel eine Person mit dem Deszendenten Jungfrau wählerisch sein, während jemand mit dem Deszendenten Löwe verehrt werden möchte und ein großzügiger Partner ist. Der Deszendent kann auch anzeigen, zu welchem Partnertyp man sich verstärkt hingezogen fühlt. Jemand mit dem Deszendenten Löwe wünscht sich vielleicht einen auffallenden Partner, mit dem man angeben kann, und eine Person mit dem Deszendenten Zwillinge könnte leicht bei einer Person landen, die Schriftsteller ist oder in der Kommunikationsbranche arbeitet – oder die ebenfalls ein Zwilling ist.

Sobald du den Aszendenten einer Person kennst, ist es sehr einfach, ihren Deszendenten oder ihre Liebeslinie zu bestimmen. Dieser liegt nämlich genau auf der gegenüberliegenden Seite des Geburtsbildes. Jemand mit Steinbock auf seiner Liebeslinie könnte zum Beispiel Menschen in Uniform sehr attraktiv finden.

Hier eine kurze Beschreibung der Zeichen im Deszendenten.

Die Zeichen im Deszendenten

Deszendent Widder: traditionell wild, ungestüm und leidenschaftlich. Sehr spontan, fast schon impulsiv.

Deszendent Stier: gefühlvoll, solide und normalerweise sehr verlässlich. Wünscht sich einen Partner, der seine Sinne anregt, und liebt es, von ihm »gefüttert« zu werden.

Deszendent Zwillinge: sehr anpassungsfähig und hält eine Beziehung interessant und in Bewegung.

Deszendent Krebs: liebevoll und einfühlsam. Kann jedoch auch unsicher sein und braucht viel Bestätigung.

Deszendent Löwe: will angebetet werden, auch wenn er vielleicht etwas seltsam auftritt und so tut, als bräuchte er niemanden.
Deszendent Jungfrau: kann ein wenig wählerisch sein; mag Körperhygiene beim Partner und lehnt künstliche Düfte ab.
Deszendent Waage: großartiger Partner, dank der Venus sehr beziehungsfreudig, ohne allzu anhänglich zu sein. Flirtet sehr gern.
Deszendent Skorpion: intensiv und leidenschaftlich, will sich in eine Beziehung voll und ganz reinwerfen.
Deszendent Schütze: legt sich nicht gern fest und braucht einen Partner, der ihn sein eigenes Ding machen lässt. Abenteuerlustig und findet das Fremde attraktiv.
Deszendent Steinbock: nimmt seine Beziehungen sehr ernst, sollte trotzdem öfter mal kuscheln, wenn der Partner oder die Partnerin sich das wünschen.
Deszendent Wassermann: wirkt etwas unnahbar und distanziert. Trotz allem Pragmatismus sehr leidenschaftlich.
Deszendent Fische: erwartet vom Partner, dass er Romantik in sein Leben bringt. Er ist – wie Fische – oft schwer zu ergründen.

ARBEITE MIT DEINEM GEBURTSHOROSKOP

Schreib auf, welches Zeichen in deinem Deszendenten steht.

Mein Deszendent (Liebeslinie) liegt im Zeichen ________________. In einer Beziehung strahle ich eine ________________-Energie aus.

Das Medium Coeli

Das Medium Coeli oder die Karrierelinie liefert Informationen über die berufliche Laufbahn einer Person und die Ziele, für die sie eintritt. Die »Himmelsmitte« gibt Auskunft über ihr Ansehen.

Die Zeichen auf dem Medium Coeli

Es folgt nun eine kurze Beschreibung der Zeichen auf der Karrierelinie.

Widder auf dem MC: ein Karrieretyp. Möglicherweise etwas ungestüm, aber sehr professionell in seiner Vorgehensweise.

Stier auf dem MC: hat das Potenzial, finanziell erfolgreich zu sein. Kümmert sich um die Ressourcen. Erdverbunden. Ein zuverlässiger Mitarbeiter. Feminin.

Zwillinge auf dem MC: ist bereit, verschiedene Jobs anzutreten, häufig zu wechseln und die berufliche Richtung zu ändern. Alles, was mit Kommunikation zu tun hat, sollte funktionieren.

Krebs auf dem MC: ideal geeignet für Pflegeberufe, da sie sehr fürsorglich und freundlich sind, wenn auch emotional ein wenig wechselhaft.

Löwe auf dem MC: Diese Menschen wünschen sich in ihrer Tätigkeit einen Hauch von Glamour; das wäre tatsächlich sehr gut für sie.

Jungfrau auf dem MC: eine wunderbare und zuverlässige Arbeitskraft, die die Fakten dreifach überprüft und gern mitarbeitet.

Waage auf dem MC: Diese Menschen streben eine ausgewogene Karriere an, indem sie einen Beruf ausüben, der etwas mit Gestaltung und harmonischer Verschönerung zu tun hat.

Skorpion auf dem MC: perfekt geeignet für die Forschung oder alles, was gründliche Recherchen erfordert. Versteht es, Verborgenes zu ergründen und ans Tageslicht zu bringen.

Schütze auf dem MC: braucht Spielraum für eigene Gestaltungsideen. Alles, was mit Reisen oder dem Verlagswesen zu tun hat, passt sehr gut zu ihm. Typischer Freiberufler.

Steinbock auf dem MC: eine ausgezeichnete Position – sehr ehrgeizig und bereit, hart zu arbeiten.

Wassermann auf dem MC: Erfinder und Wissenschaftler;

Mensch, der die Welt vorantreibt oder mit modernen Technologien arbeitet. Gut geeignet für die Selbstständigkeit.
Fische auf dem MC: Träumer in der Karrierewelt. Wünscht sich musische Berufe mit Poesie, Kunst oder Musik.

ARBEITE MIT DEINEM GEBURTSHOROSKOP

Schreib auf, welches Zeichen auf deinem MC steht.

Mein MC steht im Zeichen ________________. Ich strahle eine ________________-Energie aus, während ich meine beruflichen Ziele verfolge.

Das Imum Coeli

Das IC oder die Heimlinie steht für das Zuhause und ist der privateste Punkt des Geburtsbildes. Die folgenden kurzen Beschreibungen sollen dich dazu anregen, über alle Zeichen auf dem IC nachzudenken.

Die Zeichen auf dem Imum Coeli

Widder auf dem IC: Für dich besteht die Aufgabe darin, in deinem Zuhause und in deiner Familie für Harmonie und Ausgleich zu sorgen.
Stier auf dem IC: Du weißt, wie man ein schönes Zuhause und ein Gefühl der Geborgenheit schafft.
Zwillinge auf dem IC: Es macht dir nichts aus, von einem Haus/Ort/Land zum nächsten umzuziehen. Dein Zuhause ist überall dort, wo es dir gefällt.
Krebs auf dem IC: Du bist sehr häuslich, das ist sozusagen der

»Idealzustand«. Stell dir ein kuschliges Nest vor. Du willst deinen Beschützerinstinkt leben.

Löwe auf dem IC: Du möchtest, dass dein Zuhause ein fröhlicher – und vor allem wunderschöner – Ort ist. Du bist gegenüber deiner Familie sehr großzügig.

Jungfrau auf dem IC: Dein Haus ist ordentlich und sauber, und du tust alles, um deinen Familienmitgliedern zu helfen, auch wenn du dich über sie ärgerst.

Waage auf dem IC: Du hast ein schönes Zuhause mit guter Energie, weshalb man sich gern bei dir aufhält. Du erträgst keinen Familienkrach.

Skorpion auf dem IC: Du liebst es eher gemütlich, viel warmes Licht und weiche Stoffe, etwa Samt. In Bezug auf deine Familie bist du zurückhaltend und hast tiefe Gefühle.

Schütze auf dem IC: Dein Zuhause ist dein Rückzugsort nach den unzähligen Ausflügen als Weltreisender.

Steinbock auf dem IC: Du hast dein Heim gut durchorganisiert und wahrscheinlich oder vorzugsweise lebst du in einem historischen Haus mit herrschaftlicher Ausstrahlung.

Wassermann auf dem IC: Dein Privatleben kann sehr wechselhaft oder sogar chaotisch sein. Du liebst ein Hightech-Zuhause oder hast zumindest viele technische Geräte.

Fische auf dem IC: Du weißt oft selbst nicht so genau, wo dein wahres Zuhause ist, aber es ist deine spirituelle Basis. Deine Familie ist für dich inspirierend.

ARBEITE MIT DEINEM GEBURTSHOROSKOP

Schreib auf, welches Zeichen auf deinem IC steht.

Mein IC (Heimlinie) steht im Zeichen ______________. Zu Hause und im Umgang mit meiner Familie strahle ich eine ______________-Energie aus.

Erinnere dich daran, dass jedes Zeichen auch mit einem Element verbunden ist, das es beeinflussen kann (siehe die Informationen über die Elemente in Kapitel 3). Ein Wasserzeichen auf dem MC (oder der Karrierelinie) würde dich also eher dazu veranlassen, einen Beruf mit Wasser oder in Verbindung mit Emotionen auszuüben. Zumindest würdest du diese Arbeit als befriedigend empfinden, falls du noch nicht weißt, wie du das konkretisieren sollst.

Menschen mit einem Feuerzeichen auf dem MC suchen im Beruf nach Abwechslung. Erdzeichen auf dem MC haben den Wunsch nach etwas Beständigem, Realem, Lebendigem und vielleicht nach ökologisch nachhaltigen Tätigkeiten. Menschen mit einem Luftzeichen auf dem MC brauchen geistige Anregung. Merkst du, wie das alles zusammenhängt?

Beachte auch, dass ein Planet, der in deinem Horoskop genau auf einem Kardinalpunkt steht, für dich wichtig ist. Die Eigenschaften dieses Planeten (und natürlich das Zeichen, in dem sich der Planet und das MC befinden) verleihen dem Punkt eine bestimmte »Note«. Hast du zum Beispiel Mars im Löwen auf deinem MC, wird deine Karriere oder deine Herangehensweise an die Karriere von Mars (antreibend) und Löwe (schillernd) geprägt sein.

ZUSAMMENFASSUNG

Nun hast du für deine Arbeit mit dem Geburtshoroskop eine weitere Ebene ergänzt. Du solltest die vier Kardinalpunkte kennen, denn sie erlauben dir Einblicke in die Persönlichkeit des Menschen, dessen Geburtshoroskop du deutest. Für die genaue Berechnung der Kardinalpunkte ist die exakte Geburtszeit erforderlich.

KAPITEL 7

Die Häuser

Als Nächstes machen wir uns mit den zwölf Häusern der Astrologie vertraut. Im weiteren Verlauf des Buches führe ich dich tiefer in die Horoskopdeutung ein, für die du die Häuser gut kennen musst.

In der Astrologie gibt es verschiedene Häusersysteme, von denen die gebräuchlichsten wahrscheinlich die von Placidus, Koch und das System der ganzen Zeichen sind. Mit Letzterem arbeite ich überwiegend, auch in diesem Buch, vor allem auch deshalb, weil der Super-Astrologe Robert Hand es verwendet und empfiehlt. Die Befürworter dieses Systems betonen, dass es die älteste Form der Sektoreneinteilung darstellt – man geht davon aus, dass es um das 1. Jahrhundert v. Chr. als Teil der hellenistischen Astrologie entstanden ist.

Wie du in Kapitel 2 gelernt hast, ist der Tierkreis (das Horoskop) in zwölf Abschnitte oder Häuser unterteilt, die jeweils von einem anderen Zeichen regiert werden – welches Zeichen welches Haus in deinem Horoskop regiert, hängt von deinem Aszendenten ab, der das 1. Haus bildet. Alle anderen Zeichen folgen gegen den Uhrzeigersinn in der traditionellen Reihenfolge Widder, Stier, Zwillinge, Krebs, Löwe, Jungfrau, Waage, Skorpion, Schütze, Steinbock, Wassermann und Fische. Jedes Haus steht für einen Lebens- oder Erfahrungsbereich, der mit dem eigenen Ich beginnt und sich auf die Gesellschaft und darüber hinaus ausdehnt. Innerhalb der Häuser befinden sich die Planeten. Du könntest also zum Beispiel Merkur in Fische im 4. Haus haben. Die Häuser sind übrigens unterschiedlich groß, während die Felder der Tierkreiszeichen immer gleich sind.

Bei der Analyse deines Horoskops wird die Bedeutung jedes Planeten mit dem Haus, in dem er sich befindet, und dem Zeichen, in dem er steht, kombiniert, um die Begabungen und Schwierigkeiten, die Fähigkeiten, Stärken und Grenzen zu verstehen, die du in diesem Leben haben wirst. Im Gegensatz zu den Elementen und Planeten sind die Häuser keine »Energien«, und sie haben anders als die Tierkreiszeichen auch keinen Einfluss auf die Energien. Stattdessen zeigen die Häuser, wo sich diese Energien am ehesten manifestieren werden.

Verschiedene Formen der Horoskopdeutung

Auf der grundlegendsten Ebene unterteilen die Häuser das Geburtshoroskop in eine obere und eine untere Hälfte.

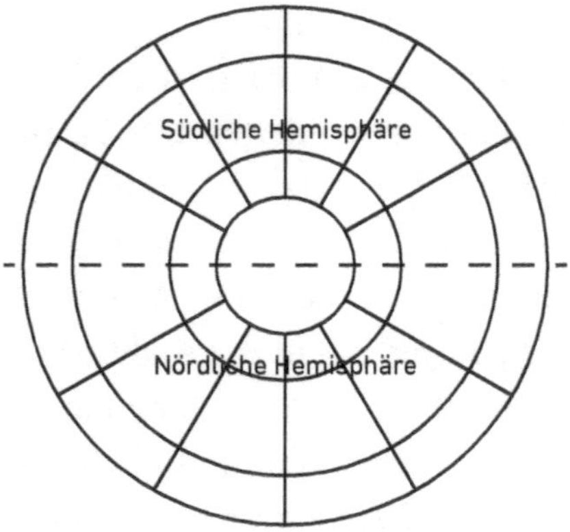

Abbildung 5: Die Häuser in der Nord- und Südhälfte

Die obere Hälfte des Horoskops repräsentiert den sichtbaren Teil unseres Lebens, während die untere Hälfte eher unser Privatleben betrifft. Die obere Hälfte des Horoskops wird als »südliche Hemisphäre« bezeichnet (weil wir aus der Perspektive des Horoskops nach außen schauen, der Norden liegt also vor uns und der Süden hinter uns). Eine Person mit vielen Planeten in der oberen Hälfte ihres Horoskops lebt ihr Leben recht öffentlich – sie wird »gesehen«, ist aktiv in der Gesellschaft und tendenziell aufgeschlossen und gesellig.

Umgekehrt ist jemand mit vielen Planeten in der unteren Hälfte seines Horoskops (der sogenannten nördlichen Hemisphäre) zurückgezogener, vielleicht auch zurückhaltender und verschlossener. Diese Menschen ziehen es höchstwahrscheinlich vor, für sich zu bleiben.

Astrologen unterteilen die Häuser auch in eine östliche und eine westliche Hemisphäre. Die in der Mitte verlaufende Linie ist die Horizontachse.

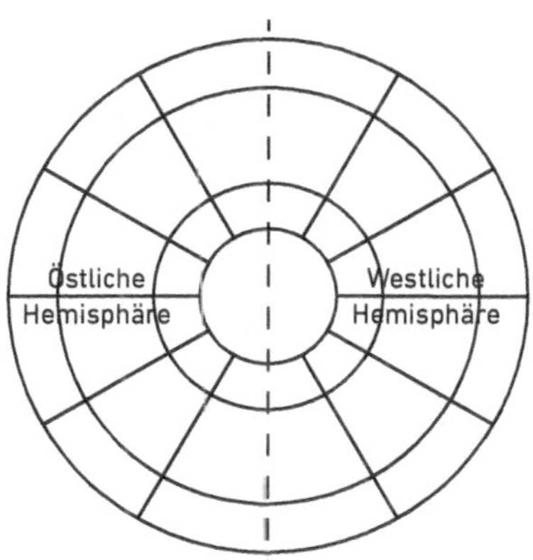

Abbildung 6: Die Häuser in der Ost- und Westhälfte

Auch die östliche und westliche Hälfte entspricht der Perspektive des Horoskops – wir stehen auf der Innenseite und schauen nach außen. Menschen, die mehr Planeten auf der linken oder östlichen Seite des Horoskops haben, sind in der Regel durchsetzungsfähiger. Sie zeigen viel Initiative und sind motiviert, sich selbst zu verwirklichen. Wer mehr Planeten auf der rechten oder westlichen Seite des Horoskops hat, ist in der Regel eher auf andere als auf sich selbst fokussiert. Diese Personen fragen weniger, was du für sie tun kannst, als vielmehr, was sie für dich tun können. Sie sind oft sehr fürsorglich und rücksichtsvoll.

Die zwölf Häuser sind in vier Quadranten unterteilt:

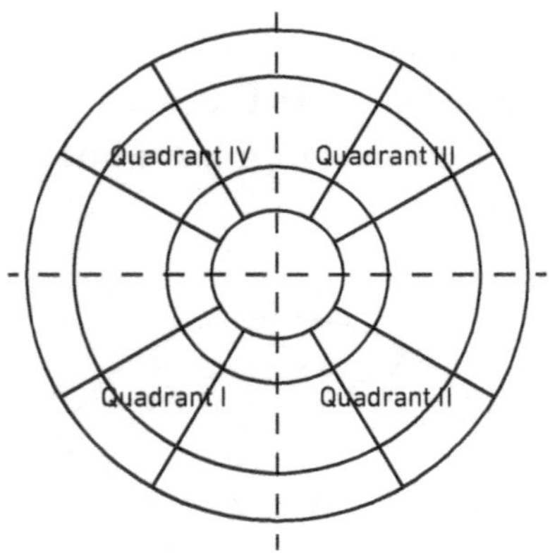

Abbildung 7: Die vier Quadranten

Die Häuser im ersten Quadranten (Häuser 1, 2 und 3) sagen etwas über unser Ich aus: Hier entdecken wir unsere eigene Identität. Bei den Häusern im zweiten Quadranten (Häuser 4, 5 und 6) geht es um den Selbstausdruck: wie wir der Welt zeigen, wer wir sind, und wie wir uns in unser Umfeld einbringen. Der dritte Quadrant (Häuser 7, 8 und 9) ist der Bereich der Selbstentfaltung und der sozialen Identität. Hier geht es um unser Bewusstsein für andere. Der vierte Quadrant (Häuser 10, 11 und 12) steht für unsere gesellschaftlichen Beziehungen und unsere Selbst-Transzendenz. Hier geht es darum, welche Rolle wir in der Gesellschaft übernehmen.

Winkel-, Nachfolge- und Kadentenhäuser

Das 1., 4., 7. und 10. Haus gelten als die wichtigsten Häuser im Geburtshoroskop. Das sind die sogenannten »Winkelhäuser«, da ihre Spitzen mit den vier Kardinalpunkten oder Sonderwinkeln zusammenfallen: Aszendent, Medium Coeli, Deszendent und Imum Coeli. Die Winkelhäuser bilden zusammen mit den Nachfolge- und den Kadentenhäusern jeweils einen Quadranten.

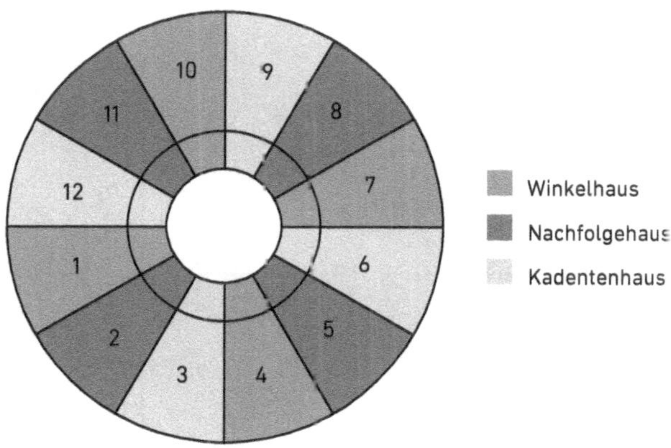

Abbildung 8: Winkel-, Nachfolge- und Kadentenhäuser

Die Planeten der Winkelhäuser können dich am meisten beeinflussen, ebenso die etwas weniger mächtigen Planeten der Nachfolgehäuser. Am wenigsten Einfluss haben sie traditionell in den Kadentenhäusern: Ihre Planeten gelten als die schwächsten.

Beachte, dass das 11. Haus als mächtiger angesehen wird als andere Nachfolgehäuser. Es gilt als genauso stark wie ein Winkelhaus. Man bezeichnet es als »Haus des Glücks und eines guten Geistes«.

Die Häuserspitzen

Beim Blick auf dein Horoskop wird dir auffallen, dass die zwölf Häuser durch Linien voneinander getrennt sind – das sind die sogenannten »Scheitelpunkte« oder »Häuserspitzen«. Eine Häuserspitze ist die imaginäre Trennlinie zwischen den Häusern. So ist die Spitze des 2. Hauses die Trennlinie zwischen dem 1. und dem 2. Haus – hier beginnt das 2. Haus. Die Häuserspitze des 1. Hauses trennt das 12. und das 1. Haus und so weiter.

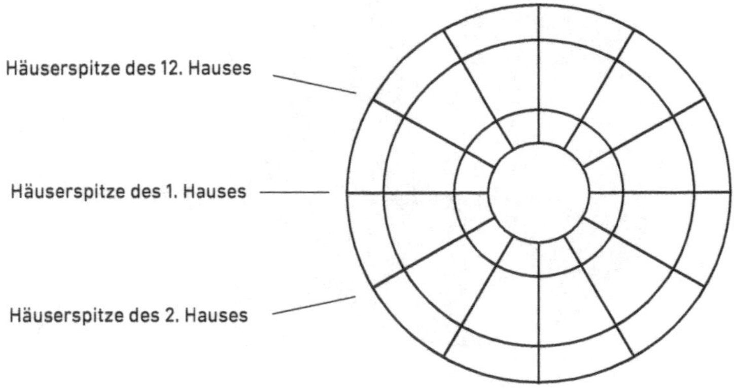

Abbildung 9: Häuserspitzen

Vielleicht hast du schon einmal gehört, dass eine Person »auf dem Scheitelpunkt« geboren ist. Das bedeutet, dass jemand zu dem Zeitpunkt zur Welt kam, als die Sonne im Scheitelpunkt zwischen zwei Tierkreiszeichen stand beziehungsweise von einem Zeichen ins andere wechselte und über den Häuserspitzenpunkt lief. Diese Zeit liegt normalerweise zwischen dem 19. und 22. eines Monats.

Es ist ein weit verbreiteter Irrglaube, dass die zu diesem Zeitpunkt Geborenen die Merkmale beider Zeichen aufweisen. Unabhängig davon, ob du auf dem Scheitelpunkt geboren bist oder nicht, kann deine Sonne (und auch alle anderen Planeten und Himmelskörper) immer nur im einen oder im anderen Zeichen stehen.

Das Datum des Wechsels variiert von Jahr zu Jahr. Wenn du also auf dem Scheitelpunkt eines Zeichens geboren bist, solltest du dein richtiges Zeichen herausfinden (falls du es nicht schon getan hast), etwa unter theastrologybook.com/freechart. Du bist entweder das eine oder das andere Zeichen und nicht ein bisschen von beidem, auch wenn du in der allerersten oder letzten Minute deines Zeichens geboren wurdest.

Die Herrscherplaneten der Häuserspitzen

In Kapitel 2 hast du die Zeichen identifiziert, welche die Häuser in deinem Horoskop regieren. Du solltest wissen, welches Zeichen du in den einzelnen Häusern hast, denn es verleiht dem ganzen Haus eine bestimmte »Ausstrahlung«. Dein Aszendent ist die Eingangstür zu deinem Horoskop. Das Zeichen, das du auf deinem aufsteigenden Zeichen hast, beherrscht also dein 1. Haus.

Das ist wichtig, denn das Zeichen deines 1. Hauses bestimmt, welche Zeichen in deinen folgenden Häusern stehen. Hast du zum Beispiel Skorpion als Aszendent, bedeutet dies, dass du ein

Zeichen im Horoskop weitergehst (denk daran, dass die Zeichen gegen den Uhrzeigersinn in der Reihenfolge Widder, Stier, Zwillinge, Krebs, Löwe, Jungfrau, Waage, Skorpion, Schütze, Steinbock, Wassermann und Fische umlaufen). Daraus folgt, dass Schütze dein 2. Haus regiert und du mit den Themen »Geld«, »Eigentum« und »Besitz« im 2. Haus wie ein Schütze umgehst.

Dein 3. Haus wird vom Steinbock regiert. Da Steinbock das Zeichen der Reife und das 3. Haus der Bereich der Kommunikation ist, kommunizierst du also mit der Reife eines Steinbocks. Und so weiter ...

Wenn du das Prinzip verstanden hast, kannst du auch nachvollziehen, warum Menschen, die am selben Tag, aber zu unterschiedlichen Zeiten geboren sind, völlig verschieden sein können. Wer zum Beispiel um 6 Uhr morgens geboren wurde, hat seine Sonne wahrscheinlich im 12. oder 1. Haus, während jemand, der am selben Tag mittags geboren wurde, sie eher im 9. oder 10. Haus hat.

Die Bedeutung der Häuser

Im Folgenden erfährst du etwas mehr über die Lebensbereiche, für die die einzelnen Häuser stehen oder die sie regieren. Während du weiterliest, wirf einen Blick auf dein eigenes Horoskop. Ich kann hier nur die allgemeine Bedeutung der einzelnen Häuser angeben. Sobald du die Bedeutung jedes Hauses verstanden hast, musst du eine weitere Informationsebene hinzufügen, nämlich die Eigenschaften des jeweiligen Zeichens, welches ein Haus regiert (siehe dazu den Abschnitt »Die Bedeutung der Zeichen« in Kapitel 5).

Wenn zum Beispiel der Widder dein 8. Haus regiert (das für Sexualität und Finanzen steht), gehst du in sexueller Hinsicht und in Bezug auf gemeinsame finanzielle Angelegenheiten wie ein Widder vor – mit Tatkraft und voller Elan! Hast du hingegen die sanfte und zurückhaltende Jungfrau in deinem 8. Haus, ist die Wirkung eine ganz andere, und du gehst mit den oben genannten Themen sorgfältiger, vorsichtiger und bescheidener um.

Abbildung 10 zeigt, für welche Lebensbereiche die einzelnen Häuser stehen. Mit etwas Übung prägt sich das automatisch ein, also betrachte es regelmäßig und genau.

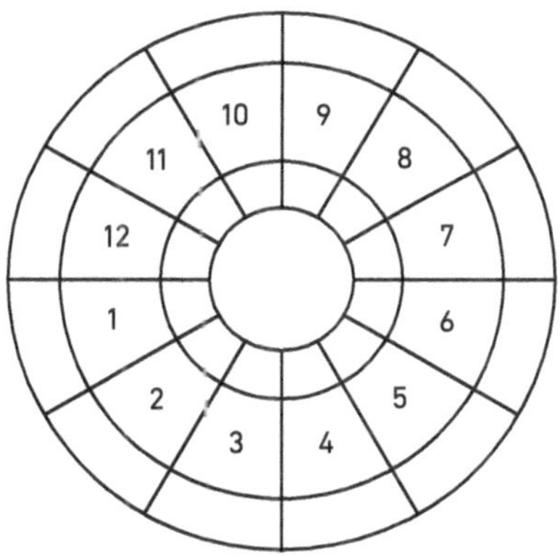

Abbildung 10: Die Häuser

Haus	Bedeutung
1	Dein Aussehen und dein Auftreten, deine soziale »Maske«.
2	Geld, Eigentum, Besitz und Selbstwertgefühl, Werte, materieller Reichtum, was du schätzt.
3	Kommunikation, Geschwister und Nachbarn, Reisen, Transportmittel, deine Gedanken.
4	Zuhause und Familie, wo du dich zugehörig fühlst, emotionale Grundlagen, Sesshaftigkeit.

5	Romantik, Kreativität und Kinder, Spaß, Schwangerschaften, Sex, Flirten, Risikobereitschaft.
6	Tägliche Arbeit, Gesundheit und Routine, der Dienst am Nächsten, alternative Heilmethoden, Jobsituation.
7	Partnerschaften (geschäftlich und privat), persönliche Beziehungen, Ehe, Bündnisse, Feinde.
8	Geburt, Tod, die Mysterien des Lebens, Wiedergeburt, Erneuerung, Transformation, Sex, gemeinsame Finanzen.
9	Reisen, Studium und die große kosmische Suche, den Geist erweitern, eine neue Perspektive gewinnen.
10	Deine Ziele und deine berufliche Laufbahn – wie du dir einen Namen machst, deine Lebensziele, dein öffentliches Leben, Anerkennung.
11	Freunde, soziale Kreise, Gruppen und Vereine, Wünsche, spirituelle Vorstellungen.
12	Selbstsabotage, Ängste, deine Träume, dein inneres Selbst, Geheimnisse, Selbst-Transzendenz, Retreats, Meditation, Verbindung.

1. Haus

Bestimmt, wie du dich anderen gegenüber zeigst – dein Image.

Das 1. Haus vermittelt den ersten Eindruck einer Person. Wie du gesehen hast, steht das Zeichen des Aszendenten immer im 1. Haus. Tatsächlich bestimmt der Aszendent, welches Zeichen das 1. Haus regiert. Traditionell sagen die Astrologen, dass dieses Haus für unser körperliches Erscheinungsbild steht. Ich persönlich bin davon aber nicht überzeugt. Für mich geht es vielmehr um unser äußeres Erscheinungsbild in Bezug auf unsere Kleidung und unseren Stil. Dennoch ist dies natürlich der Teil von dir, den die Leute als Erstes wahrnehmen, wenn sie dich sehen.

Stell es dir vor wie deine Visitenkarte, deine Website und deine Marke, alles in einem. Wenn du weißt, in welchem Zeichen sich das 1. Haus befindet, kann ein Blick auf den Planeten, der dieses Zeichen regiert, sehr lehrreich sein. Dieses Haus legt wie gesagt fest, welche Zeichen als nächste folgen.

2. Haus

Der Bereich des Geldes, des Eigentums, des Besitzes und des Selbstwertgefühls.

Das ist ein großartiges Haus, nicht zuletzt weil es uns viel über die energetischen Zusammenhänge zwischen Selbstwertgefühl und Geld lehren kann. Wenn du dich mit dem Gesetz der Anziehung auskennst, weißt du, dass sich Geld in direktem Zusammenhang damit manifestiert, wie hoch wir uns selbst einschätzen – unsere Talente, unsere Leistungen und das, was wir der Welt zu bieten haben.

In diesem Haus geht es also um das Materielle. Es beschreibt die finanzielle Lage und Situation im Horoskop. Es geht auch darum, was uns wichtig ist, was wir schätzen. Gibst du zum Beispiel gern Geld aus, kannst du gut mit Geld umgehen, oder bist du ein bisschen geizig? Das hat viel mit deinem 2. Haus zu tun und damit, welches Zeichen es beherrscht, welche Planeten in diesem Haus stehen und welche es gerade durchqueren (mehr dazu später).

3. Haus

Der Bereich der Kommunikation, der Geschwister und Nachbarn.

Das 3. Haus symbolisiert in erster Linie Kommunikationsformen jeder Art: Wie hört eine Person zu, wie denkt und spricht sie? Und es umfasst das alltägliche Leben: unsere Nachbarn und Geschwister, unsere Routinen und kurze Reisen. Ebenso gehören Briefe und Bücher zu diesem Feld und die Frage, wie und warum man etwas sagt. Das Zeichen dieses Hauses sagt viel darüber aus, wie sich deine Stimme anhört (genauso wie dein Merkur). Wirst du als gelehrt (Steinbock), intuitiv (Fische), fürsorglich (Krebs) oder etwas flapsig (Schütze) wahrgenommen?

In diesem Teil des Horoskops kommt auch deine Bildung ins Spiel, denn dies ist das Haus des Denkens. Vor allem aber ist es der Teil deines Horoskops, in dem du mit anderen in Kontakt trittst, mit ihnen sprichst und dich austauschst. Ich betrachte das 3. Haus als einen wirklich amüsanten Teil des Horoskops, denn es ist der Bereich, in dem wir mit den Nachbarn Kaffee trinken, kleine Ausflüge machen und uns beschäftigen.

4. Haus

Bezieht sich auf dein Elternhaus und deine Familie.

In diesem Teil des Horoskops dreht sich alles um dein Zuhause und deine Familie. Es zeigt an, zu wem du dich zugehörig fühlst und wer für dich zur Familie gehört. Das Zeichen des Hauses verrät viel darüber, wie dein Familienleben in der Vergangenheit war, wie es heute aussieht und welche Art von Zuhause du dir schaffen willst. Wenn es in deiner Familie Spannungen und Unstimmigkeiten gibt, die geheilt werden müssen, kannst du in deinem 4. Haus nachschauen, woher die Probleme kommen und wie du sie zu lösen vermagst. Dieses Haus steht auch für die Gebärmutter. Gleichzeitig ist es der »Keller« deines Horoskops – was aus deiner Vergangenheit hast du ganz tief unten in dir vergraben? (Aus diesem Grund geht es hier auch um deine Familie, also die Menschen, mit denen du deine Vergangenheit geteilt hast und die dich geprägt haben.)

Das 4. Haus steht für subjektive Empfindungen und unbewusste Gefühle. Es zeigt, wo du dich sicher fühlst. Auch deine Eltern und insbesondere dein Vater sind hier vertreten.

5. Haus

Das Haus der Romantik, der Kreativität und der Kinder.

Nun kommen wir zur Spaßzone deines Horoskops, denn im 5. Haus geht es um Leidenschaften, Flirts, Freizeitgestaltung und Kinder (deine eigenen oder fremde). Das ist deine unbeschwerte Seite und steht für deine Freizeitgestaltung. Hier lebst du dich aus und gehst auch mal kleine Wagnisse ein. Das Zeichen des Hauses zeigt dir, wie du dich am liebsten amüsierst. Dem 5. Haus unterstehen Liebesabenteuer und Sexualität. Es geht nicht wie im 7. Haus um tiefe Liebe und Beziehungen, sondern ums Flirten, Verführen und um den Spaß. Dazu gehört auch alles, was du gern tust, darunter vielseitige kreative Beschäftigungen, etwa Kochen oder Programmieren. Neben Vergnügen und Spaß gehören auch die Hobbys zu diesem Haus.

6. Haus

Hat Einfluss auf deine Arbeit, deine tägliche Routine und die Gesundheit.

Willkommen im Haus der Arbeit! Mit dem 6. Haus erledigen wir unsere tägliche Arbeit und verdienen unseren Lebensunterhalt. Es ist der Ort, an dem wir etwas für andere Menschen erledigen und unsere Arbeitspflichten erfüllen. Das ist der »funktionierende« Teil deines Horoskops, nicht gerade glamourös, aber sehr zweckmäßig und praktisch. Hier geht es auch um deine Routinen – einschließlich deiner morgendlichen und abendlichen Gepflogenheiten und deiner Selbstfürsorge.

Dieser Teil deines Horoskops zeigt dir, wie gut du dich um dich selbst kümmerst. Daher hat das 6. Haus – traditionell das Haus der Gesundheit – einen ausgesprochen alternativen Gesundheitsbezug: Hier ist dein innerer Arzt zu Hause, und wenn er einen Breiumschlag, eine Tinktur oder Reiki beherrscht, ist das umso besser. Auch Haustiere sind in diesem Haus zu finden.

7. Haus

Bezieht sich auf die Liebe, deine Beziehungen und Feinde.

Willkommen im Haus der Liebe! Eigentlich ist es eher das Haus der Partnerschaft als der Liebe, aber seien wir ehrlich, der Liebesaspekt des 7. Hauses ist unwiderstehlich. In diesem Haus findest du den Deszendenten (oder die Liebeslinie). Hier geht es um die wichtigen anderen Menschen in deinem Leben. Das sind oft deine Lebenspartner, dein Ex oder sogar Menschen, die eher Feinde als Freunde sind, aber dennoch eine große Rolle in deinem Leben spielen. Das können auch »beste Freunde«, Geschäftspartner und Chefs sein. Also alle, die in deinem Leben einen hohen Stellenwert haben.

Das 7. Haus ist ein bisschen wie das 7. Zeichen der Waage, denn es geht um unsere Einstellung gegenüber anderen Menschen: Ich und du, ich gegen dich, sieh mich mit deinen Augen. Es kann unser ideales Selbst zeigen, also die Person, die wir gern wären (im Gegensatz zum Aszendenten, der zeigt, wie wir auf andere wirken, ob wir wollen oder nicht!). Es ist der Bereich der Bindungsfähigkeit und der Erwartungen an deinen Lebenspartner. Das Zeichen dieses Hauses kann viel darüber aussagen, in wen du dich verliebst. Hier gehen wir Verpflichtungen gegenüber Menschen ein, mit denen wir im 5. Haus nur geflirtet haben.

8. Haus

Haus der Intimität und der Ressourcen anderer.

Ich finde, dieses Haus hat etwas Unheimliches. In alten astrologischen Büchern findet man alle möglichen absonderlichen Schriften über den Tod. Früher war dies auch das Haus des Todes, aber heute betrachten wir es in einem aufgeklärteren Licht: etwa als Haus des Todes und der Wiedergeburt. Das verleiht diesem leicht einschüchternden Bereich etwas gelassen Buddhistisches. Stell dir das Haus als den Bereich vor, in dem Phönix sich aus der Asche erhebt oder wo Blätter absterben und verrotten, um dem Boden Nährstoffe zukommen zu lassen, die er für neues Leben braucht.

In diesem Haus geht es aber auch um Intimität und Sexualität. Was, Sex und Tod? Ja, denk nur an die französische Bezeichnung *la petite mort* – »der kleine Tod« – für den Orgasmus. Im 8. Haus lassen wir los, genau wie beim Sex. Das ist sogar recht witzig, denn in diesem Bereich geht es traditionell auch um gemeinsame Finanzen, etwa Kreditkartenschulden, eure Gehälter oder Hypotheken, von denen du vielleicht denkst, sie gehörten ins 4. Haus. Das 8. Haus ist das Feld der Partnerschaft, das gilt auch für gemeinsam durchgeführte Projekte. Und auch Tabus gehören hierher, über die man nicht gern spricht: Sex, Tod und Steuern.

9. Haus

Bestimmt Reisen, höhere Bildung und die Auseinandersetzung mit wichtigen Lebensfragen.

Dies ist die Abenteuerzone deines Horoskops. Sie steht für Fernreisen und für die Entdeckung der Welt. Außerdem ist es der Teil deines Horoskops, in dem du dich auf die Suche nach Antworten auf kosmische Fragen begibst – in der Hoffnung, das

Leben und seine Geheimnisse zu verstehen. Daher steht das 9. Haus auch in Verbindung mit Weltanschauungen.

Zudem ist es die Studienzone, in der sich die Menschen weiterbilden oder ihren Horizont erweitern. Dies ist der Ort im Horoskop, an dem sie das große Ganze entdecken. Aus ebenjenem Grund bezeichne ich dieses Haus auch als Bereich, in dem man seine Segnungen zählen darf.

Das jeweilige Zeichen dieses Hauses verrät dir, wie du zum Reisen eingestellt bist. Dieses Haus hat auch mit rechtlichen Fragen zu tun.

10. Haus

Bestimmt deine Ziele, berufliche Karriere und deine gesellschaftliche Position.

Das 10. Haus ist der höchste Punkt deines Horoskops. In anderen Häusersystemen ist der MC der Scheitelpunkt des 10. Hauses, aber da wir mit dem System der ganzen Zeichen arbeiten, ragt der MC auch in andere Häuser hinein. Er sagt aus, welches dein Lebensziel ist und wie du es erreichen willst. Wie du dich durchsetzen möchtest und wo du in der Gesellschaft stehst. Dein Status. Hast du das Gefühl, dass du auf diese Erde gekommen bist, um Großes zu erreichen? Dann schau dir dein Horoskop und dein 10. Haus an.

Wenn dich jemand um deine Einschätzung seiner beruflichen Karriere bittet, dann analysiere sein 10. Haus. Wie ehrgeizig sind seine Ziele? Das findest du durch einen Blick auf das Haus schnell heraus. Welches Zeichen regiert es? Welche Planeten befinden sich dort? Viele Menschen fühlen sich im 6. Haus sehr wohl, denn ihm ist die alltägliche Arbeit zugeordnet. Aber im 10. Haus ist unsere berufliche Laufbahn festgelegt, und hier entscheiden wir, wie sehr wir uns dafür einsetzen wollen. Hier können wir uns profilieren und uns einen Namen machen, auch wenn wir keinen einzigen Tag arbeiten würden. Dieses Haus steht für unseren Ruf.

11. Haus

Das Feld der Freundschaften, Gruppenaktivitäten, Vereine und Organisationen und deiner Wünsche.

In diesem Haus dreht sich alles um deine Freunde, die sozialen Kreise, in denen du dich bewegst, die gesellschaftlichen Netzwerke, denen du angehörst, und darum, wie gut du dort vernetzt bist. Es geht um die Menschen, mit denen du dich umgibst und mit denen du Zeit verbringst. Um die Gesellschaft, in der du dich befindest, sowie um die Menschen, die dir wie Seelenverwandte erscheinen. Es geht darum, Teil eines Teams zu sein, und darum, wie gut du dich in diese Rolle einfügen kannst. Es geht um deine Mitmenschen.

Was für eine Art von Freund du bist, zeigt sich in deinem 11. Haus. Lernst du viele Lebenslektionen durch deine Freunde? Wenn ja, könnte Saturn dein 11. Haus beherrschen oder dort stehen. Liebst du deine Freunde wirklich und umgekehrt? Vielleicht steht Venus in deinem 11. Haus. Sind deine Freunde das Wichtigste für dich? Möglicherweise hast du ja die Sonne im 11. Haus.

Wenn dieses Haus getriggert wird (zum Beispiel bei Neu- oder Vollmond oder wenn ein Planet in diesem Haus steht und einen Aspekt zu anderen Planeten bildet), kommen oft Themen auf, die mit Freunden zu tun haben. In diesem Teil des Horoskops geht es auch um deine Ideale – also die Ziele, die du anstrebst. Hoffentlich findest du Freunde, die dich nicht negativ beeinflussen, sondern deine Ideale unterstützen. Und im 11. Haus geht es um das, was die alten Astrologen »das Ersehnte« nennen würden. Mit anderen Worten: Es geht um deine Wünsche.

12. Haus

Der Bereich der Ängste und der Spiritualität.

Dies ist der Teil deines Horoskops, in dem du dich zurückziehen und ausruhen kannst. Du kommst an diesen Ort, wenn du von allem die Nase voll hast und Energie oder positive Gefühle auftanken musst. Der Planet und das Zeichen an der Spitze des 12. Hauses sagen viel darüber aus, wie du das tust. Es ist auch als das Haus der Selbstsabotage bekannt, also sei dir dessen bewusst. Indem du dein 12. Haus kennenlernst, erfährst du, wie schnell man sich selbst ein Bein stellen kann und wie man wieder aufsteht.

Außerdem findest du hier eine wichtige Verbindung zu deinem spirituellen Leben. Traditionelle Astrologen werden dem zwar nicht zustimmen, aber viele moderne Kollegen assoziieren das 12. Haus mit Neptun, dem Planeten der Poesie und der göttlichen Verbindungen. Er wird seit seiner Entdeckung im Jahr 1846 mit den Fischen in Verbindung gebracht. Für mich ist das 12. Haus der tiefste, dunkelste und privateste Teil deines Horoskops, und es ist der Ort, an dem wir uns mit den anderen Dimensionen verbinden. Es wird manchmal mit Leid und Verlusten in Verbindung gebracht, aber es steht auch im Zusammenhang mit den Engeln und Begleitern, die uns durch schwierige Zeiten helfen.

Die Herrscherplaneten deiner Häuser

Wenn du den Aszendenten einer Person kennst, ist es einfach, die restlichen Häuser zu bestimmen, denn alle Tierkreiszeichen folgen in der traditionellen Reihenfolge gegen den Uhrzeigersinn. Das Zeichen, das sich auf einer Häuserspitze befindet, beeinflusst die Themen, die mit dem jeweiligen Haus zusammenhängen.

Der folgende Leitfaden für deine Häuser ist eine schnelle Orientierung, um herauszufinden, welches Zeichen welches Haus in deinem Horoskop regiert und was das bedeutet.

Widder oder Widder-Aszendent

- Widder regiert dein 1. Haus – du strahlst Widder-Energie aus.
- Stier regiert dein 2. Haus – du investierst und sparst wie ein Stier.
- Das Zeichen Zwillinge regiert dein 3. Haus – du denkst und kommunizierst wie das Zeichen Zwillinge.
- Krebs regiert dein 4. Haus – du führst ein Familienleben wie ein Krebs.
- Löwe regiert dein 5. Haus – du hast Spaß wie ein Löwe.
- Jungfrau regiert dein 6. Haus – dein Alltagsleben ist vom Zeichen Jungfrau geprägt.
- Waage regiert dein 7. Haus – du gestaltest deine Beziehungen wie ein Waage-Geborener.
- Skorpion regiert dein 8. Haus – du gibst Geld aus und hast Sex wie ein Skorpion.
- Schütze regiert dein 9. Haus – du erkundest das Leben wie ein Schütze.
- Steinbock regiert dein 10. Haus – beruflich agierst du wie ein Steinbock.
- Wassermann regiert dein 11. Haus – du bist wie ein Wassermann im Umgang mit deinen Freunden.
- Das Zeichen Fische regiert dein 12. Haus – auf spiritueller Ebene bist du wie ein Fische-Geborener.

Stier oder Stier-Aszendent

- Stier regiert dein 1. Haus – du strahlst Stier-Energie aus.
- Das Zeichen Zwillinge regiert dein 2. Haus – du investierst und sparst wie ein Zwillinge-Geborener.
- Krebs regiert dein 3. Haus – du denkst und kommunizierst wie ein Krebs.
- Löwe regiert dein 4. Haus – dein Heim- und Familienleben ist vom Zeichen Löwe geprägt.
- Jungfrau regiert dein 5. Haus – du hast Spaß wie eine Jungfrau.
- Waage regiert dein 6. Haus – dein Alltagsleben ist von der Waage geprägt.
- Skorpion regiert dein 7. Haus – du liebst wie ein Skorpion.
- Schütze regiert dein 8. Haus – du gibst Geld aus und hast Sex wie ein Schütze.
- Steinbock regiert dein 9. Haus – du erkundest das Leben wie ein Steinbock.
- Wassermann regiert dein 10. Haus – beruflich agierst du wie ein Wassermann.
- Das Zeichen Fische regiert dein 11. Haus – du bist wie das Zeichen Fische im Umgang mit deinen Freunden.
- Widder regiert dein 12. Haus – auf spiritueller Ebene bist du wie ein Widder-Geborener.

Zwillinge oder Zwillinge-Aszendent

- Das Zeichen Zwillinge regiert dein 1. Haus – du strahlst Zwillinge-Energie aus.
- Krebs regiert dein 2. Haus – du investierst und sparst wie ein Krebs.
- Löwe regiert dein 3. Haus – du denkst und kommunizierst wie ein Löwe.

- Jungfrau regiert dein 4. Haus – dein Heim- und Familienleben ist vom Zeichen Jungfrau geprägt.
- Waage regiert dein 5. Haus – du hast Spaß wie eine Waage.
- Skorpion regiert dein 6. Haus – dein Alltagsleben ist vom Skorpion geprägt.
- Schütze regiert dein 7. Haus – du liebst wie ein Schütze.
- Steinbock regiert dein 8. Haus – du gibst Geld aus und hast Sex wie ein Steinbock.
- Wassermann regiert dein 9. Haus – du erkundest das Leben wie ein Wassermann.
- Das Zeichen Fische regiert dein 10. Haus – beruflich agierst du wie ein Fische-Geborener.
- Widder regiert dein 11. Haus – du bist wie ein Widder im Umgang mit deinen Freunden.
- Stier regiert dein 12. Haus – auf spiritueller Ebene bist du wie ein Stier.

Krebs oder Krebs-Aszendent

- Krebs regiert dein 1. Haus – du strahlst Krebs-Energie aus.
- Löwe regiert dein 2. Haus – du investierst und sparst wie ein Löwe.
- Jungfrau regiert dein 3. Haus – du denkst und kommunizierst wie eine Jungfrau.
- Waage regiert dein 4. Haus – dein Heim- und Familienleben ist vom Zeichen Waage geprägt.
- Skorpion regiert dein 5. Haus – du hast Spaß wie ein Skorpion.
- Schütze regiert dein 6. Haus – dein Alltagsleben ist vom Zeichen Schütze geprägt.
- Steinbock regiert dein 7. Haus – du liebst wie ein Steinbock.
- Wassermann regiert dein 8. Haus – du gibst Geld aus und hast Sex wie ein Wassermann.

- Das Zeichen Fische regiert dein 9. Haus – du erkundest das Leben wie ein Fische-Geborener.
- Widder regiert dein 10. Haus – beruflich agierst du wie ein Widder.
- Stier regiert dein 11. Haus – du bist wie ein Stier im Umgang mit deinen Freunden.
- Das Zeichen Zwillinge regiert dein 12. Haus – auf spiritueller Ebene bist du wie ein Zwillinge-Geborener.

Löwe oder Löwe-Aszendent

- Löwe regiert dein 1. Haus – du strahlst Löwe-Energie aus.
- Jungfrau regiert dein 2. Haus – du investierst und sparst wie eine Jungfrau.
- Waage regiert dein 3. Haus – du denkst und kommunizierst wie eine Waage.
- Skorpion regiert dein 4. Haus – dein Heim- und Familienleben ist vom Zeichen Skorpion geprägt.
- Schütze regiert dein 5. Haus – du hast Spaß wie ein Schütze.
- Steinbock regiert dein 6. Haus – dein Alltagsleben ist vom Steinbock geprägt.
- Wassermann regiert dein 7. Haus – du liebst wie ein Wassermann.
- Das Zeichen Fische regiert dein 8. Haus – du gibst Geld aus und hast Sex wie das Zeichen Fische.
- Widder regiert dein 9. Haus – du erkundest das Leben wie ein Widder.
- Stier regiert dein 10. Haus – beruflich agierst du wie ein Stier.
- Das Zeichen Zwillinge regiert dein 11. Haus – du bist wie das Zeichen Zwillinge im Umgang mit deinen Freunden.
- Krebs regiert dein 12. Haus – auf spiritueller Ebene bist du wie ein Krebs.

Jungfrau oder Jungfrau-Aszendent

- Jungfrau regiert dein 1. Haus – du strahlst Jungfrau-Energie aus.
- Waage regiert dein 2. Haus – du investierst und sparst wie eine Waage.
- Skorpion regiert dein 3. Haus – du denkst und kommunizierst wie ein Skorpion.
- Schütze regiert dein 4. Haus – dein Heim- und Familienleben ist vom Schützen geprägt.
- Steinbock regiert dein 5. Haus – du hast Spaß wie ein Steinbock.
- Wassermann regiert dein 6. Haus – dein Alltagsleben ist vom Wassermann geprägt.
- Das Zeichen Fische regiert dein 7. Haus – du liebst wie das Zeichen Fische.
- Widder regiert dein 8. Haus – du gibst Geld aus und hast Sex wie ein Widder.
- Stier regiert dein 9. Haus – du erkundest das Leben wie ein Stier.
- Das Zeichen Zwillinge regiert dein 10. Haus – beruflich agierst du wie ein Zwillinge-Geborener.
- Krebs regiert dein 11. Haus – du bist wie ein Krebs im Umgang mit deinen Freunden.
- Löwe regiert dein 12. Haus – auf spiritueller Ebene bist du wie ein Löwe.

Waage oder Waage-Aszendent

- Waage regiert dein 1. Haus – du strahlst Waage-Energie aus.
- Skorpion regiert dein 2. Haus – du investierst und sparst wie ein Skorpion.

- Schütze regiert dein 3. Haus – du denkst und kommunizierst wie ein Schütze.
- Steinbock regiert dein 4. Haus – dein Heim- und Familienleben ist vom Steinbock geprägt.
- Wassermann regiert dein 5. Haus – du hast Spaß wie ein Wassermann.
- Das Zeichen Fische regiert dein 6. Haus – dein Alltagsleben ist vom Zeichen Fische geprägt.
- Widder regiert dein 7. Haus – du liebst wie ein Widder.
- Stier regiert dein 8. Haus – du gibst Geld aus und hast Sex wie ein Stier.
- Das Zeichen Zwillinge regiert dein 9. Haus – du erkundest das Leben wie das Zeichen Zwillinge.
- Krebs regiert dein 10. Haus – beruflich agierst du wie ein Krebs.
- Löwe regiert dein 11. Haus – du bist wie ein Löwe im Umgang mit deinen Freunden.
- Jungfrau regiert dein 12. Haus – auf spiritueller Ebene bist du wie eine Jungfrau.

Skorpion oder Skorpion-Aszendent

- Skorpion regiert dein 1. Haus – du strahlst Skorpion-Energie aus.
- Schütze regiert dein 2. Haus – du investierst und sparst wie ein Schütze.
- Steinbock regiert dein 3. Haus – du denkst und kommunizierst wie ein Steinbock.
- Wassermann regiert dein 4. Haus – dein Heim- und Familienleben ist vom Wassermann geprägt.
- Das Zeichen Fische regiert dein 5. Haus – du hast Spaß wie ein Fische-Geborener.

- Widder regiert dein 6. Haus – dein Alltagsleben ist vom Widder geprägt.
- Stier regiert dein 7. Haus – du liebst wie ein Stier.
- Das Zeichen Zwillinge regiert dein 8. Haus – du gibst Geld aus und hast Sex wie das Zeichen Zwillinge.
- Krebs regiert dein 9. Haus – du erkundest das Leben wie ein Krebs.
- Löwe regiert dein 10. Haus – beruflich agierst du wie ein Löwe.
- Jungfrau regiert dein 11. Haus – du bist wie eine Jungfrau im Umgang mit deinen Freunden.
- Waage regiert dein 12. Haus – auf spiritueller Ebene bist du wie eine Waage.

Schütze oder Schütze-Aszendent

- Schütze regiert dein 1. Haus – du strahlst Schütze-Energie aus.
- Steinbock regiert dein 2. Haus – du investierst und sparst wie ein Steinbock.
- Wassermann regiert dein 3. Haus – du denkst und kommunizierst wie ein Wassermann.
- Das Zeichen Fische regiert dein 4. Haus – dein Heim- und Familienleben ist vom Zeichen Fische geprägt.
- Widder regiert dein 5. Haus – du hast Spaß wie ein Widder.
- Stier regiert dein 6. Haus – dein Alltagsleben ist vom Stier geprägt.
- Das Zeichen Zwillinge regiert dein 7. Haus – du liebst wie das Zeichen Zwillinge.
- Krebs regiert dein 8. Haus – du gibst Geld aus und hast Sex wie ein Krebs.
- Löwe regiert dein 9. Haus – du erkundest das Leben wie ein Löwe.

- Jungfrau regiert dein 10. Haus – beruflich agierst du wie eine Jungfrau.
- Waage regiert dein 11. Haus – du bist wie eine Waage im Umgang mit deinen Freunden.
- Skorpion regiert dein 12. Haus – auf spiritueller Ebene bist du wie ein Skorpion.

Steinbock oder Steinbock-Aszendent

- Steinbock regiert dein 1. Haus – du strahlst Steinbock-Energie aus.
- Wassermann regiert dein 2. Haus – du investierst und sparst wie ein Wassermann.
- Das Zeichen Fische regiert dein 3. Haus – du denkst und kommunizierst wie ein Fische-Geborener.
- Widder regiert dein 4. Haus – dein Heim- und Familienleben ist vom Widder geprägt.
- Stier regiert dein 5. Haus – du hast Spaß wie ein Stier.
- Das Zeichen Zwillinge regiert dein 6. Haus – dein Alltagsleben ist vom Zeichen Zwillinge geprägt.
- Krebs regiert dein 7. Haus – du liebst wie der Krebs.
- Löwe regiert dein 8. Haus – du gibst Geld aus und hast Sex wie ein Löwe.
- Jungfrau regiert dein 9. Haus – du erkundest das Leben wie eine Jungfrau.
- Waage regiert dein 10. Haus – beruflich agierst du wie eine Waage.
- Skorpion regiert dein 11. Haus – du bist wie ein Skorpion im Umgang mit deinen Freunden.
- Schütze regiert dein 12. Haus – auf spiritueller Ebene bist du wie ein Schütze.

Wassermann oder Wassermann-Aszendent

- Wassermann regiert dein 1. Haus – du strahlst Wassermann-Energie aus.
- Das Zeichen Fische regiert dein 2. Haus – du investierst und sparst wie ein Fische-Geborener.
- Widder regiert dein 3. Haus – du denkst und kommunizierst wie ein Widder.
- Stier regiert dein 4. Haus – dein Heim- und Familienleben ist vom Stier geprägt.
- Das Zeichen Zwillinge regiert dein 5. Haus – du hast Spaß wie ein Zwillinge-Geborener.
- Krebs regiert dein 6. Haus – dein Alltag ist vom Krebs geprägt.
- Löwe regiert dein 7. Haus – du liebst wie ein Löwe.
- Jungfrau regiert dein 8. Haus – du gibst Geld aus und hast Sex wie eine Jungfrau.
- Waage regiert dein 9. Haus – du erkundest das Leben wie eine Waage.
- Skorpion regiert dein 10. Haus – beruflich agierst du wie ein Skorpion.
- Schütze regiert dein 11. Haus – du bist wie ein Schütze im Umgang mit deinen Freunden.
- Steinbock regiert dein 12. Haus – auf spiritueller Ebene bist du wie ein Steinbock.

Fische oder Fische-Aszendent

- Das Zeichen Fische regiert dein 1. Haus – du strahlst Fische-Energie aus.
- Widder regiert dein 2. Haus – du investierst und sparst wie ein Widder.
- Stier regiert dein 3. Haus – du denkst und kommunizierst wie ein Stier.

- Das Zeichen Zwillinge regiert dein 4. Haus – dein Heim- und Familienleben ist vom Zeichen Zwillinge geprägt.
- Krebs regiert dein 5. Haus – du hast Spaß wie ein Krebs.
- Löwe regiert dein 6. Haus – dein Alltagsleben ist vom Zeichen Löwe geprägt.
- Jungfrau regiert dein 7. Haus – du liebst wie ein Jungfrau-Geborener.
- Waage regiert dein 8. Haus – du gibst Geld aus und hast Sex wie eine Waage.
- Skorpion regiert dein 9. Haus – du erkundest das Leben wie ein Skorpion.
- Schütze regiert dein 10. Haus – beruflich agierst du wie ein Schütze.
- Steinbock regiert dein 11. Haus – du bist wie ein Steinbock im Umgang mit deinen Freunden.
- Wassermann regiert dein 12. Haus – auf spiritueller Ebene bist du wie ein Wassermann.

ARBEITE MIT DEINEM GEBURTSHOROSKOP

Schreib auf, in welchen Häusern deine Planeten stehen.

Sieh in deinem Horoskop nach, welcher Planet in welchem Haus steht, und merk dir die folgenden Informationen darüber, wie sich das in deinem Leben auswirkt.

Die Sonne steht in meinem ___. Haus. Hier strahle ich.

Der Mond steht in meinem ___. Haus. Hier liegen meine Bedürfnisse.

Merkur steht in meinem ___. Haus. Darüber denke ich viel nach.

Venus steht in meinem ___. Haus. Hier ist alles, was ich liebe.

Mars steht in meinem ___. Haus. Hier kämpfe ich.

Jupiter steht in meinem ___. Haus. Hier bin ich erfolgreicher.

Saturn steht in meinem ___. Haus. Hier liegen meine Lebenslektionen.

Uranus steht in meinem ___. Haus. Hier bin ich aufgefordert, etwas zu ändern.

Neptun steht in meinem ___. Haus. Hier werde ich inspiriert oder habe meine blinden Flecken.

Pluto steht in meinem ___. Haus. Hier bin ich bereit für Transformation.

ZUSAMMENFASSUNG

In diesem Kapitel sind wir über das Thema der zwölf Häuser etwas tiefer in die Astrologie eingetaucht. Du kennst jetzt die Einteilung des Horoskops und weißt, wie wichtig die Häuser sind. Du weißt, dass die Häuser in drei Abschnitte unterteilt sind: Winkel-, Nachfolge- und Kadentenhäuser. Außerdem hast du gelernt, was die einzelnen Häuser bedeuten. Und du weißt jetzt auch, wie wichtig es ist zu prüfen, welches Zeichen in welchem Haus steht. Das sind zentrale Informationen, die du dir merken und nutzen kannst.

TEIL II

Vertiefung

KAPITEL 8

Grade, Aspekte und Orbis

In deinem Horoskop findest du eine Tabelle, in der die Planetenglyphen zusammen mit Zahlen angezeigt werden. Diese Zahlen geben an, in welchem Grad des Zeichens sich ein Planet zum Zeitpunkt deiner Geburt am Himmel befand. Die Gradzahlen – die einer astronomischen Übersicht entnommen sind, den sogenannten Ephemeriden (siehe Kapitel 15) – sind wichtig, um ein Horoskop besser analysieren zu können. Aber leider hören viele genau dort auf, weil sie denken, das sei zu kompliziert und zu »mathematisch«. Lass dich davon nicht abschrecken! Ich bin auch keine Mathe-Spezialistin, aber mithilfe des Computers ist es heute wirklich kein Hexenwerk mehr, die Gradzahlen zu verstehen, die nichts mit Mathematik zu tun haben. Sehen wir uns das Ganze einfach mal an.

Die Gradzahlen in deinem Horoskop

Wie du bereits weißt, wird das Horoskop in der westlichen Astrologie als Kreis gezeichnet. Wie jeder Kreis umfasst auch der Tierkreis 360 Grad (°). Er ist in zwölf gleich große Abschnitte zu je 30 Grad unterteilt. (Beachte, dass die Astrologie von 0 bis 29 Grad rechnet, nicht von 1 bis 30 Grad.)

Jeder Grad umfasst 0 bis 59 Minuten (') und jede Minute 60 Sekunden ("). Ein Grad reicht von 00,00 bis 29,59 Grad eines Zeichens. (Vergiss nicht, dass wir ein Horoskop immer gegen den Uhrzeigersinn betrachten, das gilt auch für das Zählen der Grade.) Hier ein Beispiel, das der Darstellung in der Tabelle auf deinem Horoskop ähnelt:

☉ 14° 23' 33" ♈

Das ist der Stand der Sonne in 14 Grad, 23 Minuten und 33 Sekunden Widder.

Beachte, dass auf jedem der 360 Grade ein Planet, eine Häuserspitze oder ein anderer astrologischer Punkt liegen kann.

ARBEITE MIT DEINEM GEBURTSHOROSKOP

Schreib die Positionen deiner Planeten in deinem Horoskop auf.
Übertrag die Werte aus der Tabelle in deinem Horoskop in die Lücken. (Die Sekunden kannst du weglassen.)

Meine Sonne steht in ____ Grad und ____ Minuten im Zeichen __________.

Mein Mond steht in ____ Grad und ____ Minuten im Zeichen __________.

Mein Aszendent steht in ____ Grad und ____ Minuten im Zeichen __________.

Mein Merkur steht in ____ Grad und ____ Minuten im Zeichen __________.

Meine Venus steht in ____ Grad und ____ Minuten im Zeichen __________.

Mein Mars steht in ____ Grad und ____ Minuten im Zeichen __________.

Mein Jupiter steht in ____ Grad und ____ Minuten im Zeichen

__________.

Mein Saturn steht in ____ Grad und ____ Minuten im Zeichen

__________.

Mein Uranus steht in ____ Grad und ____ Minuten im Zeichen

__________.

Mein Neptun steht in ____ Grad und ____ Minuten im Zeichen

__________.

Mein Pluto steht in ____ Grad und ____ Minuten im Zeichen

__________.

Wozu werden die Grade gemessen?

Bei der Berechnung der Gradzahlen geht es um Folgendes:

1. Berechne die Winkel – die sogenannten Aspekte –, welche die Planeten und andere kosmische Körper in deinem Horoskop zueinander bilden: Diese verknüpfen die einzelnen Elemente deines Horoskops zu einem Gesamtbild. Ihre Kräfte verbinden sich und erzeugen anregende Impulse zum Handeln.
2. Miss die Aspekte, welche die transitierenden Planeten (das sind die Übergänge laufender Planeten über einen bestimmten Punkt des Horoskops) in deinem oder einem fremden Horoskop bilden.
3. Finde heraus, wie die Planeten einer anderen Person zu deinen Planeten stehen, wenn du eure Übereinstimmungen herausfinden willst.
4. Miss, welche transitierenden Planeten Aspekte mit anderen Planeten bilden, wenn du ein Gefühl dafür bekommen willst, was gerade am Himmel los ist.

Was sind die Aspekte?

Die Aspekte

Die Verbindung zwischen zwei Planeten wird als »Aspekt« bezeichnet (lateinisch *aspectus* [eigentlich »das Hinsehen«]). Die Aspekte werden in Gradzahlen gemessen. Steht zum Beispiel ein Planet in 15 Grad eines Feuer- oder Luftzeichens und ein anderer Planet in etwa 15 Grad (5 Grad auf jeder Seite) eines Feuer- oder Luftzeichens, spricht man von einem harmonischen Aspekt. (Die Elemente Feuer/Feuer und Luft/Luft sowie Feuer/Luft ergänzen sich gut.) Ein harmonischer Aspekt wird auch gebildet, wenn Planeten im Abstand von 5 Grad zueinander in einem Erd- oder Wasserzeichen stehen. Falls jedoch ein oder mehrere Planeten in 23 Grad eines Wasserzeichens und ein oder mehrere Planeten in etwa 23 Grad (plus/minus 5 Grad) eines Feuer- oder Luftzeichens stehen, dann spricht man von einem dissonanten Aspekt.

Aspekte sind äußerst wichtig für die Horoskopdeutung. Sie zeigen, wie sich die Energien der Planeten und Zeichen auswirken. Aus dem Aspekt, den zwei Planeten zueinander bilden (oder den Aspekten, die Planeten zu den vier Kardinalpunkten oder Sonderwinkeln des Horoskops bilden), können wir unter anderem erkennen, ob es Schwierigkeiten geben oder alles leicht verlaufen wird. Ohne die Kenntnis der Grade und Aspekte ist es fast unmöglich, dein eigenes Horoskop oder das eines anderen Menschen zu deuten.

Konjunktion, Sextil, Quadrat, Trigon und Opposition

Zu den Hauptaspekten gehören Konjunktion, Sextil, Quadrat, Trigon und Opposition. Eine Konjunktion ist in Wirklichkeit kein Aspekt, denn dabei befinden sich zwei Planeten am gleichen Platz und können keinen Winkel bilden. Deshalb sollte man eigentlich von »Konjunktionen und Aspekten« sprechen.

Die Ebene der Aspekte befindet sich im mittleren Kreis des Horoskops. Die Aspekte werden durch verschiedenfarbige Linien dargestellt, die zwischen den Planeten verlaufen. Wie die Zeichen und Planeten werden auch die Aspekte durch Glyphen symbolisiert. Die Tabelle unten zeigt die Glyphen und wie viele Grad Planeten und andere Punkte im Horoskop voneinander entfernt sein müssen, um die verschiedenen Aspekte zu bilden.

Aspekt	Glyphe	Winkel
Konjunktion	☌	0 Grad
Sextil	⚹	60 Grad
Quadrat	□	90 Grad
Trigon	△	120 Grad
Opposition	☍	180 Grad

Versuche, die Aspekte in deinem Horoskop zu finden. Vielleicht entdeckst du alle fünf oder nur ein paar der Aspekte.

Du kannst die Winkel berechnen, indem du dir ansiehst, in welchem Grad ein Planet steht:

- Bei einer Konjunktion stehen zwei Planeten am gleichen Platz mit 0 Grad (oder innerhalb von 5 Grad) Abstand.
- Das Sextil verbindet zwei Planeten, die etwa 60 Grad und zwei Zeichen voneinander entfernt sind.
- Bei einem Quadrat stehen zwei Planeten in einem Winkel von 90 Grad und drei Zeichen voneinander entfernt.
- Bei einem Trigon stehen die Planeten etwa 120 Grad oder vier Zeichen voneinander entfernt im selben Element.
- Stehen sich zwei Planeten im Horoskop sichtbar gegenüber und sind sie etwa 180 Grad voneinander entfernt, handelt es sich um eine Opposition.

Du kannst die Aspekte in deinem Horoskop auch erkennen, indem du die Gradzahlen zählst.

In der Tabelle unter deinem Geburtshoroskop findest du alle Angaben, welche Aspekte deine Planeten zu anderen Planeten bilden.

Nun folgen die fünf Hauptaspekte und die dazugehörigen Glyphen. Bevor wir weitermachen, solltest du dir noch den Begriff »Orbis« merken(lateinisch *orbis* [Kreis]). Er bedeutet »Wirkkreis der Hauptaspekte«.

Konjunktion ☌

Zwei oder mehr Planeten befinden sich am selben Ort oder auf demselben Grad (mit einem Orbis von 8 Grad, es sei denn, die Sonne und/oder der Mond sind beteiligt; in diesem Fall gilt ein Orbis von 10 Grad). Wenn zum Beispiel ein Planet in 22 Grad Löwe und ein anderer in 26 Grad Löwe stehen, spricht man von einer Konjunktion. Planeten können auch in verschiedenen Zeichen miteinander verbunden sein. Konjunktionen sind harmonisch oder dissonant, je nachdem, welche Planeten beteiligt sind. Zum Beispiel ist eine Konjunktion zwischen Sonne und Venus wahrscheinlich harmonisch, während eine Konjunktion zwischen Venus und Saturn dissonant sein kann. Allerdings sollten wir für alles offen sein, denn beide Richtungen sind denkbar.

Sextil ⚹

Bei diesem Aspekt stehen die Planeten in einem Winkel von 60 Grad zueinander (in beide Richtungen). Sie stehen zwei Zeichen voneinander entfernt auf demselben Grad, plus/minus 5 Grad (oder 6 Grad, wenn Sonne und/oder Mond beteiligt sind). Sextile sind einfache Aspekte ohne Spannungen, bei denen die Energie zwischen den Planeten fließt. Sie können zur Verwirklichung eines Ziels beitragen.

Quadrat □

Zwei Planeten stehen in einem Winkel von 90 Grad und streben in unterschiedliche Richtungen. Deshalb stehen bei einem Quadrat die Planeten in der stärksten Spannung zueinander, weshalb dies ein dissonanter Aspekt ist. Die Planeten stehen drei Zeichen voneinander entfernt auf demselben Grad, plus/minus 5 Grad (oder 10 Grad, wenn Sonne und/oder Mond beteiligt sind). Beachte, dass ein Quadrat eine halbe Opposition ist (siehe unten). Es zeigt an, wo Anstrengungen notwendig sind, um ein Ziel zu erreichen.

Trigon △

Das Trigon ist ein Aspekt, bei dem die Planeten etwa 120 Grad voneinander entfernt sind. Sie stehen vier Zeichen voneinander entfernt auf demselben Grad, plus/minus 5 Grad (oder 10 Grad, wenn die Sonne und/oder der Mond beteiligt sind). Dies ist der harmonischste und energetisch am stärksten fließende Aspekt. Die Planeten ergänzen und bereichern sich gegenseitig.

Opposition ☍

Zwei Planeten stehen sich im Horoskop sichtbar gegenüber auf demselben Grad, plus/minus 5 Grad (oder 10 Grad, wenn die Sonne und/oder der Mond beteiligt sind). Sie sind etwa 180 Grad voneinander entfernt. Eine Opposition gilt als dissonanter Aspekt, aber beachte, dass sich oppositionelle Planeten immer in Elementen befinden, die kompatibel sind. Feuerzeichen stehen immer gegenüber von Luftzeichen, und Erdzeichen stehen immer gegenüber von Wasserzeichen. Das kann zu Zusammenstößen führen, aber auch etwas hervorbringen, das gut funktioniert. Denk daran: Gegensätze ziehen sich an! Außerdem bringen sie die beiden Seiten der aspektierten Themen zum Vorschein, was sich sehr vorteilhaft auswirken kann.

Versuch, die folgende Frage zu beantworten, um dich selbst zu testen, wie gut du dich mit Graden und Aspekten auskennst (denk daran: Es gibt zwölf Zeichen und jedes Zeichen umfasst 30 Grad.)

Frage: Wenn deine Sonne in 12 Grad Zwillinge steht und deine Venus in 12 Grad Löwe (zwei Zeichen später), wie viele Grade sind sie dann voneinander entfernt?

Tipp: Geh die Zeichen in der traditionellen Reihenfolge Widder, Stier, Zwillinge, Krebs, Löwe, Jungfrau, Waage, Skorpion, Schütze, Steinbock, Wassermann und Fische durch, um deine Antwort zu erhalten.

Antwort: Deine Sonne und deine Venus sind 60 Grad voneinander entfernt. Es handelt sich um ein Sextil.

Der kosmische Zustand von Planeten

Die Planeten herrschen nicht nur über ein oder mehrere Tierkreiszeichen oder beeinflussen ein Zeichen je nach ihrer Position. Sie wirken sich abhängig von ihrer Stellung außerdem in bestimmten Zeichen förderlicher oder schwächer aus als in anderen. Diese Positionen werden als »Würde« beziehungsweise »Schwäche« bezeichnet. Manchmal hört man Astrologen über den »kosmischen Zustand« eines Planeten sprechen. Damit ist gemeint, wie ein Planet sich je nach seiner Stellung auswirkt. Traditionell ist damit seine Würde gemeint, die in der Würdentafel nach Ptolemäus angegeben ist (siehe den Eintrag »Essenzielle Würden und Schwächen« im Glossar am Ende des Buches). Umgangssprachlich wird der Zustand eines Planeten aber vor allem dadurch beeinflusst, welche Aspekte er zu anderen Planeten bildet. Befindet er sich in Harmonie (Sextile und Trigone) mit den anderen Planeten, oder ist er in Dissonanz (Quadrate und Oppositionen)?

Wie oben erklärt, sind die harmonischen (einfachen) Aspekte Trigone und Sextile. Wenn du also Planeten in deinem Horoskop hast, die in einem Trigon oder einem Sextil stehen, weißt du, dass sie in einem ziemlich guten Zustand sind, denn diese Aspekte deuten auf einen leichten Energiefluss zwischen den Planeten hin – sie stehen nicht in Spannung zueinander, sondern befinden sich in Harmonie.

Wir haben bereits gesehen, dass die Elemente Feuer und Luft sowie Erde und Wasser zusammenpassen – zähl in deinem Horoskop die 60 Grad eines Sextils (zwei Zeichen) und die 120 Grad eines Trigons (vier Zeichen), dann wirst du sehen, dass die Regeln für die Kombinationen aus Feuer/Luft und Erde/Wasser gelten. Planeten in kompatiblen Elementen (Feuer, Erde, Luft und Wasser) bilden Sextile und Trigone, während Planeten in nicht kompatiblen Elementen Quadrate bilden.

Das Quadrat stellt den dissonantesten Aspekt dar. Es verursacht ein Unbehagen oder eine Härte, die ich persönlich als unangenehm empfinde. Planeten, die im Quadrat stehen, bereiten sich gegenseitig Probleme. Das sind meist wunde Punkte, aus denen du aber auch lernen kannst. Bei einem Quadrat taucht ein Problem auf, das du angehen musst. So gesehen sind Quadrate gute Aspekte, denn sie zwingen uns dazu, uns mit bestimmten Themen auseinanderzusetzen und uns hoffentlich weiterzuentwickeln.

Konjunktionen und Oppositionen können in beide Richtungen gehen, je nachdem, welche Planeten beteiligt sind, wie ich bereits erklärt habe.

Beachte, dass es verschiedene Arten von Winkelbeziehungen der Planeten gibt:

- Erstens sind da die Aspekte, welche die Planeten in deinem Horoskop bilden.
- Dann die Aspekte der Planeten, die sich gerade am Himmel bewegen (transitieren), zu den Planeten in deinem Horoskop. Du findest weitere Informationen dazu in Kapitel 15.
- Du kannst dir auch die Aspekte der transitierenden Planeten ansehen, wenn du ein Gefühl dafür bekommen willst, was in der Welt energetisch vor sich geht.

Die Aspekte deuten

Darüber hinaus haben manche Planeten eine leichtere Energie als andere, was sich auf unsere Deutung der Aspekte auswirkt (siehe den Abschnitt »Die Eigenschaften der Planeten« in Kapitel 4).

So ist zum Beispiel Mond (Gefühle) im Quadrat zu Venus (Liebe) eine leichtere Energie als etwa Venus (Liebe) im Quadrat zu Saturn (schweres Karma). Sobald Mars und Saturn oder die anderen Planeten ins Spiel kommen, hast du es mit einer schwereren, intensiveren Energie zu tun.

Oder du ersetzt die Bezeichnungen »Sextil« oder »Trigon« durch »ist in Harmonie mit« und die Bezeichnungen »Quadrat« oder »Opposition« durch »kollidiert mit«. Aus Venus Quadrat Pluto wird dann zum Beispiel »Venus kollidiert mit Pluto«. Aus Merkur Trigon Jupiter wird »Merkur ist in Harmonie mit Jupiter«.

Um Venus Quadrat Pluto in deinem Horoskop zu deuten, solltest du dir folgende Fragen stellen:

1. Wofür steht der Planet Venus? Liebe, Geld?
2. In welchem Zeichen steht die Venus? (Die Bedeutung des Zeichens hilft dir, es besser zu verstehen.)

3. In welchem Haus befindet sie sich? (Die Bedeutung des Hauses ist eine weitere Informationsebene.)
4. Wofür steht der Planet Pluto? Macht, Veränderung, Besessenheit?
5. In welchem Zeichen steht Pluto?
6. In welchem Haus befindet er sich?

In einem Geburtshoroskop kann ein Planet nicht seine volle Kraft entfalten, wenn er zum Beispiel im Quadrat zu einem Aspekt von Mars (wütend), Saturn (depressiv), Uranus (chaotisch), Neptun (verwirrend) oder Pluto (vulkanisch, machtstrebend) steht. Befindet sich also bei einer Person mit Venus in Zwillingen – von der man eigentlich erwarten würde, dass sie sehr gesprächig und fröhlich ist – die Venus im Quadrat zu Saturn, kann es sein, dass sie nicht so viel von der vollen Zwillingemagie zeigt wie jemand mit einer Venus im Trigon zu Jupiter. Kannst du dir das vorstellen?

Ein weiteres Beispiel: Bei einer Person, deren Liebesplanet Venus in einem harmonischen Aspekt (Sextil oder Trigon) zu Jupiter (einem Glücksplaneten) steht, wird die Venus ganz anders wirken als bei einem Menschen, dessen Venus mit dem vulkanischen Pluto kollidiert (im Quadrat oder in Opposition).

Bei der Arbeit mit Aspekten gibt es einige Feinheiten zu berücksichtigen. Kein Planet ist von Natur aus gut oder schlecht. Wenn jedoch ein Planet mit einem anderen kollidiert, kommen wahrscheinlich die negativeren Eigenschaften der beiden zum Vorschein. Wenn zwei Planeten in Harmonie sind (Sextil oder Trigon), bekommst du das Beste, was sie zu bieten haben.

Denk daran: Steht ein Planet im Sextil oder Trigon zu einem anderen Planeten, fließen die Energien. Stehen sie im Quadrat oder in Opposition zueinander, kommt es zum Konflikt.

Das sind aber nur die wichtigsten Aspekte. Es gibt neunzig Grundaspekte, und ihre Deutungen füllen ganze Bücher.

Unaspektierte Planeten
Manche Planeten bilden keine Verbindungen zu anderen Planeten innerhalb des Orbis. Mit anderen Worten: Sie bilden überhaupt keine Aspekte. Deshalb nennt man sie auch »unaspektierte Planeten«. Sie stehen für sich allein und sind nicht für immer mit einem oder mehreren anderen Planeten verbunden. Es herrscht Konsens darüber, dass unaspektierte Planeten ihre eigene Geschichte erzählen: Sie machen »ihr eigenes Ding«.

Beachte, dass eine Person mit einer unaspektierten Sonne auf bestimmte Weise unkonventionell auftritt – wie ein Außenseiter außerhalb der gesellschaftlichen Beschränkungen und Normen, denen der Rest der Menschheit mehr oder weniger folgt. Das heißt nicht, dass diese Menschen völlig aus der Art geschlagen sind, doch sie sind einfach besonders oder gerade jene, die über den sprichwörtlichen Tellerrand hinausschauen.

ZUSAMMENFASSUNG
Herzlichen Glückwunsch! Du bist offiziell auf dem Weg, eine richtige Astrologin oder ein richtiger Astrologe zu werden. Das Wichtigste ist, dass du die Zeichen und Planeten erkennst und dann zu den Graden und Aspekten weitergehst – und das solltest du tun, denn sie sind das Sahnehäubchen auf der Astrologie-Torte. Für den Moment reicht es, wenn du dir die Aspekte in deinem Horoskop oder in dem eines Freundes oder Familienmitglieds genau betrachtest:

- **Konjunktionen** können glücklich oder belastend sein, je nachdem, welche Planeten sich gegenüberstehen. So könnte sich zum Beispiel Saturn in deiner Sonne als schwieriger erweisen als Jupiter in deiner Sonne.
- **Trigone** und **Sextile** sind positive Aspekte. Ihre Energien verbinden sich auf harmonische Weise. Jeder ist glücklich. So ist

der Aspekt Venus Trigon Jupiter sehr schön, denn Venus und Jupiter sind Planeten mit angenehmen Eigenschaften; und wenn sie in einem positiven Aspekt stehen, verdoppelt sich ihr Glückspotenzial. Auch die Aspekte Venus Trigon Saturn oder Saturn Trigon Pluto sind positiv, obwohl Saturn und Pluto jeweils sehr herausfordernde Planeten sein können.

- Die Aspekte **Quadrat** und **Opposition** sind negativ. So bringt zum Beispiel das Quadrat Sonne/Mars eher die negativen Seiten der beiden Planeten zum Vorschein, etwa die egoistische Seite der Sonne und die wütende des Mars.

KAPITEL 9

Aspektfiguren und Horoskopmuster

Als Nächstes werfen wir einen kurzen Blick auf einige der Muster und Formen, welche die Planeten in einem Geburtshoroskop bilden. So erhältst du weitere Informationen darüber, wie sich die Planeten in deinem Horoskop verhalten. Wenn drei oder mehr Aspekte innerhalb eines Horoskops miteinander verbunden sind, bilden sie eine Aspektfigur. Das Wissen über diese Strukturen baut auf den Informationen über die fünf Hauptaspekte auf. Du weißt jetzt zum Beispiel, dass ein Quadrat eine Herausforderung ist, aber ein T-Quadrat ist sogar noch anspruchsvoller!

Wichtige Aspektmuster

Das große Trigon, das T-Quadrat, das mystische Rechteck sowie die Yod- und die Drachenfigur sind einige der wichtigsten Aspektmuster, die wir näher betrachten wollen.

Das T-Quadrat

Das T-Quadrat entsteht, wenn sich zwei Planeten in Opposition befinden und zu einem dritten Planeten in der Mitte je ein Quadrat bilden. Sieh dir dazu Abbildung 11 an. Ein Quadrat ist schon schwierig, aber im T-Quadrat gibt es gleich zwei Quadrate und eine Opposition. Beim T-Quadrat ist sozusagen »Hauen und Stechen« angesagt.

Abbildung 11: Das T-Quadrat

ARBEITE MIT DEINEM GEBURTSHOROSKOP

Falls sich in deinem Horoskop ein T-Quadrat befindet, dann sieh dir die einzelnen Elemente genau an. Mithilfe aller Planeten, Zeichen und Häuser kannst du dir ein Bild von den Herausforderungen machen, die auf dich zukommen.

Das große Trigon

Bei dieser Aspektfigur befinden sich drei Planeten im Trigon zueinander und bilden zusammen ein gleichseitiges Dreieck.

Abbildung 12: Das große Trigon

Im großen Trigon fließt die Energie von einem Planeten zum nächsten. Diese Aspektfigur erinnert mich an Menschen, die sich an den Händen halten und ihre Liebe zirkulieren lassen. Alle planetarischen Einflüsse fließen in einem großen Trigon leicht. Für jedes Element gibt es ein eigenes großes Trigon:

- Großes Feuer-Trigon: Alles läuft gut, und die Dinge erledigen sich durch Elan und Enthusiasmus wie von selbst.
- Großes Erd-Trigon: Vieles klappt, wenn man praktisch vorgeht.
- Großes Luft-Trigon: Durch Ideen und den Intellekt kommen Dinge in Gang.
- Großes Wasser-Trigon: Die Gefühle fließen leicht, und Mitgefühl schwingt mit.

ARBEITE MIT DEINEM GEBURTSHOROSKOP

Findest du in deinem Horoskop ein großes Trigon? Es kann dazu führen, dass du dich auf die faule Haut legst. Insgesamt sehe ich in einem großen Trigon aber einen Segen.

Die Yod-Figur

Dies ist eine seltene Aspektfigur aus drei Planeten oder anderen Punkten, die ein Dreieck bilden. Zwei Planeten stehen in einem Sextil (60 Grad) zueinander, und der dritte bildet Quincunxe (zwei Aspekte von 150 Grad) zu den beiden Planeten. Im Brennpunkt befindet sich der Planet, auf den beide Quincunxe zulaufen.

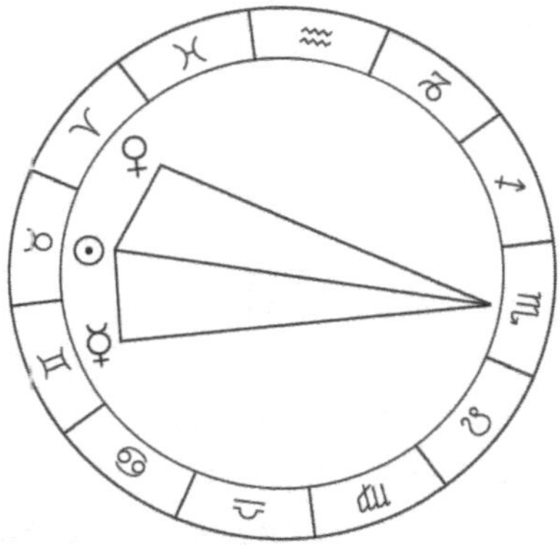

Abbildung 13: Die Yod-Figur

Viele glauben, dass sich hinter der Yod-Figur eine besondere Lebensaufgabe verbirgt, und bezeichnen sie deshalb als »Finger Gottes«. Wieder andere finden es gar nicht so informativ. Ich bin der Ansicht, dass wir alle mit einer besonderen Bestimmung geboren werden und dafür keine Yod-Figur benötigen.

ARBEITE MIT DEINEM GEBURTSHOROSKOP

Kannst du in deinem Horoskop eine Yod-Figur entdecken? Im besten Fall kann es dich vor die Herausforderung stellen, von etwas Unkompliziertem (Sextil) zu etwas viel Schwierigerem (Quinkunx) überzugehen, um deine besondere Mission zu erfüllen.

Das mystische Rechteck

Bei dieser Aspektfigur bilden zwei Planetenpaare jeweils eine Opposition. Gleichzeitig befinden sie sich im Sextil beziehungsweise im Trigon zueinander. Die Figur erinnert an einen Briefumschlag.

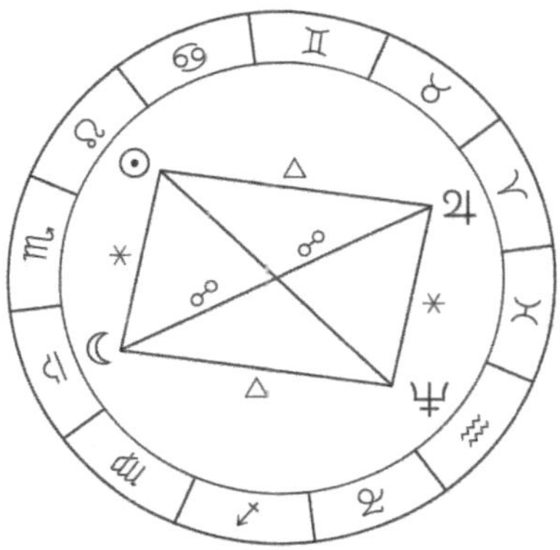

Abbildung 14: Das mystische Rechteck

Das mystische Rechteck verhilft dem Einzelnen dazu, in allen Bereichen, die er auswählt, persönlich und beruflich erfolgreich zu sein. Dazu trägt der reibungslose Energiefluss bei.

ARBEITE MIT DEINEM GEBURTSHOROSKOP

Kannst du in deinem Horoskop ein mystisches Rechteck finden? Es heißt, diese Aspektfigur verleihe übersinnliche Fähigkeiten und verbreite Harmonie zwischen den vier beteiligten Planeten.

Die Drachenfigur

Die Drachenfigur ist ein großes Trigon aus drei Trigonen, das durch zwei Sextile und eine Opposition erweitert wird.

Abbildung 15: Die Drachenfigur

Die Opposition ist hier so etwas wie das Korn in der Auster, das die Perle hervorbringt. Für sich genommen kann ein großes Trigon durch seinen unbeschwerten Energiefluss sehr angenehm sein, aber es führt vielleicht nicht zu großen und konkreten Entwicklungen. Die Opposition dagegen verleiht erhöhte Bewusstheit und Orientierung und hält wie ein Anker fest, was das große Trigon an guter Energie mit sich bringt.

ARBEITE MIT DEINEM GEBURTSHOROSKOP

Kannst du in deinem Horoskop eine Drachenfigur erkennen? Diese Aspektfigur bringt Spannung in dein Horoskop und hilft dir, das Beste aus den darin enthaltenen positiven Energien zu machen.

Wichtige Horoskopmuster

Wenn du dir dein Horoskop genau ansiehst, fällt dir vielleicht auf, dass sich viele Planeten an einem Ort befinden und dass es große leere Bereiche gibt. Im Folgenden erfährst du, wie du diese verschiedenen Horoskopmuster deuten kannst.

Die Wippenform

Hier sind die Planeten in zwei sich gegenüberliegenden Gruppen angeordnet. Das deutet darauf hin, dass die betreffende Person sich sehr widersprüchlich verhält. Sie pendelt zwischen zwei gegensätzlichen Alternativen hin und her.

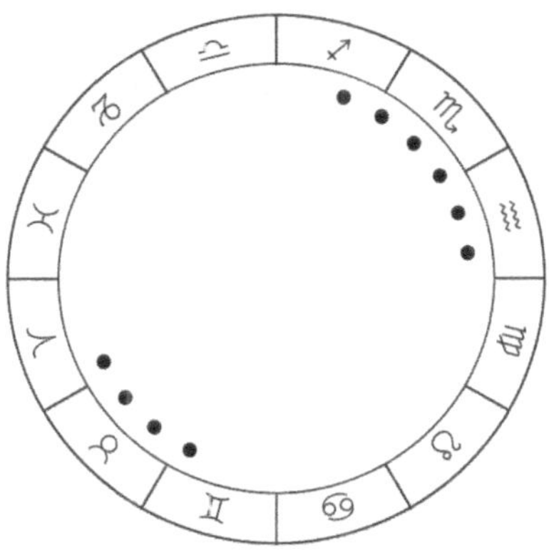

Abbildung 16: Die Wippenform

Die Spreizform

Drei oder vier Planetenpaare sind wie bei einem Stativ in einer »Spreizform« um das Horoskop herum verteilt. Das hat zur Folge, dass mehrere Häuser gleichzeitig betont werden, die sich als besondere Fähigkeiten oder Interessengebiete einer Person herausstellen.

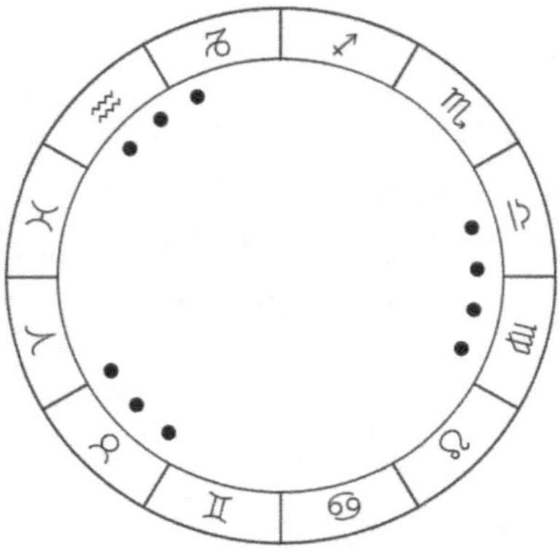

Abbildung 17: Die Spreizform

Die Lokomotivform

Bei diesem Muster sind alle Planeten innerhalb von 240 Grad gruppiert, sodass ein Drittel völlig unbesetzt ist. Der Planet, der im Uhrzeigersinn nach dem leeren Raum aufsteigt, treibt als Lokomotive des Horoskops die Person an, um ihre Ziele mit Energie und Ausdauer zu erreichen.

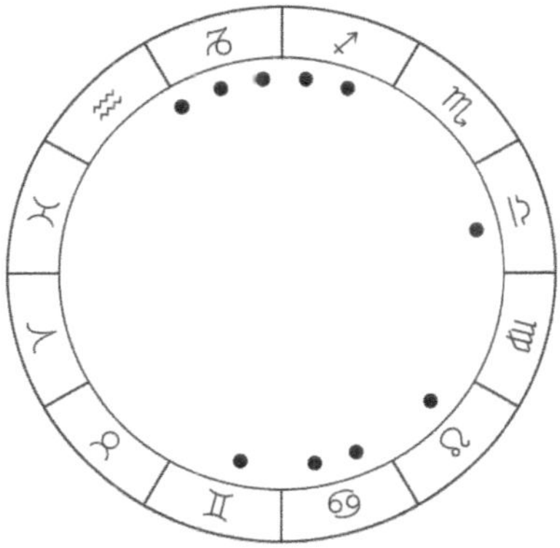

Abbildung 18: Die Lokomotivform

Die Eimerform

Bei dieser Form steht ein einzelner Planet einer dicht besetzten Gruppe von Planeten gegenüber, die eine Schale oder einen Eimer bilden. Der Einzelgängerplanet nimmt eine der wichtigsten Positionen im Horoskop einer Person ein und hat starken Einfluss auf ihr Verhalten.

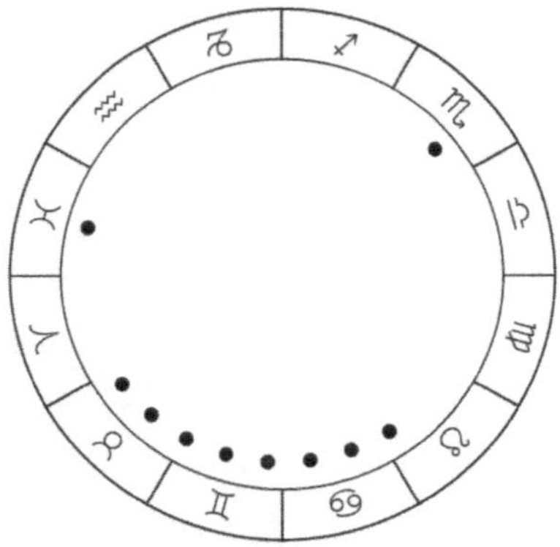

Abbildung 19: Eimerform

Die Bündelform

Alle Planeten sind innerhalb von 120 Grad versammelt. Durch diese Ballung können sich Bereiche von besonderem Interesse im Leben einer Person ergeben. Wer viele Planeten in einem bestimmten Teil seines Horoskops hat, wird sich mit Ausdauer und Engagement genau auf diese Bereiche fokussieren – unter Berücksichtigung der Zeichen und der Häuser, in denen sich das Bündel befindet.

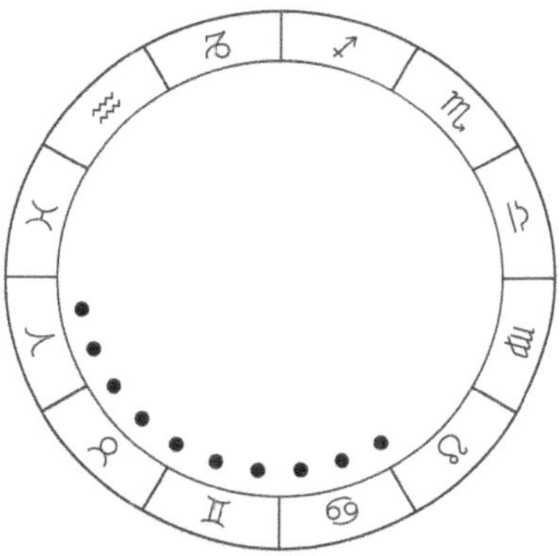

Abbildung 20: Die Bündelform

Die Spritzerform

Die Planeten sind gleichmäßig über den Tierkreis verteilt. Die Person hat ein breites Spektrum an Talenten und Interessen und ist sehr vielseitig, muss sich aber auf eine Sache fokussieren, um ihre Ziele zu erreichen.

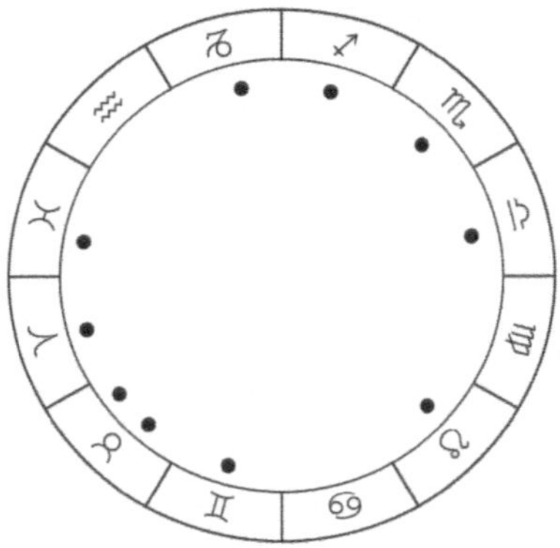

Abbildung 21: Spritzerform

Nun kennst du die wichtigsten Muster, auf die du achten solltest, wenn du dein eigenes oder fremde Horoskope deutest. Mit der Zeit erkennst du die verschiedenen Horoskopmuster sehr schnell. Betrachte sie als eine Art visuelle Kurzanleitung, die dir zahlreiche Hinweise auf den allgemeinen Charakter eines Horoskops gibt.

Im nächsten Schritt sehen wir uns die rückläufigen oder retrograden Planeten an. Davon haben sogar schon viele Nichtastrologen gehört. Falls du wissen willst, was die Rückläufigkeit von Merkur oder eines anderen Planeten zu bedeuten hat, dann lies nun weiter!

KAPITEL 10

Rückläufige Planeten

Jetzt kommen wir zu einem Teil der Astrologie, von dem du wahrscheinlich schon gehört hast. Alle Planeten – mit Ausnahme der Sonne und des Mondes, die, wie du weißt, keine Planeten, sondern Leuchtkörper sind – werden von Zeit zu Zeit »rückläufig« (retrograd). Rückläufigkeit ist von der Erde aus gesehen eine optische Täuschung, durch die sich ein Planet scheinbar rückwärts bewegt (obwohl sich in Wirklichkeit keiner der Planeten auf seiner Bahn um die Sonne rückwärts bewegt).

Was eine Rückläufigkeit verursacht

Die Rückläufigkeit von Planeten lässt sich mit folgendem Beispiel ganz einfach erklären: Stell dir vor, du sitzt in einem Zug und siehst eine Frau auf einem Pferd vorbeireiten. Sie reitet schnell, aber der Zug ist schneller. Der Zug holt die Reiterin ein, ist irgendwann Kopf an Kopf mit ihr und überholt sie schließlich. Sie fällt zurück, und von deiner Position aus wirkt es so, als würde sie sich rückwärts bewegen. Das ist ein optischer Effekt, der auch entsteht, wenn die Erde einen langsameren Planeten überholt oder von einem schnelleren Planeten überholt wird.

So bewegt sich zum Beispiel die Erde schneller als Merkur. Wenn die Erde Merkur überholt, scheint Merkur rückwärtszulaufen, langsamer zu werden und zum Stillstand zu kommen.

Venus oder Merkur werden bald rückläufig, wenn sie in den Ephemeriden (siehe Kapitel 15) oder am Nachthimmel weit vor der Sonne stehen. Venus ändert ihre Laufrichtung, wenn sie etwa 30 Grad vor der Sonne steht, Merkur wird rückläufig, wenn er etwa 14 Grad vor der Sonne steht. Das bedeutet, dass Merkur nicht vorwärts von einem Zeichen zum anderen durch den Tierkreis wandert, sondern es sieht so aus, als ob er entgegengesetzt zu seiner normalen Bewegungsrichtung läuft, beginnend bei dem Zeichen, in dem er sich zu Anfang der Rückläufigkeit befand.

Es handelt sich zwar um einen optischen Effekt, aber er hat große symbolische Bedeutung!

Wie sich rückläufige Planeten auf uns auswirken

Ist ein Planet rückläufig, werden die Aktivitäten des betreffenden Planeten gestoppt. Mithilfe astrologischer Webseiten oder der Ephemeriden (siehe Kapitel 15) kannst du herausfinden, wann welche Planeten rückläufig werden. Rückläufige Planeten sind entweder rot markiert oder mit einem roten »R« gekennzeichnet. In dieser Phase können wir eine Verschnaufpause einlegen, statt – wie in der modernen Welt üblich – ohne Pause unermüdlich weiterzuarbeiten. Außerdem ist es eine Zeit, in der sich die Energie nach innen richtet.

Wenn ein Planet in deinem Geburtshoroskop rückläufig ist, spürst du seine Energie auf einer tieferen, inneren Ebene. Im Allgemeinen kann ein rückläufiger Planet in deinem Horoskop bedeuten, dass deine seelische Energie ins Unbewusste geht, in gewisser Weise »auf den Kopf gestellt« wird oder dass du dich mit bestimmten Themen befasst. Ein rückläufiger Planet kann ein wenig schüchtern und unbeholfen wirken. Doch er kann auch große Tiefe besitzen. Es mangelt ihm möglicherweise an Selbstvertrauen, aber er ist hochsensibel.

Wenn zum Zeitpunkt deiner Geburt ein Planet rückläufig war, hast du diesen Planeten natürlich in deinem Geburtshoroskop. Du erkennst ihn in deinem Horoskop am Symbol R neben dem rückläufigen Planeten.

Vielleicht fragst du dich, ob rückläufige Planeten Unheil bedeuten? Ganz und gar nicht – alles geschieht aus einem bestimmten Grund, auch dass Planeten sich rückwärts bewegen. Rückläufigkeiten sind weder gut noch schlecht.

Die Bedeutung von Rückläufigkeiten

Du weißt ja, dass die Planeten die Sonne in ihrem eigenen Tempo umkreisen. Deshalb unterscheiden sie sich auch in der Häufigkeit und Dauer ihrer Rückläufigkeiten. Wie sich eine Rückläufigkeit auf eine Person auswirkt, hängt von ihrem Geburtshoroskop ab. In den folgenden Beschreibungen findest du die allgemeinen Hauptthemen aller retrograden Planeten.

Die Liste der Planeten und Grade oben rechts in deinem Geburtshoroskop zeigt dir an, ob du rückläufige Planeten in deinem Horoskop hast.

Rückläufiger Merkur

Bestimmt hast du schon davon gehört, dass Merkur rückläufig wird. Seine Rückläufigkeit ist allgemein bekannt. Sie findet bis zu viermal pro Jahr statt. Merkur ist der Kommunikationsplanet. Wenn er rückläufig ist, kann die Kommunikation aus den Fugen geraten. Aber die Rückläufigkeit Merkurs hat noch weitere Aspekte. Zum Beispiel bietet sich die Gelegenheit, etwas zu überdenken, zu überarbeiten und zu revidieren. Das müssen wir alle von Zeit zu Zeit.

Wünsch dir den rückläufigen Merkur also nicht weg, sondern sieh dir an, wo er in deinem Horoskop steht (in welchem Haus und auf welchem deiner Planeten), und arbeite bewusst mit seinen Energien. Finde heraus, in welchem Zeichen und Haus die Rückläufigkeit stattfindet, und überlege, wie dieser Bereich deines Lebens verändert werden könnte.

Wenn du den rückläufigen Merkur in deinem Horoskop hast, ist es wahrscheinlich, dass du erst überlegst, bevor du aktiv wirst. Möglicherweise bist du sehr nachdenklich. Du könntest sehr gut schreiben oder im Gegensatz dazu Probleme mit dem Schreiben haben. Selbstzweifel können ein Thema sein. Viele haben einen sehr ausgeprägten und leicht schrägen Sinn für Humor und ihre ganz eigene Art zu kommunizieren.

Rückläufige Venus

Venus wird etwa alle achtzehn Monate rückläufig. Dieser Planet steht für die Liebe, und es kann vorkommen, dass in der Zeit seiner Rückläufigkeit manche Beziehungen ein wenig unter Druck stehen. Vielleicht gehen die Partner in dieser Phase etwas auf Distanz zueinander und denken darüber nach, wie viel ihnen ihre Beziehung bedeutet. Das kann günstigenfalls sogar zu sehr viel mehr gegenseitiger Wertschätzung führen.

Da die Venus für unsere Werte steht, beurteilen wir während ihrer Rückläufigkeit vieles neu. Es heißt auch, man sollte in dieser Phase keine teuren Anschaffungen tätigen, weil wir später oft unsere Meinung ändern, wie viel uns die gekaufte Sache wirklich wert ist.

Eine rückläufige Venus in deinem Horoskop kann ein Segen sein! Dir wird es leichter fallen, Wohlstand zu schaffen und Fülle in dein Leben zu ziehen. Die retrograde Venus steht auch oft für künstlerisch tätige Menschen. Im Horoskop einer Frau symbolisiert sie eine starke weibliche Kraft. Sie kann aber auch für Schüchternheit und Unsicherheit stehen.

Rückläufiger Mars

Mars wird etwa alle zwei Jahre rückläufig. Das kann anstrengend sein, denn Mars ist der Planet, der alles beschleunigt, weil er sich um jeden Preis vorwärtsbewegen möchte. Die Rückläufigkeit des Mars widerspricht völlig seiner eigentlichen Bestimmung. In dieser Phase kann alles wie in Sirup getaucht wirken, so langsam geht es voran. Aber bedenke, dass der vermeintliche »Wahnsinn des Universums« vielleicht Methode hat.

Du könntest dir zum Beispiel überlegen, ob du die nächste Rückläufigkeit von Mars nicht dazu nutzen solltest, mal einen Gang herunterzuschalten, während du dich abmühst, deine Aufgaben zu erledigen. Mars ist der Planet der Wut und Aggression. Seine Rückläufigkeit verschafft dir Gelegenheit, um herauszufinden, wie dein Leben verlaufen würde, wenn du nicht so oft die Beherrschung verlörest. Andererseits kann es aber auch sein, dass du deine Aggressionen unterdrückst, und das ist selten gesund.

Falls Mars in deinem Horoskop rückläufig ist, vermeidest du vielleicht mehr Konflikte, als gut für dich ist. Es fällt dir möglicherweise schwer, für dich selbst einzustehen. Du hasst Streitigkeiten und bist eher der Friedensstifter. Doch unterdrückte Wut ist nicht gut, deshalb solltest du lernen, ihr Raum zu geben.

Rückläufiger Jupiter

Der geschätzte Astrologe Robert Hand sagte einmal in einem Workshop, es gebe »keinen schlechten Jupiter-Transit«. Und ich bin mir ziemlich sicher, dass die Rückläufigkeit von Jupiter nichts Schlechtes ist. Ja, Jupiter ist der Glücksplanet, und man könnte meinen, dass mit seiner Rückläufigkeit auch unser Glück auf dem Rückzug ist. Aber mal anders betrachtet: Wie wäre es, die Phase des retrograden Jupiter als Chance zu sehen, dass mehr Glück vom Universum in unser Horoskop strömt?

Falls der rückläufige Jupiter in deinem 3. Haus steht, bist du in dieser Zeit vielleicht etwas weniger kommunikativ als sonst. Und du kannst die Kraft des positiven Denkens ausprobieren, das Jupiter dir jetzt schenkt. Auch zeigt sich seine nachdenkliche Seite während der Rückläufigkeit stärker, sodass wir weniger wild und ausgelassen sind, sondern unseren Fokus mehr auf unser inneres Bewusstsein und spirituelles Wachstum richten. Jupiter ist jedes Jahr etwa sechs Monate lang rückläufig.

Wer einen retrograden Jupiter in seinem Horoskop hat, unterscheidet sich in seiner Lebenseinstellung vielleicht von anderen und vertraut nicht so sehr auf sein Glück, obwohl er vielleicht sogar daran glaubt und viel Glück hat. Ein rückläufiger Jupiter kann zu einem unkonventionellen Regelbrecher werden, während ein direktläufiger Jupiter eher gesetzestreu ist.

Rückläufiger Saturn

Von allen rückläufigen Planeten ist dies einer meiner persönlichen Favoriten. Saturn ist der Bauplanet, er regiert sogar die Architektur und die Gebäude selbst. Was passiert also, wenn Saturn rückläufig wird? Nein, es stürzt nicht alles ein! Vielmehr ist es an der Zeit, mit dem Bauen aufzuhören und stattdessen alles umzubauen und neu zu strukturieren. Außerdem solltest du bedenken, dass Saturn der Herr des Karmas ist – der rückläufige Saturn ist ideal dazu geeignet, um das eigene Karma zu verbessern.

Bedenke auch, dass Saturn ein lehrender Planet ist; und wenn er rückläufig ist, verbringt er viel mehr Zeit in einem bestimmten Bereich deines Horoskops. Frag dich also, welche Lektionen du aus seinem länger als erwarteten Aufenthalt in dem Haus lernst, in dem er sich während seiner Rückläufigkeit befindet. Außerdem ist der Saturn-Rückläufigkeitszyklus ideal, um an Eigenschaften wie Geduld, Selbstdisziplin und Selbstbeherrschung zu arbeiten. Streng dich an! Saturn wird etwa viereinhalb Monate im Jahr rückläufig.

Falls du einen retrograden Saturn in deinem Horoskop hast, kann es sein, dass du deine Ängste in dich hineinfrisst, was keine gute Sache ist. Lerne, über sie zu sprechen! Vielleicht lehnst du Autoritäten ab oder hast eine Abneigung gegen Situationen, in denen du dich von deiner besten Seite zeigen musst.

Rückläufiger Uranus

Sieh es mal so: Der Planet der Unordnung und des Unvorhergesehenen stürmt durch dein Horoskop und sorgt für Chaos und Unruhe. Sobald Uranus rückläufig ist, kommt die Dynamik des Chaos für eine gewisse Zeit zum Stillstand. Das heißt nicht, dass es ganz endet, aber während dieser Zeit hört es auf, sich einen Weg durch dein Horoskop zu bahnen, Planeten zu stören und die Häuser zu durchlaufen. In Wirklichkeit ist Uranus ein recht langsamer Planet, und zum Zeitpunkt seiner Rückläufigkeit kommt seine explosive Energie zur Ruhe.

Macht er während seiner Rückläufigkeit vielleicht sogar etwas von dem Chaos wieder gut, das er vorher angerichtet hat? Ja, aber es gibt Lektionen zu lernen. Weiter unten erfährst du etwas über die Vorzüge von Rückläufigkeiten mit drei Durchläufen. Uranus ist etwa die Hälfte des Jahres rückläufig.

Falls dein Horoskop einen rückläufigen Uranus aufweist, kann es sein, dass du dich mit Veränderungen schwertust. Vielleicht möchtest du aufbegehren, hältst dich aber zurück.

Rückläufiger Neptun

Es ist immer schwierig, etwas über Neptun zu schreiben, denn er ist der nebulöse Planet des Schleierhaften und des Nichtfassbaren! Wichtig zu wissen ist, dass Neptun jedes Jahr etwa fünf Monate lang rückläufig ist. Neptun steht für Träume und Visionen, und wenn er rückwärtsläuft, ist seine Sensibilität erhöht.

Neptun kann auch mit Verwirrung zu tun haben. Wenn er also einen deiner Planeten heimsucht (das heißt im Quadrat oder in Opposition zu einem deiner Planeten oder sogar in Konjunktion zu ihm steht), wirst du dich schwertun, Klarheit herzustellen. Oder es gibt Themen, die wir uns selbst nicht eingestehen wollen – dann bringt Neptun sie ans Tageslicht. Wir erkennen, dass wir uns etwas vorgemacht haben.

Bei einem rückläufigen Neptun in deinem Horoskop besteht die Möglichkeit, dass du kein gutes Gefühl bei spirituellen Themen hast. Umgekehrt kann es sein, dass du oft und intensiv über das spirituelle Leben nachdenkst.

Rückläufiger Pluto

Pluto ist durchgängig etwa 160 Tage im Jahr rückläufig. Falls der retrograde Pluto unser Horoskop stark beeinflusst (indem er zum Beispiel einen Aspekt zu einem Planeten bildet), hat das große Bedeutung für uns. Die Energie von Pluto nimmt eher auf unser Unbewusstes Einfluss als auf das materielle Leben. Pluto hat die Kraft, alles niederzureißen.

Die Phasen seiner Direkt- und Rückläufigkeit bringen etwas, das unser Leben ausmacht, zum Einsturz, es wird zerstört und zum Schluss vernichtet. Aber Pluto ist auch der Planet der Wiedergeburt. Wenn der Zyklus beendet ist und du siehst, was nach dem plutonischen Sturm noch übrig ist, wirst du vielleicht sogar feststellen, dass du dich entweder wie eine Schlange gehäutet oder eine Art Wiedergeburt erlebt hast.

Bei einem retrograden Pluto in deinem Horoskop hast du vielleicht das Gefühl, deine Kräfte nicht voll und ganz ausagieren zu können. Vielleicht hast du auch Angst vor Kontrolle.

Über die Sonne und den Mond

Du weißt ja bereits, dass Sonne und Mond nicht rückläufig sind. Da sich die Erde um die Sonne und der Mond um die Erde bewegt, ist der eingangs beschriebene optische Effekt nicht möglich. Denk daran, dass die Sonne das Zeichen Löwe und der Mond das Zeichen Krebs regiert. Was bedeutet es deiner Meinung nach für diese Zeichen, einen Herrscherplaneten zu haben, der nie die Richtung wechselt? Was könnte das für die Häuser in deinem Horoskop bedeuten, die Krebs und Löwe auf ihrer Spitze haben? Zum Beispiel kommst du in den Bereichen, die zu diesen Häusern gehören, stetig voran und legst nur selten eine Pause ein.

Rückläufigkeit mit drei Durchläufen

Wird ein Planet im Transit rückläufig (vor allem wenn es sich um »schwierige« Planeten wie Mars oder Saturn handelt), berührt er bestimmte Tierkreisgrade mehrfach. Bei jeder Berührung wird das Thema weiter vertieft, das beim ersten Durchlauf bereits angesprochen wurde. Bei der ersten Rückläufigkeit sollen wir uns diesem Problem stellen, uns damit auseinandersetzen und es verarbeiten. Bei der zweiten Rückläufigkeit sind wir uns des Problems bereits bewusst, aber idealerweise fällt es weniger heftig aus, weil wir ja schon wissen, wie wir mit den Energien umgehen können, beziehungsweise die Lektionen gelernt haben, die damit verbunden sind. Und bei der dritten Rückläufigkeit spüren wir die Energie (im Idealfall) kaum noch, weil wir gelernt haben, mit der Lektion umzugehen, die uns die Rückläufigkeit erteilt hat.

Ich vergleiche es gern damit, wie wir das Autofahren lernen. Als Neugeborenes weißt du nicht, dass du nicht Auto fahren kannst; du bist also unbewusst ungeschickt. Irgendwann weißt du dann, dass du nicht fahren kannst; dann bist du bewusst ungeschickt. Später lernst du dann, wie man fährt. Am Anfang ist das eine Herausforderung – du kriegst es zwar hin, aber du musst darüber nachdenken, was du da zu tun hast: wann du bremsen und wann du beschleunigen musst und so weiter. Du bist bewusst geübt. Schließlich ist Autofahren etwas Selbstverständliches für dich, und du musst nicht mehr darüber nachdenken – du bist unbewusst geschickt.

Bei einer Rückläufigkeit mit drei Durchläufen kann es sein, dass du während der ersten Rückläufigkeit noch gar nicht genau weißt, um welches Thema es geht. Doch dann nimmst du die Rückläufigkeit wahr und bist dir der Sache voll bewusst. Wenn der dritte Durchlauf kommt, hast du gelernt, wie du mit dem

Thema am besten umgehen kannst, du hast es ganz bewusst gelernt. Wenn du also drei Durchläufe einer Rückläufigkeit erlebst, dann arbeite bewusst mit den Energien. Denk darüber nach, was die Energien in deinem Horoskop bedeuten, kombiniere sie mit den Energien des transitierenden Planeten, und spür hinein, welche Lektionen für dich darin enthalten sind.

Die stationäre Phase eines Planeten

Bei eingehenderer Beschäftigung mit der Astrologie wird dir die Bezeichnung »stationäre Phase« begegnen. Damit ist der Übergang eines Planeten von der Direktläufigkeit in den Rücklauf gemeint. Für eine kurze Zeit scheint der Planet aus unserer Perspektive am Himmel stillzustehen: Er ist »stationär«, das heißt ohne jegliche Geschwindigkeit. Danach bewegt er sich ganz langsam in die entgegengesetzte Richtung weiter. Dann wird er als »rückläufig« bezeichnet. Bewegt er sich nach der stationären Phase vorwärts in seine normale Laufrichtung, ist er wieder direktläufig. Jupiter bewegt sich mehr als die Hälfte des Jahres vorwärts.

Die Schattenphase eines Planeten

Du wirst auch von den »Schattenphasen« eines rückläufigen Planeten hören. Damit ist die letzte Phase der Rückläufigkeit eines Planeten gemeint, wenn dieser sich wieder in derselben Bahn vorwärtsbewegt, die er während seiner Rückläufigkeit durchquert hat. Der rückläufige Zyklus eines Planeten deckt im Horoskop einen größeren Gradbereich ab als nur die Tage der stationären Phase.

Nehmen wir zum Beispiel den rückläufigen Merkur-Zyklus im April 2017. Am 10. April 2017 wurde Merkur in 4 Stier rückläufig. Am 3. Mai wurde Merkur bei 24 Widder direktläufig. Um den Beginn der Schattenphase herauszufinden, müssen wir uns also ansehen, an welchem Tag Merkur bei 24 Widder sich wieder vorwärtsbewegt hat: Das war am 27. März 2017. Die Schattenphase begann also am 27. März und endete, als Merkur wieder bei 4 Stier stand. Das war am 20. Mai der Fall. Die Schattenphase dauerte also vom 27. März bis zum 20. Mai.

Ich persönlich messe den Schattenphasen keine allzu große Bedeutung bei – der Beginn und das Ende einer Rückläufigkeit sind am wirkungsvollsten; aber vielleicht möchtest du ja auch die Schattenphasen berechnen. Viele Astrologen tun das.

KAPITEL 11

Die Mondknoten

Ein weiterer wichtiger Punkt in deinem Geburtshoroskop sind die Mondknoten – sie können dir eine Menge über dich und andere Menschen verraten. Die Mondknoten werden zwar eher in der östlichen Astrologie als in der westlichen Tradition verwendet, mit der wir uns in diesem Buch beschäftigen, aber wie viele Menschen finde ich sie faszinierend und sehr nützlich, um das eigentliche Horoskop zu verstehen und um Prognosen zu erstellen. Wie die Planeten und Zeichen werden auch die Mondknoten in Form von Glyphen dargestellt: Diese sind unten abgebildet; kannst du sie in deinem Horoskop finden?

Mondknoten	**Glyphe**
Aufsteigender Mondknoten	☊
Absteigender Mondknoten	☋

Die Mondknoten sind keine Himmelskörper, sondern die Schnittpunkte, an denen der Mond die Ekliptik kreuzt: Das ist bekanntlich die scheinbare Bahn der Sonne von der Erde aus gesehen. Der aufsteigende Mondknoten bezeichnet den nördlichen Schnittpunkt – der Mond steigt von der südlichen zur nördlichen Seite der Ekliptik auf –, während der absteigende Mondknoten den südlichen Schnittpunkt markiert: Der Mond wechselt von der südlichen zur nördlichen Seite der Ekliptik. Die beiden Punkte liegen sich auf der Mondknotenachse genau gegenüber. Sie wandern und bewegen sich rückwärts.

Der absteigende Mondknoten steht für alle Erfahrungen aus früheren Inkarnationen und aus der Kindheit und symbolisiert, mit welchen Fähigkeiten eine Person ausgestattet ist, was ihr leichtfällt. Hat sie zum Beispiel den absteigenden Mondknoten im 7. Haus, führt sie gute Beziehungen, die angenehm sind.

Der aufsteigende Mondknoten steht für die Zukunft und zeigt an, was jemand unternehmen muss, um Zufriedenheit, Glück und Erfüllung zu finden. Man kann sagen, dass dieser Knoten unser Lebensziel beziehungsweise Wachstumsmöglichkeiten widerspiegelt.

Mit den Mondknoten arbeiten

Es kann ganz schön beängstigend sein, mit den Mondknoten in unserem Horoskop umzugehen. Dahinter steht der Gedanke, dass wir an uns selbst arbeiten müssen, um uns vom Haus des absteigenden Mondknotens hin zum Haus des aufsteigenden Mondknotens zu entwickeln. Das erreichen wir, indem wir unsere eigenen Verhaltensmuster beobachten.

Hier ist ein Beispiel: Stell dir vor, in deinem Geburtshoroskop steht der absteigende Mondknoten im 7. Haus, dem Haus der Liebe und Beziehungen, und der aufsteigende Mondknoten im 1. Haus, dem Haus des Selbst. Wie oben erwähnt, ist der absteigende Mondknoten der »Wohlfühlbereich« einer Person – in diesem Fall sind das die Beziehungen zu anderen Menschen. Der aufsteigende Mondknoten hingegen ist der Ort, an dem wir uns weiterentwickeln müssen. Hier muss die Person lernen, auf ihren eigenen Füßen zu stehen, denn das 1. Haus steht für das Selbst.

Soll das also heißen, dass diese Person besser Single bliebe? Nein, aber es bedeutet, dass sie lernen sollte, sich nicht von anderen Menschen abhängig zu machen. Sosehr sie sich auch in der Bequemlichkeit und Leichtigkeit von Beziehungen verlieren möchte (absteigender Mondknoten im 7. Haus) – Glück und Zufriedenheit findet sie nur, wenn sie sich ihre Unabhängigkeit bewahrt (aufsteigender Mondknoten im 1. Haus).

Die Wirkungen der Mondknoten in den Häusern

Sieh dir jetzt an, in welchen Häusern die Mondknoten in deinem Horoskop stehen, und lies dann weiter, um herauszufinden, was das für dich bedeutet. Die folgenden Beschreibungen orientieren sich an meinem Buch *Moonology*, das ich dir wärmstens empfehlen kann, wenn du mehr über die Auswirkungen des Mondes und seiner Phasen auf dein Leben erfahren möchtest.

Aufsteigender Mondknoten im 1. Haus/absteigender Mondknoten im 7. Haus

Möglicherweise quält dich der Gedanke, unbedingt eine Beziehung haben zu wollen, aber glücklicher wirst du, wenn du auf eigenen Füßen stehst und unabhängig bist.

Aufsteigender Mondknoten im 2. Haus/absteigender Mondknoten im 8. Haus

Allerlei dunkle und tabuisierte Aktivitäten ziehen dich in ihren Bann, aber glücklicher wirst du, wenn du realistisch bist und deine Finanzen unter Kontrolle bekommst.

Aufsteigender Mondknoten im 3. Haus/absteigender Mondknoten im 9. Haus
Es gefällt dir, den Klang deiner eigenen Stimme zu hören und dir zu deiner Eloquenz zu gratulieren, aber glücklicher wirst du bei echten Gesprächen mit anderen.

Aufsteigender Mondknoten im 4. Haus/absteigender Mondknoten im 10. Haus
Deine Karriere begeistert dich und scheint dir das Wichtigste auf der Welt zu sein, aber glücklicher wirst du zu Hause bei deiner Familie.

Aufsteigender Mondknoten im 5. Haus/absteigender Mondknoten im 11. Haus
Möglicherweise gehen dir deine Freunde und deine Vorstellung von Freiheit über alles, aber glücklicher wirst du, wenn du dich kreativ ausdrücken kannst.

Aufsteigender Mondknoten im 6. Haus/absteigender Mondknoten im 12. Haus
Die Vorstellung, dein gewohntes Leben hinter dir zu lassen, mag angenehm sein, aber glücklicher wirst du, wenn du deine Aufgabe annimmst und erledigst.

Aufsteigender Mondknoten im 7. Haus/absteigender Mondknoten im 1. Haus
Du kannst sehr viel gewinnen, wenn du jetzt in eine Beziehung eintrittst. Es stimmt, in Beziehungen gibt es auch immer viel Streit, aber bedenke das persönliche Wachstum, das dir auf diese Weise ermöglicht wird.

Aufsteigender Mondknoten im 8. Haus/absteigender Mondknoten im 2. Haus

Zwar hast du jetzt das Gefühl, dir, wie Erwachsene das eben tun, über deine Finanzen Sorgen machen zu müssen, tatsächlich brauchst du nun aber altmodischen guten heißen Sex.

Aufsteigender Mondknoten im 9. Haus/absteigender Mondknoten im 3. Haus

Oberflächliches Geschnatter und sinnloses Geplauder fühlen sich jetzt zwar wie eine angenehme Alternative an, aber die Wahrheit wird dich befreien.

Aufsteigender Mondknoten im 10. Haus/absteigender Mondknoten im 4. Haus

»Erst die Familie« ist ein wunderbares Lebensmotto, nur nicht gerade jetzt, wenn der Kosmos dich unterstützt, damit du dich mit ganzer Kraft in deinem Beruf einbringst, um Erfüllung zu finden.

Aufsteigender Mondknoten im 11. Haus/absteigender Mondknoten im 5. Haus

Kennst du diesen Menschen, von dem du wie besessen bist und den du zu deinem Lover machen willst, wirklich? Als dein Freund oder deine Freundin wäre er vermutlich besser geeignet.

Aufsteigender Mondknoten im 12. Haus/absteigender Mondknoten im 6. Haus

Erreichen zu wollen, dass dein Leben wie ein Uhrwerk funktioniert, mag wichtig sein, aber wirklich entscheidend ist es, inneren Frieden zu finden.

TEIL III

Alles zusammenfügen

KAPITEL 12

Einführung in die Horoskopdeutung

Nachdem du nun mit sämtlichen astrologischen Grundelementen deines Horoskops gearbeitet hast, ist es an der Zeit, alles, was du gelernt hast, zusammenzuführen. Der mit Abstand beste Weg, die bisher erworbenen Kenntnisse zu nutzen, besteht darin, sie zu testen, zu testen, zu testen, wie mein erster Lehrer immer sagte. Deute dein eigenes Geburtshoroskop und auch die Horoskope deiner Familie und Freunde: Sieh dir dein Horoskop beziehungsweise ihr Horoskop an, und versuch herauszufinden, wie sich die darin enthaltenen Energien – die Planeten in den Zeichen und die Häuser, die sich gegenseitig beeinflussen – auswirken. Also, wo fängst du an?

Das Geburtshoroskop als Ganzes betrachten

Beginne bei der Deutung des Geburtshoroskops eines Freundes oder eines Familienmitglieds *mit ihrer Sonne*. Das ist der Ort, an dem eine Person strahlt. Die Sonne steht für ihren Wesenskern, ihr wahres Selbst. Egal, welches Zeichen ein Mensch auf seinem Aszendenten hat – wenn du siehst, wo seine Sonne steht, weißt du etwas über sein Wesen. Die Sonne einer Person zeigt an, wozu sie hier auf der Erde ist.

Sieh dir an, in welchem Haus die Sonne steht – das sagt dir etwas über die Lebensaufgabe des oder der Betreffenden. Schau dann nach, in welchem Zeichen die Sonne steht. Welche Hinweise liefern dir diese Informationen? Füg sie zusammen. Die Sonne ist die Yang-Seite einer Person, der Teil, der »nach außen« gerichtet ist. Für die Yin-Seite, also die Emotionen, musst du auf die Position des Mondes achten.

Um zu verstehen, was es bedeutet, die Sonne in einem der Zeichen zu haben, lies den Abschnitt *Die Bedeutung der Tierkreiszeichen* in Kapitel 5, und wende die Informationen auf deine eigene Sonne oder die einer anderen Person an. Kannst du erkennen, welche Wirkung die Sonne auf dich oder andere hat?

Die »Großen Drei« analysieren: Sonne, Mond und Aszendent

Um es noch einmal zusammenzufassen: Die ersten drei Dinge, die du überprüfen solltest, wenn du dir dein eigenes Horoskop oder das einer anderen Person ansiehst, sind:

- **Die Sonne:** Schau dir an, in welchem Zeichen und in welchem Haus sie steht. Die Sonne zeigt an, wo der Schwerpunkt einer Person liegt, und bietet dir einen guten Ansatzpunkt, wenn du ein Horoskop studierst.
- **Der Mond:** Er zeigt an, was eine Person braucht. In welchem Zeichen und Haus befindet er sich?
- **Der Aszendent:** Er zeigt dir die Maske, die eine Person trägt, oder ihr äußeres Erscheinungsbild. In welchem Zeichen steht er?

Nun überlegst du dir, wie diese drei Zeichen zusammenpassen. In welchen Elementen stehen sie? Ist die betreffende Person ein wasser- oder ein feuerbetonter Mensch oder eher erd- oder luftbetont? Wie passen Sonne, Mond und Aszendent zueinander? Befinden sie sich alle im selben Element oder in gegensätzlichen Elementen?

Mit diesen Informationen kannst du jedes Geburtshoroskop in den Grundzügen deuten. Auf Konferenzen tragen die teilnehmenden Astrologen (die ihre genauen Geburtsdaten – Datum, Uhrzeit, Ort – nur ungern preisgeben) kleine Namensschilder, auf denen ihr Sonnenzeichen, ihr Mond und Aszendent zu sehen sind. Allein aus diesen drei Angaben kann man schon viel herauslesen.

Jetzt siehst du dir das ganze Geburtsbild an: Stehen viele Planeten in einem bestimmten Haus (was auf einen besonderen Schwerpunkt im Leben einer Person hinweist)? Welche Aspekte bilden die Planeten?

Die astrologische Synthese

Die Position eines Zeichens, eines Planeten oder eines Hauses kann nicht isoliert gedeutet werden – stattdessen muss das *gesamte* Geburtshoroskop betrachtet werden. Es enthält eine Fülle von Informationen über eine Person, die mithilfe der sogenannten »astrologischen Synthese« zu einem vollständigen Bild *zusammengeführt* werden müssen. Synthese bedeutet, dass du deinen gesunden Menschenverstand und deine Inspirationen nutzt, um alle Elemente eines Horoskops so miteinander zu verweben, wie es keine Anleitung oder ein Computer je könnte.

Wenn du zum Beispiel im Horoskop einer Person ihre Venus verstehen willst, solltest du nach den folgenden Basisinformationen über diesen Planeten suchen:

1. das Haus, in dem sich die Venus befindet,
2. das Zeichen, in dem sie steht,
3. ob sie über oder unter der Horizontlinie steht,
4. ob sie in Konjunktion zu einem anderen Planeten steht,
5. welche Aspekte sie zu anderen Planeten bildet und
6. welche Häuser die Venus im Horoskop regiert (zum Beispiel die Häuser der Zeichen Stier und Waage).

Entscheidend ist, dass du all diese astrologischen Daten über die Venus dieser Person aufnimmst und sie gedanklich so lange durchspielst, bis sie sich zu einem Ganzen zusammenfügen, etwa so: Venus in Steinbock im 3. Haus im Sextil zu Mars (in Fische im 5. Haus).

Danach stellst du dir folgende Fragen:

- Was bedeutet Venus in Steinbock?
- Was bedeutet Venus im 3. Haus?
- Was ist zu erwarten, wenn Venus in Steinbock im 3. Haus im Sextil zu Mars steht?
- Was sagt es über die Häuser 7 und 12 aus, wenn Venus in Steinbock im Sextil zu Mars die Häuser 7 und 12 regiert?
- Und wie kann ich das alles in Zusammenhang bringen?

So funktioniert Astrologie!

Hier ein ganz persönliches Beispiel: Ich habe Venus im Zeichen Zwillinge im 2. Haus im Sextil zu Uranus im 5. Haus. Lass uns das mal genauer betrachten.

Venus (Fülle und Liebe) in Zwillinge (Schreiben) im 2. Haus (Geld) steht im Sextil (harmoniert mit) Uranus (dem Planeten der Astrologie und digitaler Themen) im 5. Haus (Kreativität).

Ich liebe es, meinen Lebensunterhalt damit zu verdienen, dass ich über Astrologie schreibe, und das tue ich oft online.

Hinweis zur Horoskopdeutung für Freunde und Familie

Wie du bereits gesehen hast, gibt es in der Astrologie eine Menge zu lernen. Die Wahrheit sieht so aus, dass du vielleicht nie alles lernen kannst. Es gibt so viele unterschiedliche Techniken, die du ausprobieren könntest, aber schon die Grundlagen in diesem Buch bilden eine wirklich gute Ausgangsbasis. Es ist in Ordnung, wenn du mit der Zeit dazulernst, solange du den Menschen, deren Horoskope du deutest, keine schlimmen oder negativen Prognosen stellst. Natürlich gibt es in der Astrologie auch Negatives, aber darauf sollten wir uns nicht konzentrieren, und für jede Problematik im Horoskop gibt es immer eine Lösung. Nach einer Weile wirst du das ganz intuitiv spüren.

Ich weiß nicht, wie es dir geht, aber ich bin ein Weichei, wenn es um meine Familie geht. Ich sehe mir ihre Geburtshoroskope nur selten an, weil ich mir sonst Sorgen machen würde! Sollte es jedoch Probleme geben, kann es von großem Vorteil sein, auf das Horoskop eines Freundes oder Familienmitglieds zurückgreifen zu können. Das ist besonders bei Kindern nützlich – du kannst ihnen helfen, die Lektionen, die sie lernen sollen, anhand ihres Geburtshoroskops und auch der Transite zu erkennen.

KAPITEL 13

Das »astrologische Kochbuch«

Dieses Kapitel erklärt das sogenannte »astrologische Kochbuch« – eine kurze, knappe Beschreibung, was die Stellungen der einzelnen Planeten in den Zeichen und Häusern jeweils bedeuten. Dabei handelt es sich um einen eher einfachen Leitfaden mit allgemeingültigen Aussagen – aber niemand entspricht in seinem Wesen und seinen Eigenheiten all dem, was das »Kochbuch« aussagt. Es geht vielmehr um einige der wichtigsten Ausprägungen, wie sich die Planeten, Zeichen und Häuser am ehesten zeigen – oder wie sie gedeutet werden, je nachdem, wie du es sehen willst.

Und vergiss nicht: Die Wirkungsweise eines Planeten hängt davon ab, welche Aspekte er mit anderen Planeten bildet ganz egal, was das »Lehrbuch« dazu sagt.

Planeten in Zeichen und Häusern deuten

Nutze das »astrologische Kochbuch« als Orientierung, wenn du dich auf deine astrologische Reise begibst. In der Regel wirst du es gar nicht mehr brauchen, wenn du die Planeten, Zeichen und Häuser erst einmal kennengelernt und dir eingeprägt hast.

Die Sonne ☉

Die Sonne ist der Punkt im Horoskop, an dem eine Person strahlt. Die Sonne steht für ihren Wesenskern, ihr wahres Selbst. Egal, welchen Aszendenten ein Mensch hat, wenn du siehst, wo seine Sonne steht, weißt du etwas über sein Wesen. Seine Sonne zeigt an, wozu die Person auf der Erde ist. Fügt man die Überlegungen zur Sonne zu den Überlegungen zum Zeichen hinzu, erhält man Folgendes.

Die Wirkungen der Sonne in den einzelnen Zeichen

Informationen über die Sonne in den Zeichen findest du im Abschnitt »Die Bedeutung der Tierkreiszeichen« in Kapitel 5, in dem alle Zeichen und deren Emotionen und Bedeutungen beschrieben werden. Dort wird erklärt, wie sich die Sonne in den einzelnen Zeichen auswirkt.

Die Wirkungen der Sonne in den einzelnen Häusern

Sonne im 1. Haus: Du bist hier, um zu strahlen und um der Welt zu zeigen, wer du wirklich bist. Du leuchtest.

Sonne im 2. Haus: Hier machst du dir Gedanken über Geld, Eigentum, Besitz und Werte.

Sonne im 3. Haus: Du bist ein kommunikativer Mensch. Der Schwerpunkt deines Lebens liegt in der Fähigkeit, auf jede erdenkliche Weise zu kommunizieren.

Sonne im 4. Haus: Der Schwerpunkt deines Lebens liegt auf der Familie, deinem Privatleben und darauf, was das »Zuhause« für dich bedeutet.

Sonne im 5. Haus: Du bist hier, um zu gestalten und um Spaß zu haben. Dein Lebensmotto ist der »freudige Selbstausdruck«.

Sonne im 6. Haus: Bei dir dreht sich alles um den Dienst am Mitmenschen und um Pflichterfüllung sowie um die Themen »Gesundheit«, »Fitness« und »tägliche Routinen«.

Sonne im 7. Haus: In diesem Leben geht es dir um alle Arten von Beziehungen (sowohl privat als auch beruflich).
Sonne im 8. Haus: Du scheust dich nicht davor, dich den dunklen Seiten des Lebens zu stellen und Tabus zu erforschen. Sex und Finanzen spielen für dich eine große Rolle.
Sonne im 9. Haus: Reisen, Studium, Abenteuer, die große kosmische Suche stehen im Mittelpunkt deines Lebens.
Sonne im 10. Haus: Du wirst dir einen Namen machen, dein Licht erstrahlen lassen, etwas erreichen, eine Führungsrolle einnehmen und dich von der Masse abheben. Du hast große Ziele.
Sonne im 11. Haus: Freunde, Gruppierungen, Netzwerke und Vereine, denen du angehörst, stehen für dich im Mittelpunkt. Du bist ein geselliger Mensch.
Sonne im 12. Haus: Du beschäftigst dich mit geheimen Dingen und bist hier, um dein Bewusstsein zu erweitern. Du bist sensibel und voller Sehnsüchte.

Der Mond ☾

Der Mond zeigt die Bedürfnisse einer Person an. Für ihr Glück braucht sie die Energie, die durch das Zeichen und das Haus ihres Mondes symbolisiert wird. Das Zeichen, in dem der Mond steht, verrät dir, in welchem Maße sie diese Energie benötigt, und es zeigt dir, wie dieser Mensch seine Gefühle ausdrückt. Oder wie er seine Gefühle verbirgt beziehungsweise wie er generell mit seinen Gefühlen umgeht. Sieh dir dann das Haus an, in dem der Mond steht: Dort siehst du, was diese Person braucht. Beachte, dass der Mond innerhalb von etwa zweieinhalb Tagen jedes Zeichen durchläuft. Seine Position ist also sehr individuell. Menschen, die im Abstand von drei Tagen geboren wurden, haben vermutlich unterschiedliche Mondzeichen.

Die Wirkungen des Mondes in den einzelnen Zeichen

Hinweis: Der Abschnitt über den Mond in den Zeichen ist vor allem deshalb etwas länger als die anderen Planetenbeschreibungen, weil der Mond mein Spezial- und Lieblingsthema ist!

Mond im Widder: Während der Mond für Gefühle steht, ist Widder das Zeichen, das vorwärtsstrebt. Diese Menschen stürmen gefühlsmäßig voran – sie geben Vollgas. Außerdem ziehen sie oft voreilig emotionale Schlüsse. Sie brauchen Geschwindigkeit. Sie können nicht ertragen, wenn andere trödeln, weder in persönlichen noch in beruflichen Belangen. Mit Menschen, die einen Widder-Mond haben, ist nicht zu spaßen, falls du selbst den Mond in einem der Wasserzeichen Krebs, Skorpion oder Fische hast. Menschen mit Widder-Mond können sehr impulsiv sein. Lass dich davon nicht abschrecken, sondern genieße es!

Mond im Stier: Der Stier steht für Beständigkeit, der Mond für Gefühle. Stier-Mond-Menschen brauchen Dinge, die der Venus zugeordnet sind (denn der Stier regiert die Venus), wie Liebe, Romantik und Fürsorge. Außerdem brauchen sie Menschen um sich herum, die verlässlich und standhaft sind. Sie lieben Sinnliches wie Baumwollbettwäsche und gutes Essen. Sie können gut mit Geld umgehen, denn sie wollen definitiv all die materiellen Sachen besitzen, die man kaufen kann, und zwar nur vom Feinsten.

Mond im Zeichen Zwillinge: Menschen mit dem Mond in den Zwillingen müssen über alles reden, sich mitteilen, schreiben, kommunizieren. Sie wollen ihre Botschaft rüberbringen. Kommunikation bedeutet alles für sie. Und sie möchten, dass auch du mit ihnen sprichst, damit sie ihr zweitwichtigstes Bedürfnis erfüllen können: zuhören. Sie lieben es, sich mit anderen über Ideen und Gedanken auszutauschen. Ebenso wichtig sind ihnen gedruckte und elektronische Medien. Auch wenn sie keinesfalls doppelzüngig sind, können sie emotional etwas leichtfertig sein. Wer damit umgehen kann, findet das verführerisch und charmant.

Mond im Krebs: Es ist wirklich toll, solch einen Mond zu haben, denn der Krebs ist das Haus- und Familienzeichen, und auch der Mond symbolisiert diese beiden Bereiche. Er ist ebenso das Zeichen und der Planet der Göttin. Hast du also den Mond im Krebs (oder auch einen anderen Planeten), stehst du in Kontakt mit dem Göttlich-Weiblichen, egal, ob du Frau oder Mann bist. Menschen mit Mond im Krebs brauchen Zuwendung und wollen im Gegenzug andere nähren. Für sie ist Essen oder Füttern wichtig. Sie brauchen Geborgenheit und möchten dich nachts ganz eng bei sich haben. Sie können sehr anhänglich sein.

Mond im Löwen: Diese Menschen wollen einfach nur angebetet werden. Falls dir jemand mit dem Mond im Löwen gefällt, handelt es sich im Grunde genommen eher um einen Angeber. Er braucht es schlicht und einfach, dass du ihn anhimmelst, und ganz viel Bestätigung für die wunderbare, warme und großherzige Person, die er ist. Das Bedürfnis dieser Menschen nach Glanz und Glamour ist groß, und sie beanspruchen das Rampenlicht für sich selbst, vor allem wenn ihr Mond in einem guten »astrologischen Zustand« ist, das heißt, wenn er mit anderen Planeten harmoniert.

Mond in der Jungfrau: Menschen mit diesem Mond sind äußerst sanft. Denn der Mond steht ja für Gefühle und Bedürfnisse, und die Jungfrau ist eine eher sanfte Energie, zumindest überwiegend (denn auch Jungfrauen habe so ihre schrägen Seiten!). Der Mond im Zeichen Jungfrau liebt gutes und gesundes Essen, das täglich zur selben Zeit serviert wird. Außerdem mag er eine saubere Küche, einen rustikalen Tisch und ein aufgeräumtes Haus. Diese Menschen brauchen Struktur, Ordnung, und alles soll angenehm duften. Sie lieben die Natur und sind

sehr erdverbunden, gern im Freien und koppeln sich dazu von allen elektronischen Devices ab.
Mond in der Waage: Der Waage wird unfairerweise nachgesagt, unentschlossen zu sein. Trotzdem kann es beim Mond in der Waage öfter mal emotionale Höhen und Tiefen geben. Der Waage-Mond liebt die Harmonie und braucht schöne Gegenstände um sich herum, denn er mag Kunst und Ästhetik. Und vor allem brauchen diese Menschen Liebe und intakte Beziehungen. Sie brauchen sie wirklich. So sehr, dass sie sogar manchmal so tun, als ob alles in Ordnung wäre, auch wenn das gar nicht stimmt, um emotional nicht ins Wanken zu geraten. Denn sie brauchen diese Beziehung, und die muss um jeden Preis harmonisch und ausgeglichen sein.
Mond im Skorpion: Das ist eine tiefe und intensive Verbindung. Der Mond verkörpert das aufnehmende Prinzip, während der Skorpion in gewisser Weise giftig ist. Wir alle haben irgendwo in unserem Horoskop das Zeichen Skorpion – sei es durch eine Häuserspitze, einen Planeten oder einen Aspekt. Wer mit einem Skorpion-Mond inkarniert ist, will die Tiefen seiner Gefühlspalette kennenlernen. Das ist eines der Geheimnisse, die im Horoskop verborgen oder sogar vergraben sind. Diese Menschen wollen aber auch einfach nur nett sein und ihren emotionalen Schmerz nicht an anderen auslassen. Sie sollten sich auch von negativen emotionalen Verstrickungen wie Eifersucht und Rachegefühlen lösen und diese Gefühle offenlegen.
Mond im Schützen: Diese Konstellation ist ein wahrer Segen, der Mond steht nämlich für Emotionen, und Schütze ist das unbeschwerte Spaßzeichen. Der Mond im Schützen ist sehr heiter, und das wird doch wohl eine gute Sache sein, denn jeder will lustig und unbeschwert sein, oder? Oder doch nicht? Das Problem mit dem Mond im Schützen liegt manchmal darin, dass er sehr oberflächlich sein kann und über emotionale Themen

hinweggeht, die etwas mehr Aufmerksamkeit verdient hätten. Menschen mit Schütze-Mond brauchen schützentypische Aktivitäten wie zum Beispiel Reiseabenteuer und Erlebnisse in anderen Kulturkreisen. Sie mögen es, sich eloquent und redegewandt auszudrücken. Diese Leute sind nicht so leicht zu fassen, aber sie sind auch keine emotionalen Spielverderber oder »Klammeraffen«.

Mond im Steinbock: Diese Menschen haben ein ausgeprägtes Machtbedürfnis und träumen zum Beispiel davon, eine große Organisation zu gründen oder zu leiten. Oder sie sind emotional hart. Sie können sich von dem einen oder anderen Elternteil schlecht behandelt fühlen. Sie sind aber auch emotional unglaublich belastbar (auf lange Sicht) und können ihre Gefühle unter Kontrolle halten, bevor sie überhandnehmen. Menschen mit dem Mond im Steinbock brauchen Ordnung wie die Luft zum Atmen. Sie benötigen Struktur in ihrem privaten und beruflichen Leben. Sie wirken vielleicht gefühlskalt (je nachdem, was sonst noch in ihrem Horoskop steht), aber natürlich sind sie genauso empfindsam wie alle anderen – es gelingt ihnen nur besser, ihre Gefühle zu verbergen. Vergiss nicht, dass Steinbock das Zeichen ist, das von Saturn, dem strengen Herrscher des Tierkreises, regiert wird.

Mond im Wassermann: Menschen mit dieser Konstellation können sich emotional abkoppeln, wenn sie es wollen. Was für ein Glück für sie – zumindest werden sie nicht von ihren Gefühlen beherrscht. Stell dir Leute mit dieser Konstellation als Sternenmänner und -frauen von einem anderen Planeten, aus einer anderen Zeit, einer anderen Dimension, einer anderen Galaxie vor. Sie fühlen nicht so wie andere. Zumindest zeigen sie sich weniger emotional. Sie handeln pragmatisch und haben wahrscheinlich eine Hassliebe zur Technik, je nachdem, wie gut sie diese beherrschen. Mond-Wassermann-Menschen wollen vorankommen, können etwas zu verkopft sein und haben eine tolle Ausstrahlung, weil sie nicht kleinlich sind.

Mond im Zeichen Fische: Stell dir den Fische-Mond als großen, romantischen Vollmond vor, der um Mitternacht seine goldene Wasserstraße in einer einsamen Bucht entfaltet. Menschen mit dieser Konstellation brauchen Wasser. Sie sehnen sich nach dem Göttlichen und suchen nach einer Form von Ekstase, die sie in unserer nüchternen modernen Welt für gewöhnlich nicht vorfinden. Deshalb können sie dazu neigen, Drogen zu konsumieren. Sie lieben Musik und Poesie, beides finden sie beruhigend. Sie leben in einer Traumwelt, das muss man ihnen zugestehen. Von Zeit zu Zeit ziehen sie sich zurück. Sie lieben es, all ihre Emotionen tief zu erleben. Wenn dir das zu viel wird, solltest du nicht allzu viel Zeit mit einem Fische-Mond-Menschen verbringen.

Die Wirkungen des Mondes in den einzelnen Häusern

Mond im 1. Haus: Dieser Mensch trägt sein Herz auf der Zunge und zeigt gern seine Gefühle.

Mond im 2. Haus: Um emotional sicher zu sein, muss diese Person finanziell abgesichert sein, oder sie reagiert in Geldangelegenheiten emotional.

Mond im 3. Haus: Dieser Mensch braucht das Gefühl menschlicher Verbundenheit und muss mit allen Mitteln kommunizieren.

Mond im 4. Haus: Um sich heimisch zu fühlen, braucht der oder die Betreffende ein Zuhause und seine Familie. Er/sie zieht nicht gern um.

Mond im 5. Haus: Man braucht Abwechslung und muss ein bisschen angeben: Diese Person zeigt den anderen, wie man Spaß hat und feiert.

Mond im 6. Haus: Das ist jemand, auf den du dich verlassen kannst, der Routine braucht und besonnen vorgeht.

Mond im 7. Haus: Diese Person braucht Beziehungen und Partnerschaften; sie möchte mit anderen Menschen in Kontakt treten und sucht Liebe.
Mond im 8. Haus: Möglicherweise offenbart sich hier ein geheimnisvoller oder sogar dunkler Charakter – emotional vielschichtig.
Mond im 9. Haus: Der großartige Ideengeber muss reisen und die Welt sehen, braucht Freiraum.
Mond im 10. Haus: Der oder die Betreffende strebt eine berufliche Karriere an und ist sehr ehrgeizig, könnte statusbesessen sein.
Mond im 11. Haus: Man braucht Freunde und Netzwerke und das Gefühl, nicht allein zu sein.
Mond im 12. Haus: Jemand mit dieser Konstellation kann seine Gefühle gut verbergen oder sogar verdrängen, braucht aber zahlreiche Streicheleinheiten.

Der Aszendent

Nachfolgend findest du eine Zusammenfassung der wichtigsten Merkmale der einzelnen Aszendenten (siehe dazu auch die Beschreibungen in Kapitel 6). Du kannst noch weitergehen, indem du über die Bedeutung der Tierkreiszeichen nachdenkst (siehe Kapitel 5). Wie du weißt, bestimmt der Aszendent, wie eine Person auf andere wirkt, und das entsprechende Tierkreiszeichen prägt die Grundhaltung seines Wesenskerns.

Erinnere dich daran, dass der Aszendent auf der Geburtszeit, dem Geburtsdatum und dem *Geburtsort* basiert. Zwei Menschen, die zur gleichen Zeit geboren wurden, aber mehr als ein paar Kilometer voneinander entfernt sind, haben also wahrscheinlich unterschiedliche Tierkreiszeichen. Das bedeutet auch, dass ihre Häuser unterschiedlich sind, was sich auf ihr gesamtes Horoskop auswirkt.

Die Wirkungen des Aszendenten in den einzelnen Zeichen

Aszendent Widder: stürmt sofort los, denkt nicht lange nach. Die Farbe Rot passt von der Kleidung bis zum Auto.

Aszendent Stier: ist erdverbunden und zeigt möglicherweise ein äußeres Erscheinungsbild, das sich aus seiner Leidenschaft fürs Essen ergibt.

Aszendent Zwillinge: ein flatterhafter oder launischer Mensch, der gern auf Partys auftaucht und wieder verschwindet, ein Schwätzer.

Aszendent Krebs: isst gern und liebt Essen; hat als Frau womöglich einen großen Busen; ist sentimental und emotional.

Aszendent Löwe: plustert sich gern vor seinen Fans auf und macht sich wichtig.

Aszendent Jungfrau: wirkt eher schüchtern. Aber dahinter kann sich alles Mögliche verbergen!

Aszendent Waage: verbreitet Schönheit, Ausgeglichenheit und Harmonie.

Aszendent Skorpion: geheimnisvoll; kann seine oder ihre Gefühle unterdrücken; schwer zu durchschauen; sexy.

Aszendent Schütze: sympathisch, witzig und zu Scherzen aufgelegt. Neigt vielleicht zum Dozieren.

Aszendent Steinbock: wirkt sehr erwachsen und autoritär; wird ernst genommen; jammert nicht.

Aszendent Wassermann: möglicherweise ein wilder Charakter; bewegt sich außerhalb der Norm; bunt, außergewöhnlich und verwegen.

Aszendent Fische: verträumt, romantisch und spirituell, möglicherweise sogar erleuchtet; ein Hippie; liebt den Ethno-Style; sanft.

Merkur ☿

Merkur ist der Planet der Kommunikation. Das Zeichen und das Haus, in denen er sich befindet, beeinflussen daher deine Art zu kommunizieren. Er durchwandert den Tierkreis ziemlich schnell und verbringt in jedem Zeichen ein paar Wochen. Vergiss nicht, dass Merkur bis zu viermal im Jahr rückläufig ist. Es ist also gar nicht so ungewöhnlich, dass du mit einem rückläufigen Merkur in deinem Horoskop geboren wirst. In diesem Fall sind die Wirkungen von Merkur dieselben, auch wenn die Energie sich mehr nach innen richtet.

Die Wirkungen von Merkur in den einzelnen Zeichen

Merkur im Widder: schnelles Denken und aufbrausend; spricht zuerst und schaltet dann das Gehirn ein. Menschen mit Merkur in Widder neigen dazu, hitzig zu sein und leicht in Streitereien zu geraten.

Merkur im Stier: kann stur sein, ist aber psychisch sehr stabil; kann schwerfällig sein und langsam Entscheidungen treffen; tendenziell eher konservativ; praktisch veranlagt.

Merkur im Zeichen Zwillinge: schlagfertig und lustig. Redet bis zum Abwinken und noch länger. Stellt endlose Fragen, schreibt lange E-Mails, quatscht unaufhörlich. Kann sehr oberflächlich sein, wenn er eine negative Einstellung hat.

Merkur im Krebs: spricht freundlich und sanft; gefühlvoll, scharfsinnig, emotional und häuslich. Macht sich viel zu viele Sorgen. Regt sich auf. Kann Kinder gut in den Schlaf singen. Besänftigend.

Merkur im Löwen: Merkur ist der Kommunikationsplanet, und Löwe ist das Zeichen der Schauspieler und des Showbusiness. Hier ist jemand, der unsere Aufmerksamkeit bekommt und ständig redet, um im Mittelpunkt zu stehen.

Merkur in der Jungfrau: Dieser Merkur hat alles im Griff. Der Merkur steht für den Verstand, die Jungfrau für die Detail-

verliebtheit bis hin zur Pingeligkeit. Sie kann ein bisschen zu sachlich sein. Klugheit ist nicht alles.
Merkur in der Waage: will schöne Gedanken denken und schöne Worte hören, sprechen und schreiben. Unterhaltsam auf Partys. Schlau. Sehr gut darin, Frieden und Harmonie zu schaffen, wo vorher Unfrieden herrschte. Verhandlungsführer und Charmeur.
Merkur im Skorpion: will den Dingen auf den Grund gehen; sondiert ständig. Sexuell orientiert. Starker und stiller Typ. Liebt Geheimnisse. Vielleicht möchte er unanständige Sachen erzählen.
Merkur im Schützen: fröhlich, optimistisch und immer zu Scherzen aufgelegt, um sich zu amüsieren. Kann belehrend wirken. Braucht vielleicht etwas mehr Sorgfalt. Rücksichtslos. Muss daran arbeiten, verantwortungsvoller zu sein.
Merkur im Steinbock: seriös und mit einer Autorität, die von anderen ernst genommen wird. Liebt Geschichte. Denkt und handelt logisch. Es geht ihm oft um die Wahrheit. Braucht Ehrlichkeit.
Merkur im Wassermann: ein Freidenker. Wassermann ist das Zeichen der Technologie. Diese Menschen können der Zeit vorausdenken. Manchmal sind sie schonungslos offen und müssen daran arbeiten, einfühlsamer zu sein.
Merkur im Zeichen Fische: visionäre Menschen, die über den Tellerrand hinausblicken können. Sie sind verträumt und poetisch. Neigen dazu, übermäßig zu fantasieren. Idealisten. Film- und/oder Musikliebhaber. Sie haben meist eine künstlerische Ader.

Die Wirkungen von Merkur in den einzelnen Häusern

Merkur im 1. Haus: Denker oder Redner oder eine andere merkurähnliche Person. Diese Menschen tragen ihren Merkur auf der Stirn.

Merkur im 2. Haus: hat immer ein Auge auf die Finanzen. Denkt viel über Geld, Eigentum und Besitz nach. Weiß, wie man Geld macht. Mathematischer Verstand.

Merkur im 3. Haus: Diese Person ist ein Redner, Denker, Schreiber. Hier steht der Kommunikationsplanet im Kommunikationshaus. Ein gebildeter Mensch.

Merkur im 4. Haus: Dieser Mensch hat sein Zuhause und seine Familie im Blick. Er denkt gern an die Vergangenheit. Könnte sehr zurückgezogen und in sich gekehrt sein.

Merkur im 5. Haus: Der Verstandesplanet Merkur befindet sich in der Spaßzone des Horoskops. Was sagt dir das über diese Person? Es macht Spaß, mit ihr zusammen zu sein, und sie ist fröhlich. Sie ist oft sehr ausdrucksstark und kreativ.

Merkur im 6. Haus: konzentriert sich sehr auf die Arbeit und alle Verpflichtungen, die erledigt werden müssen. Denkt viel darüber nach, wie man den Alltag am besten bewältigt. Ein vielbeschäftigter Mensch. Interessiert sich für Gesundheit und alternative Heilverfahren und Therapien.

Merkur im 7. Haus: denkt im Laufe seines Lebens viel über die Liebe und über andere Menschen nach. Romantik spielt eine große Rolle im Leben. Spricht oder schreibt über die Liebe.

Merkur im 8. Haus: denkt viel über Sex nach. Oder Geld. Oder beides! Die Gedanken kreisen über die dunklen Seiten des Lebens. Spricht über Dinge, die für andere tabu sind.

Merkur im 9. Haus: Das ist theoretisch eine großartige Konstellation (je nachdem, mit welchen anderen Planeten Merkur im Horoskop in Verbindung steht). Er ist der Verstandesplanet innerhalb des Horoskops. Reisen und Lernen sind wichtig.

Merkur im 10. Haus: Der Fokus liegt auf Karriere und Beruf. Dieser Mensch könnte ein sehr guter strategischer Planer sein. Er macht Pläne und denkt über ihre Folgen nach. Transite zu Merkur lösen oft berufliche Ereignisse aus.

Merkur im 11. Haus: verbringt gern Zeit mit Freunden. Sozial und vernetzt. Dieser Mensch bringt gern Gruppen zusammen oder geht zu großen Veranstaltungen und hört zu. Versteht das Konzept des Gesetzes der Anziehung und der Wunscherfüllung.
Merkur im 12. Haus: kann sehr übersinnlich begabt sein. Muss ermutigt werden, sich nicht auf seine Ängste zu konzentrieren. Jemand mit dieser Stellung profitiert doppelt von Meditation. Braucht Zeit für sich, am besten an schönen Rückzugsorten.

Venus ♀

Da Venus mit Liebe und Geld assoziiert wird, sind viele Lernende sehr daran interessiert, alles über diesen Planeten und seine Konstellationen schnell herauszufinden! Das Zeichen und das Haus, in dem die Venus steht, sowie die Aspekte, die Venus zu anderen Planeten in deinem Horoskop bildet, beeinflussen die Art und Weise, wie du liebst und wie du dich im Umgang mit anderen Menschen verhältst, aber auch, wie leicht du Fülle anziehen kannst. Wenn du die Venus einer Person kennst, weißt du, was sie liebt, was ihr das Gefühl gibt, geliebt zu werden, und wie du ihr zeigen kannst, dass du sie liebst.

Die Wirkungen von Venus in den einzelnen Zeichen

Venus im Widder: Widder ist eine sehr ungestüme Energie. Taucht dann auch noch der Planet der Romantik und der Fülle auf, erkennst du einen leidenschaftlichen Liebhaber. Die Venuskraft ist in diesem Sternzeichen sehr stark. Oft sehr attraktiv.
Venus im Stier: Pheromone ahoi! Schön und elegant, aber dennoch erdverbunden. Liebt die sinnliche Berührung. Kann gut kochen, ist vielleicht sogar ein hervorragender Küchenchef. Männer mit dieser Konstellation haben eine gute Vorstellung davon, was Frauen wollen.

Venus im Zeichen Zwillinge: mag Worte und Menschen, die gut mit Worten umgehen können. Kann in der Liebe wankelmütig sein. Kurze Aufmerksamkeitsspanne, wenn es um Geld geht. Kann durch Selbstverwirklichung Geld verdienen. Flirtfreudig.
Venus im Krebs: ist häuslich und fürsorglich und gibt dir das Gefühl, willkommen zu sein, wahrscheinlich mit gutem Essen. Kuschelt gern und macht aus einem Haus ein Zuhause. Ist sehr beschützend gegenüber den eigenen Kindern.
Venus im Löwen: will dich verzaubern und wird es wahrscheinlich bis ins hohe Alter tun. Sie will außerdem schöne Armbänder – und einfach alles, was schön ist. Venus im Löwen ist eine verwöhnte Prinzessin, für die das Beste gerade gut genug ist.
Venus in der Jungfrau: sehr detailverliebt. Sie liebt es, sich um dich zu kümmern und dir behilflich zu sein. Kann ziemlich viel von dir verlangen und dich kritisieren (wenn du ihr wichtig bist). Mag es, wenn die Partnerin oder der Partner im wahrsten Sinne des Wortes reinlich ist und am liebsten nach Seife riecht. Kann hinter verschlossenen Türen ziemlich abgehen.
Venus in der Waage: Hier ist Venus wohl in ihrer besten Form. Süß und sanft und mit tadellosen Manieren. Männer mit dieser Konstellation könnten dir die Hände küssen. Aber Vorsicht: Sie liebt es zu lieben, und die Liebe muss wunderschön sein. Wahre Romantiker. Gute Beziehungspartner.
Venus im Skorpion: Das ist eine dunkle und verführerische Venus. Sie wird dir sicherlich nicht alles von sich preisgeben. Männer und Frauen mit dieser Konstellation haben einen Hang zum Schwärmerischen. Sie können eifersüchtig sein. Intensiv.
Venus im Schützen: ein flatterhafter Liebhaber, der heute hier und morgen weg sein kann und am nächsten Tag wieder da ist. Dieser Mensch hat keine Angst, dir zu zeigen, dass er sich für dich interessiert. Er ist frei und ungezwungen und klammert nicht (er mag selbst keine »Kletten«).

Venus im Steinbock: Das ist schwierig, denn diese Menschen befürchten oft, dass sie nicht genug geliebt werden. Sie sind meist sehr aufrichtige Liebhaber, die dich nicht im Stich lassen – es sei denn, sie fühlen sich bedroht.
Venus im Wassermann: ein unkonventioneller Mensch auf der Suche nach einem unkonventionellen Liebhaber. Kann zu verkopft und nicht herzlich genug sein. Ist sehr elegant und modebewusst. Hat viele Freunde. Idealistisch eingestellt.
Venus im Zeichen Fische: verträumt und gutmütig. Kann ein bisschen zu weich und sentimental für die moderne Welt sein. Liebt alles, was schön ist, und die Fantasie. Ein zärtlicher Mensch, der andere durch seine Wärme anzieht. Trägt eine rosarote Brille.

Die Wirkungen von Venus in den einzelnen Häusern
Venus im 1. Haus: Diese Leute sind in Liebesangelegenheiten sehr offen. Sie sehen in der Regel gut aus und haben einen guten Stil.
Venus im 2. Haus: Diese Menschen haben ein starkes Gespür für das, was wirklich wichtig ist. Sie wissen Qualität zu schätzen.
Venus im 3. Haus: Sie sind gesellig und können sehr gut aufrichtig und angenehm kommunizieren.
Venus im 4. Haus: macht das Zuhause zu einem wunderbaren Ort und widmet sich der Familie. Gemütlich.
Venus im 5. Haus: Er oder sie ist charmant und liebt die Liebe. Charismatisch.
Venus im 6. Haus: wird alles tun, um den Arbeitsplatz schöner zu machen.
Venus im 7. Haus: Bei dieser Person dreht sich alles um Liebe und Beziehungen, und sie ist ein guter Partner.
Venus im 8. Haus: kann Menschen und Dinge gut einschätzen. In der Liebe tiefgründig und geheimnisvoll. Sexuell aktiv.

Venus im 9. Haus: eine Person mit viel Sinn für Reisen, Studien, das Exotische, Bildung oder Religion.
Venus im 10. Haus: bringt beruflichen Erfolg. Diese Person ist bei der Arbeit beliebt und verdient gutes Geld.
Venus im 11. Haus: Diese Person liebt ihre Freunde, und ihre Freunde lieben sie. Ein geselliger Mensch. Künstlerische Freunde. Starkes weibliches Netzwerk.
Venus im 12. Haus: hat vielleicht Angst, Gefühle zu zeigen oder sogar Beziehungen einzugehen. Verbirgt Schönheit und künstlerisches Talent. Heimliche Liebesaffären.

Mars ♂

Mars ist der Planet des sexuellen Verlangens und der Entschlossenheit, das zu bekommen, was man will. Das Zeichen und das Haus, in dem Mars steht, beeinflussen, wie wir unsere Ziele zu erreichen versuchen. Mars steht auch für die Art und Weise, wie Menschen kämpfen, und für das, worum sie kämpfen. Mars in den Zwillingen zum Beispiel wird dich zu Tode reden …! Mars in der Waage will zwar nicht streiten, kämpft aber für Gerechtigkeit. Denk daran, dass Mars etwa zwei Jahre lang braucht, um die Sonne zu umrunden.

Die Wirkungen von Mars in den einzelnen Zeichen
Mars im Widder: verfolgt seine Absichten. Ist erfüllt von Begierden. Vielleicht gehst du ihm besser aus dem Weg …!
Mars im Stier: Ihre Willenskraft führt Menschen mit dem Mars im Zeichen Stier zum Erfolg. Praktisch. Sehr sexy.
Mars im Zeichen Zwillinge: trägt seine Kämpfe verbal aus. Enthusiastisch; braucht Freiheit. Wörter machen ihn oder sie an.
Mars im Krebs: schützt sich selbst; strebt danach, eine Festung um sich herum zu errichten. Nicht die einfachste Konstellation.

Mars im Löwen: sehr energiegeladen und vital; handelt schnell; steht gern an der Spitze von Gruppen.
Mars in der Jungfrau: steht für Disziplin und Pflichtbewusstsein; mag sportlich begabt sein; geht sehr strategisch vor.
Mars in der Waage: kann streitbar sein. Es wäre besser, wenn er seine Energie darauf verwendet, Frieden herzustellen.
Mars im Skorpion: hat eine dunkle Seite. Sexuell sehr leidenschaftlich. Liebt Drama und leidenschaftliche Situationen.
Mars im Schützen: grenzenlose Energie und Abenteuerlust – ein Mensch, der sich nicht einschränken lässt.
Mars im Steinbock: hat Feuer. Er ist ehrgeizig und sollte seinen Hang zur Rücksichtslosigkeit ablegen.
Mars im Wassermann: kann recht nervös sein. Er muss sich abreagieren. Dynamisch. Kämpft für die Menschlichkeit.
Mars im Zeichen Fische: sehr gefühlsbetont und ist sich nicht immer sicher, wie er seine Gefühle am besten ausleben kann. Yoga oder Tai-Chi wären gut.

Die Wirkungen von Mars in den einzelnen Häusern

Mars im 1. Haus: kommt oft sehr direkt oder sogar übertrieben selbstbewusst rüber. Er muss seine Aggressionen abbauen.
Mars im 2. Haus: strebt nach Wohlstand und ist bereit, alles dafür zu tun.
Mars im 3. Haus: Diese Menschen müssen alles aussprechen, was sie denken.
Mars im 4. Haus: wünscht sich unbedingt eine Familie und ein Heim. Zu Hause muss er sich vielleicht etwas zurücknehmen.
Mars im 5. Haus: das reinste Energiebündel. Jemand, der rausgehen und Spaß haben will und das auch tut! Sportlich.
Mars im 6. Haus: sehr zielstrebig bei der Arbeit und bereit, hart für andere zu arbeiten. Ein sehr gesunder und gesundheitsbewusster Mensch.

Mars im 7. Haus: provoziert gern; ein energischer Partner; muss lernen, keine Streitereien anzufangen!
Mars im 8. Haus: möchte in die Tiefe gehen. Er muss Geduld in Bezug auf Sex und Geld entwickeln.
Mars im 9. Haus: ein Kämpfer für seine Überzeugungen. Liebt es, zu reisen und zu studieren.
Mars im 10. Haus: arbeitet verbissen für seinen Erfolg; hungrig nach Anerkennung und bereit, alles dafür zu tun.
Mars im 11. Haus: kann im Umgang mit Freunden aggressiv auftreten oder strebt danach, möglichst viele Freunde zu haben.
Mars im 12. Haus: tendiert dazu, seine Wut zu unterdrücken. Spirituelle Übungen wie Tai-Chi sind zu empfehlen.

Jupiter ♃

Was ist mit deinem Jupiter, dem Glücksplaneten? Man kann sagen, dass Jupiter die Eigenschaften des Zeichens, in dem er steht, noch verstärkt. Bei Jupiter ist allerdings Vorsicht geboten, wenn du es mit einer Sache übertreibst oder selbstgefällig wirst. Wo auch immer du Jupiter in deinem Horoskop hast, werden die Dinge für dich wahrscheinlich leichter laufen. Jupiter braucht etwa ein Jahr, um durch alle Zeichen zu wandern.

Die Wirkungen von Jupiter in den einzelnen Zeichen

Jupiter im Widder: lebensfroh; begeisterungsfähig. In der Stimmung, Spaß zu haben und viel zu feiern. Eigensinnig!
Jupiter im Stier: kann finanziell erfolgreich sein. Genießt gern; nachsichtig; eifersüchtig. Ist mit dem Göttlich-Weiblichen verbunden.
Jupiter im Zeichen Zwillinge: sehr mitteilsam, aufgeschlossen und klug; flirtet und reist gern. Er zieht Veränderungen an oder schafft sie.

Jupiter im Krebs: häuslich und fürsorglich. Essen ist ein Erlebnis. Familienorientiert. Sympathisch und sehr gefühlvoll.
Jupiter im Löwen: liebt den großen Auftritt. Großmütig. Kommt recht auffällig daher. Lebensbejahend.
Jupiter in der Jungfrau: achtet sehr auf Details. Kritisch. Äußerst praktisch veranlagt und bodenständig; sachlich.
Jupiter in der Waage: elegant, künstlerisch und gesellig. Liebt und lebt die Liebe. Beliebt und attraktiv.
Jupiter im Skorpion: sexy, undurchschaubar und geheimnisvoll. Hat eine versteckte Agenda und viele Geheimnisse. Gediegen.
Jupiter im Schützen: ein risikofreudiger Abenteurer und Reisender. Übermütig und draufgängerisch.
Jupiter im Steinbock: pragmatisch, pflichtbewusst und nüchtern. Selbstbeherrscht. Macht große Pläne; hat Spaß an der Arbeit.
Jupiter im Wassermann: besitzt viele technische Geräte, hat Spaß an Fortschritt und Technologie. Jemand mit dieser Konstellation ist menschenfreundlich und leistet einen Beitrag für die Gesellschaft.
Jupiter im Zeichen Fische: hat übersinnliche Fähigkeiten und eine gute Intuition. Liebt Tagträumereien. Der/die Betreffende ist leichtlebig und lässt sich von Gefühlen leiten.

Die Wirkungen von Jupiter in den einzelnen Häusern
Jupiter im 1. Haus: heiter, hat ein fröhliches Gemüt. Neigt zur Gewichtszunahme. Sieht aus, als hätte er Erfolg im Leben.
Jupiter im 2. Haus: eine hervorragende Konstellation, um viel Geld zu verdienen. Muss aber auf übermäßige Ausgaben achten.
Jupiter im 3. Haus: ein(e) große(r) Redner(in); diskussionsfreudig. Aufgeschlossen und abenteuerlustig. Liest und/oder schreibt viel.
Jupiter im 4. Haus: genießt das Familienleben zu Hause. Hat sehr beschützende Tendenzen. Mag eine große Familie.

Jupiter im 5. Haus: steht gern im Mittelpunkt des Geschehens. Ist risikofreudig; spielt. Flirtet oft, ist sexy und in sexueller Hinsicht experimentierfreudig.
Jupiter im 6. Haus: mag Routine, und Zeitplanung ist wichtig. Hat viel um die Ohren. Ein(e) angenehme(r) Kollege/Kollegin.
Jupiter im 7. Haus: hat abwechselnde Partner und geht möglicherweise mehrere Ehen ein. Oder sehnt sich nach Liebe.
Jupiter im 8. Haus: beschäftigt sich mit der dunklen Seite des Lebens, mit dem Geheimnisvollen und Okkulten. Sexuell aktiv. Eine gute Konstellation für die Finanzen.
Jupiter im 9. Haus: gute Konstellation für Veröffentlichungen, Kurz- und Weltreisen, Interesse an Philosophie. Ein Mensch mit breit mondgefächertem Wissen.
Jupiter im 10. Haus: kann beruflich erfolgreich sein. Sehr gut in globalen Angelegenheiten; anerkannt oder berühmt.
Jupiter im 11. Haus: ist beliebt und hegt viele Hoffnungen und Wünsche. Möchte der Welt helfen; ein Menschenfreund.
Jupiter im 12. Haus: Diese Person birgt viele Geheimnisse in sich. Ein wasserbetonter Mensch, ein Träumer. Seelenvoll und sehr poetisch.

Saturn ♄

Und was ist mit deinem Saturn, dem Planeten der harten Arbeit und der Angst? Wenn du dir Saturn ansiehst, solltest du immer bedenken, dass er in jedem Zeichen etwa zwei Jahre lang verweilt. Betrachtest du also Saturn in den einzelnen Zeichen, sagt das viel über alle Menschen aus, die innerhalb eines Zeitraums von etwa zwei Jahren geboren wurden, was ihre Arbeitsweise und ihre anderen Saturn-Eigenschaften angeht, wie Lernen und Lehren und Beständigkeit in Beziehungen und Verpflichtungen.

Wie du ja schon weißt, haben alle Planeten positive und negative Eigenschaften, aber Saturn betont vor allem die Pflichterfüllung und die Arbeit an sich selbst. Natürlich zeigen nicht alle Menschen diese Merkmale, und es kommt auch auf die Wirkungen der Aspekte an, welche die anderen Planeten zu Saturn bilden. So wird zum Beispiel ein Trigon zu Venus vieles erleichtern, während ein Quadrat zu Mars (Feuer) das Feuer (Saturn) anheizen würde.

Die Wirkungen von Saturn in den einzelnen Zeichen

Saturn im Widder: militärische Disziplin, organisiert und zielstrebig. Wenn diese Eigenschaften weise kanalisiert werden, kann die betreffende Person sehr erfolgreich sein.

Saturn im Stier: ist ängstlich im Umgang mit Geld; sehr zielstrebig; kann hartnäckig sein; manchmal egoistisch.

Saturn im Zeichen Zwillinge: ein negativ denkender Mensch. Fokussiert sich vielleicht auf Ängste. Denkt sehr analytisch und pflegt einen autoritären Ton.

Saturn im Krebs: fürsorglich (oder in der Pflege tätig); ängstlich; macht sich viele Sorgen; hat ein erfülltes Familienleben. Oft ein sehr starker Charakter.

Saturn im Löwen: ein Autokrat, der darum kämpft, sich in Szene zu setzen. Gekünstelte Selbstdarstellung. Stellt sein Licht aber auch unter den Scheffel.

Saturn in der Jungfrau: kümmert sich um alle Angelegenheiten; kann überkritisch sein; regt sich über Details auf, sollte lockerer werden.

Saturn in der Waage: ernsthaft und oft sehr charmant. Hat ein ausgewogenes Urteilsvermögen. Führt beständige Beziehungen.

Saturn im Skorpion: hat Geheimnisse und liebt die dunkle Seite. Starke Willenskraft; ein furchterregender Gegner.

Saturn im Schützen: ein würdevoller Mensch, der Ideen verwirklichen kann, der Spaß mit Arbeit verbindet und Religion als wichtig erachtet.
Saturn im Steinbock: berechnend. Hat das Potenzial für großen beruflichen Erfolg; ein Arbeitstier.
Saturn im Wassermann: zeigt gesunden Menschenverstand; arbeitet für den Fortschritt; ist ein Forscher; präzise; kann gut mit Computern umgehen.
Saturn im Zeichen Fische: tendiert zum Negativen. Beschäftigt sich mit Musik, Okkultismus oder spirituellen Themen. Entspannt; ernsthaft.

Die Wirkungen von Saturn in den einzelnen Häusern
Saturn im 1. Haus: seriös und jemand, den andere respektieren; sollte an seiner schlechten Laune arbeiten. In dieser Person ist Saturn deutlich zu erkennen. Sollte sich selbst nicht zu ernst nehmen. Sein seltsames Timing passt irgendwie gar nicht dazu.
Saturn im 2. Haus: Der Umgang mit Geld ist dieser Person bestens geläufig, sie macht sich viele Sorgen darüber. Wenn das bei dir der Fall ist, solltest du dich damit auseinandersetzen, indem du deine Finanzen langfristig planst und eine Strategie entwickelst. Das wird dir wirklich helfen. Ein echter Sparer.
Saturn im 3. Haus: Neigung, eher die negative Seite zu sehen, und sollte deshalb seine Sichtweise verändern, um auch das Positive wahrzunehmen. Wer positiv denkt, ist konsequent, wer negativ denkt, ist eingefahren. Glaubwürdige Kommunikation.
Saturn im 4. Haus: schafft eine sehr solide Basis für das Privatleben und das Zuhause. Familienprobleme sind möglich. Muss private Konflikte klären, indem er reif und klug vorgeht. Hat karmische Beziehungen zu Familienmitgliedern und muss viele Probleme aus früheren Leben lösen.

Saturn im 5. Haus: muss etwas Spaß in sein Leben integrieren. Sonst könnte er vergessen, sich zu amüsieren. Erhält Lektionen durch die Liebe und die Kinder. Äußerst kreativ. Sollte kein Spielverderber sein und lernen, Gefühle zu zeigen.
Saturn im 6. Haus: Der Arbeitsplanet im Haus der Arbeit ist der ideale Ort für Saturn. Er mag Routinen und Zeitpläne, ist gewissenhaft und hilfsbereit. Sollte aber nicht zu hart arbeiten!
Saturn im 7. Haus: ein wahrhaft Liebender, der die wichtigsten Lektionen im Leben über Beziehungen lernt. Braucht mehr Leichtigkeit in der Liebe! Das kann schwierig sein, wenn die Partner nicht mit Bedacht gewählt werden. Führt beständige Partnerschaften.
Saturn im 8. Haus: ideal für langfristige Finanzpläne. Muss seine Finanzpartner sorgfältig auswählen! Bei guten Entscheidungen winken stabile Finanzen. Schlechte Entscheidungen können zu Notlagen führen. Muss sich mit Ängsten auseinandersetzen.
Saturn im 9. Haus: Diese Person ist sehr wissbegierig und beschäftigt sich gern mit den verschiedensten Sachgebieten. Gut geeignet für eine Tätigkeit im Verlagswesen, in der Reisebranche oder im Bildungswesen. Benötigt vielleicht Hilfe, um das große Ganze zu sehen. Ist beruflich viel unterwegs. Verdienstvoll.
Saturn im 10. Haus: ehrgeizig und arbeitsam. Fürchtet sich vor beruflichem Versagen. Hier geht es um alles oder nichts. Zugeständnisse sind fast unmöglich. Eine autoritäre Person, die gern andere belehrt.
Saturn im 11. Haus: Die Person erhält wichtige Lebenslektionen von ihren Freunden; sie muss an ihrer Überzeugung arbeiten, dass sie von ihren Freunden gemocht wird. Menschlich. Wählt Freunde genau aus und pflegt dadurch beständige Freundschaften.
Saturn im 12. Haus: ist möglicherweise sehr zurückhaltend; könnte sehr spirituell sein und sehr diszipliniert bei der Aus-

übung spiritueller Aktivitäten. In negativer Ausprägung kann Saturn Probleme verursachen. Tägliche Meditation ist sehr hilfreich.

Uranus ♅

Für einen Umlauf durch den Tierkreis benötigt der »Chaosplanet« Uranus etwa 84 Jahre, was bedeutet, dass er sich in jedem Zeichen circa sieben Jahre lang aufhält. Wo auch immer Uranus auftaucht, kommt es zu Unruhen und Veränderungen. Weil Uranus so lange in jedem Zeichen verweilt, haben viele Menschen, die innerhalb eines Zeitraums von sieben Jahren geboren werden, Uranus im selben Zeichen. Daher streben ganze Gruppen danach, Konventionen über den Haufen zu werfen und neue Wege zu beschreiten.

Aus diesem Grund wird Uranus als »Generationsplanet« bezeichnet (siehe Kapitel 4), da seine Energie auf viele Menschen einwirkt. So haben zum Beispiel die meisten zwischen 1968 und 1975 Geborenen Uranus (Veränderung) in der Waage (Beziehungen). Diese Generation hat im Westen die heutigen neuen Beziehungsformen hervorgebracht. Außerdem ist Uranus der Planet der Befreiung, und Waage ist das Zeichen, das von Venus, dem Planeten des Weiblichen, regiert wird – und in dieser Zeit entwickelte sich die Frauenbewegung. Uranus hat Schockwirkung – stell dir vor, wie schockiert die bürgerliche Gesellschaft war, als die Frauen symbolisch ihre BHs verbrannten.

Ein weiteres Beispiel: Die meisten Menschen, die zwischen 1988 und 1995 geboren sind, haben Uranus im Steinbock. Das sind die Leute, welche die (Uranus-)Geschäfts- und Gesellschaftsmodelle (Steinbock) aufmischen und verändern werden. Online-(Uranus-)Unternehmen (Steinbock) revolutionieren (Uranus) die Wirtschaft (Steinbock).

Unter Stichwörtern wie »Uranuspositionen« findest du im Internet Listen, aus denen hervorgeht, wann Uranus in die Zeichen eingetreten ist und noch eintreten wird.

Die Wirkungen von Uranus in den einzelnen Zeichen

Uranus im Widder: rebellisch, kaum zu bändigen und schert sich überhaupt nicht darum, was andere darüber denken. Ziemlich wild.

Uranus im Stier: erstaunlich romantisch und voller Überraschungen in der Liebe; sollte Egoismus und Sturheit meiden.

Uranus im Zeichen Zwillinge: Freidenker; moderne Ideen; chaotische Kommunikation; originelle Denkweisen; erfinderisch.

Uranus im Krebs: hat möglicherweise ein eher chaotisches Familienleben oder ist Teil einer sehr modernen Familie; unkonventionelle Lebensstile; exzentrisch.

Uranus im Löwen: ein Rebell; manchmal ein bisschen hysterisch. Diese Menschen sind Umstürzler, Kreative und lieben es, etwas zu bewegen. Unverwechselbare Selbstdarstellung.

Uranus in der Jungfrau: steht für Fortschritte in der alternativen Medizin; Veränderungen der gesellschaftlichen Position der Frau. Clever.

Uranus in der Waage: steht für Veränderungen in unseren Beziehungen; unkonventionelle Partnerschaften; andere Maßstäbe für Partnerschaften.

Uranus im Skorpion: sexuell progressiv; stellt festgefahrene Vorstellungen auf den Kopf. Muss Rachsucht vorbeugen, hat oft sehr starke Emotionen.

Uranus im Schützen: unnachgiebig. Fortschritt um jeden Preis; rücksichtslos; unorthodox; nervös.

Uranus im Steinbock: unkonventionell in Karriereangelegenheiten; rastlos. Beruflich gesehen eine Ausnahmeerscheinung; innovativ.

Uranus im Wassermann: wissenschaftsorientiert; menschlich. Führt die Welt in die Zukunft; digitale Talente; Erfindungen. Unabhängigkeit.
Uranus im Zeichen Fische: idealistisch. Neue Ideen mit Bezug zur Mystik; Modernisierung von Musik und Kunst; wandlungsfähig.

Die Wirkungen von Uranus in den einzelnen Häusern
Uranus im 1. Haus: eine Persönlichkeit, die anders ist als die anderen: ein Außenseiter, ein Freigeist, der sein eigenes Ding macht.
Uranus im 2. Haus: unbeständige Finanzen; ungewöhnliche Wege, um Geld zu verdienen. Arbeitet gut allein. Sich ändernde Werte.
Uranus im 3. Haus: ein wahrer Freigeist; lebt außerhalb der Norm; originell; geistig unangepasst. Ein Genie.
Uranus im 4. Haus: unkonventionelles Familienleben in vielen unterschiedlichen Wohnungen. Modernste Technik zu Hause. Verliert seine Wurzeln.
Uranus im 5. Haus: chaotisches Liebesleben; sexuelle Freizügigkeit. Uneingeschränkte Kreativität; digitale Talente.
Uranus im 6. Haus: arbeitet digital; selbstständig; ausgefallenes Arbeitsleben; chaotische Routinen; tägliche Veränderungen.
Uranus im 7. Haus: ungewöhnliche Partner; Bindungsprobleme; Ungebundenheit in der Ehe; unkonventionell, romantisch.
Uranus im 8. Haus: sexuell experimentierfreudig und unkonventionell. Achterbahn der Finanzen. Kann unerwartete Vermächtnisse mit sich bringen.
Uranus im 9. Haus: ein rebellischer Geist; ein Suchender nach kosmischen Wahrheiten. Ausgefallene Reisen und Studien; sprunghafte Bildungswege.

Uranus im 10. Haus: ein beruflicher Außenseiter; wechselt oft den Job; kann sehr gut allein oder digital arbeiten; unkalkulierbarer Beruf.
Uranus im 11. Haus: wechselnde Freundeskreise; fühlt sich zu unkonventionellen Menschen hingezogen. Wünscht sich außergewöhnliche Dinge.
Uranus im 12. Haus: hat klare Visionen von der Zukunft. Verbirgt seine Schwächen. Ist anders als andere Menschen.

Neptun ♆

Nun kommen wir zum Planeten der Träume und Seelenpartner. Auch Neptun bewegt sich sehr langsam und gilt daher als Generationsplanet (siehe Kapitel 4). Neptun braucht etwa 165 Jahre, um alle zwölf Zeichen zu durchlaufen, wobei er in jedem Zeichen etwa vierzehn Jahre verweilt. Die Kehrseite von Neptun sind Irritationen und Enttäuschungen. Wo immer er sich also in deinem Horoskop befindet oder einen Transit durchläuft, kann es zu Enttäuschungen oder Missverständnissen kommen.

Neptun steht aber auch für Idealismus, Inspiration und die Verbindung mit dem Göttlichen. Da ich ja die Astrologie dazu nutzen möchte, um Menschen Mut zu machen, habe ich mich in den folgenden Beschreibungen überwiegend auf die positiven Eigenschaften von Neptun konzentriert. Solltest du jedoch die Begriffe »Betrug«, »Enttäuschung«, »Verwirrung« und »Verlust« auf das Zeichen oder Haus anwenden wollen, in dem Neptun steht, dann nur zu. Beides ist möglich, nichts davon ist verpflichtend.

Beachte, dass Neptun seit 1900 lediglich in den Zeichen Zwillinge, Krebs, Löwe, Jungfrau, Waage, Skorpion, Schütze, Steinbock, Wassermann und Fische stand. Im Folgenden findest du jedoch Beschreibungen für alle Tierkreiszeichen.

Die Wirkungen von Neptun in den einzelnen Zeichen

Neptun im Widder: starker Drang, die Geheimnisse des Unbekannten zu entdecken; subversiv; idealistisch.

Neptun im Stier: musikalisch, liebevoll und künstlerisch; visionär; charmant. Verdient Geld durch Kunst oder Spiritualität.

Neptun im Zeichen Zwillinge: Traumtänzer. Fantasiebegabt – schreibt Fantasy-Geschichten; hat eine große Vorstellungskraft; ein Grübler.

Neptun im Krebs: verträumt. Hat ein Traumhaus und eine Traumfamilie; anziehend; gefühlvoll; bequem; sehr sympathisch.

Neptun im Löwen: Effekthascherei; hat möglicherweise unrealistische Vorstellungen von der eigenen Großartigkeit; kreativ.

Neptun in der Jungfrau: konfus; kritisch; nicht sicher, was er wirklich will. Idealist in Sachen Gesundheit und Versorgung.

Neptun in der Waage: träumt von schönen Dingen, Kunst, Mode. Kann in rechtliche Schwierigkeiten geraten. Romantisch, visionär; ein traumhafter Lover.

Neptun im Skorpion: sexuelle Fantasien; kann sich in sexueller Hinsicht hinterhältig zeigen. Geheimnisvoll; sarkastisch; fühlt sich zum Okkulten hingezogen.

Neptun im Schützen: träumt von Reisen; idealistisch; versucht, sich durch Reisen und Studium im Leben zu verwirklichen. Utopist.

Neptun im Steinbock: berechnend. Gibt Impulse für Geschäftsideen; löst alte Arbeitsweisen auf; ein professioneller Idealist.

Neptun im Wassermann: will der Menschheit helfen; ist wohltätig. Hat digitale Verbindungen. Träumt von Freiheit.

Neptun im Zeichen Fische: spirituelles Erwachen. Sanftmütig. Kennt keine Grenzen; versunken in Träume; romantisch bis zum Abwinken.

Die Wirkungen von Neptun in den einzelnen Häusern

Neptun im 1. Haus: wirkt verträumt und romantisch, möglicherweise auch verwirrt; ein Idealist.

Neptun im 2. Haus: Verwirrung in Bezug auf Geld; will sein Geld auf anregende Weise verdienen. Liebt Träume.

Neptun im 3. Haus: Ideen, die beflügeln und inspirieren; intuitiv; visionär; ist leicht verwirrt.

Neptun im 4. Haus: das perfekte Familienleben. Wird durch das Leben zu Hause beflügelt; durch Familienwerte inspiriert. Lebt am Meer.

Neptun im 5. Haus: verliert sich gern in Vergnügungen, auch durch Drogen und Alkohol. Ist verträumt und flirtet gern.

Neptun im 6. Haus: möchte gern helfen; hält Routine für langweilig. Beschäftigt sich mit den Mysterien des Lebens.

Neptun im 7. Haus: sucht und findet oft einen Seelenpartner; kann von ihm inspiriert werden.

Neptun im 8. Haus: tantrischer Sex und göttliche sexuelle Vereinigung. Wird gut bezahlt für seine konstruktive Arbeit.

Neptun im 9. Haus: ein großer Visionär mit Weitblick; versteht Mysterien; ein Suchender.

Neptun im 10. Haus: Berufliche Turbulenzen sind möglich. Inspirierende Arbeit führt zu Erfolg und Karriereträumen.

Neptun im 11. Haus: inspiriert Freunde und findet inspirierende Freunde. Ein sozialer Idealist und menschenfreundlicher Träumer.

Neptun im 12. Haus: starke Verbindung zum Kosmos; unbestimmte Ängste; übersinnliche Fähigkeiten; tiefe Meditationen.

Pluto ♇ ♇

Und schließlich haben wir noch den Planeten der Macht und der Leidenschaft. Pluto braucht ungefähr 248 Jahre, um alle zwölf Zeichen zu durchlaufen, wobei er in jedem Zeichen zwischen vierzehn und dreißig Jahren verweilt. Die Schlüsselbegriffe für Pluto sind »Magie«, »Leidenschaft«, »Macht«, »Zerstörung«, »Transformation«, »Tod«, »Wiedergeburt« und »Tabus«. Weil Pluto so langsam läuft, ist er in den letzten Jahren nicht in allen Zeichen gewesen. So war Pluto zum Beispiel zuletzt zwischen 1822 und 1853 im Widder und wird erst 2068 dorthin zurückkehren. Trotzdem sind hier alle zu erwartenden Eigenschaften von Pluto aufgeführt sowie das vergangene, aktuelle und/oder nächste Datum, an dem der Planet in jedem Zeichen war, ist beziehungsweise sein wird.

In den Beschreibungen hier findest du eine Mischung aus dem, was wir als Ergebnis des Transits von Pluto durch die verschiedenen Zeichen gesehen haben, und dem, was wir von den Kindern erwarten können, die geboren wurden, als Pluto in den verschiedenen Zeichen stand.

Die Wirkungen von Pluto in den einzelnen Zeichen

Pluto im Widder (1822–1853, 2068–2098): unerschrocken und entschlossen, sich durchzusetzen. Volle Feuerkraft. Hat keine Angst davor, alles über den Haufen zu werfen.

Pluto im Stier (1853–1884, 2098–2129): verändert die Funktionsweise der Weltwirtschaft; führt langsam, aber sicher Veränderungen durch.

Pluto im Zeichen Zwillinge (1882–1914, 2132–2159): sprengt alte Denkstrukturen; revolutionär; neue Ideen. Steht für Kommunikation.

Pluto im Krebs (1914–1937): transformiert das Ideal der Familiengemeinschaft, des perfekten Zuhauses, des Landes und der Herkunft. Starke Gefühle.

Pluto im Löwen (1937–1956): die »Babyboomer«. Starke Führungspersönlichkeiten verändern Freizeitverhalten und Entertainment; eine selbstbewusste Generation.
Pluto in der Jungfrau (1956–1971): die Generation, welche die Vorstellungen von Pflichtbewusstsein und Dienstbereitschaft veränderte und alternative Heilmethoden einführte.
Pluto in der Waage (1971–1982): die Generation X. Sie verändert Beziehungen und unsere Vorstellungen von Kunst; sie ist von Äußerlichkeiten fasziniert.
Pluto im Skorpion (1982–1995): tiefgreifende Veränderungen in den Bereichen Sex, Tod und allen tabuisierten Themen. Gentechnologie. Dunkelheit.
Pluto im Schützen (1746–1762, 1995–2008): Veränderung der Bildung; soziale Medien; Veränderungen im Bereich des Internets. Spiritualität versus Religion. Die Wahrheit ist alles.
Pluto im Steinbock (1762–1778, 2008–2024): die Wirtschaft auf Vordermann bringen; Konzerne umgestalten; Regierungen aushebeln.
Pluto im Wassermann (1778–1798, 2024–2044): unsere Zugehörigkeit zu Netzwerken und unsere Beziehung zur Technologie verändern. Humanitäre Angelegenheiten.
Pluto im Zeichen Fische (1797–1823, 2044–2068): tiefgreifende Veränderungen in unserer Verbindung zum Göttlichen und in unseren übersinnlichen Fähigkeiten. Eröffnung neuer Kanäle.

Die Wirkungen von Pluto in den einzelnen Häusern
Pluto im 1. Haus: ist kraftvoll und leidenschaftlich oder eher kontrollierend und manipulativ.
Pluto im 2. Haus: strebt nach Wohlstand, was sich verwirklichen wird, wenn Pluto günstig steht. Legt Wert auf Tiefgang.

Pluto im 3. Haus: ein kommunikationsstarker Mensch, der Barrieren einreißt und neues Denken bewirkt. Ein Mensch mit magischer Anziehungskraft.

Pluto im 4. Haus: Das Leben zu Hause kann explosiv sein; die Familie wird das Leben dieser Person verändern. Innere Spannungen.

Pluto im 5. Haus: intensives Liebesleben; Obsessionen. Kinder werden das Leben dieser Person verändern. Ausgeprägte Kreativität.

Pluto im 6. Haus: intensives Alltagsleben. Höchst fesselnde Aufgaben. Tiefes Bedürfnis, anderen zu helfen. Ein Heiler.

Pluto im 7. Haus: ein leidenschaftlicher Liebhaber. Sollte sich davor hüten, den Partner zu kontrollieren oder es auch nur zu versuchen.

Pluto im 8. Haus: sehnt sich danach, die dunkleren, tieferen Bereiche des Lebens zu ergründen. Leidenschaftlicher Sex und schwankende Finanzen.

Pluto im 9. Haus: strebt nach kosmischem Wissen und danach, den eigenen Horizont und das Wissen zu erweitern; interessiert an Metaphysik.

Pluto im 10. Haus: Wunsch, erfolgreich zu sein und Spuren zu hinterlassen; beruflich leistungsstark. Konflikte mit Autoritäten.

Pluto im 11. Haus: hat mächtige Freunde, geheime Allianzen, intensive Freundschaften; ein einflussreicher Akteur und Anführer.

Pluto im 12. Haus: braucht Zeit für sich. Ein Magier; starke Träume; karmisches Leben. Überwindet Ängste.

KAPITEL 14

Liebe, Geld und andere Geheimnisse deines Horoskops

Nachdem du nun alle wesentlichen Elemente deines Geburtshoroskops – die Zeichen, Planeten, Häuser, Aspekte und so weiter – gut kennst, kannst du anfangen, damit zu experimentieren. Bisher haben wir uns alles in einer relativ traditionellen Reihenfolge angesehen, aber jetzt wollen wir die Dinge ein wenig variieren und die wichtigsten persönlichen Themen erkunden, die ein Geburtshoroskop enthüllen kann.

Geld

Wenn du wissen möchtest, wie du (oder eine andere Person) mit Geld umgehst, solltest du mit dem 2. und dem 8. Haus beginnen: Das sind die »Geldhäuser« des Horoskops. Während es im 2. Haus eher um dein eigenes Geld, dein Eigentum und deinen Besitz geht, steht das 8. Haus für Unternehmenszusammenschlüsse und Bereiche, in denen du dein Vermögen mit dem Geld eines anderen Menschen verbandelst. Schau dir die Zeichen auf den Häuserspitzen des 2. und 8. Hauses an – hier kannst du eine Menge erfahren! Welchem Element gehören sie an: dem kämpferischen Feuer, der praktischen Erde, der intellektuellen Luft oder dem emotionalen Wasser? Die jeweiligen Tierkreiszeichen verraten, wie jemand in finanzieller Hinsicht »tickt«.

Als Nächstes siehst du dir die Planeten an, welche die Zeichen auf den Häuserspitzen regieren. Herrscht zum Beispiel Skorpion über das 2. Haus, schau dir Pluto an. Wo steht er, und in welchem Zustand befindet er sich? Was kannst du daraus ablesen? Vielleicht ist es jemand, der in Bezug auf Geld sehr kontrollierend ist? Könnte es etwas anderes bedeuten?

Danach solltest du dir ansehen, welche Planeten im 2. und 8. Haus stehen. In welchem Zustand befinden sie sich? Welche Verbindungen oder Aspekte stellen diese Planeten zu anderen Planeten her? Falls einer der Planeten zum Beispiel mit Saturn zusammentrifft (ein Quadrat, eine Opposition oder sogar eine Konjunktion bildet), könnte es Ängste rund um Geld geben – Saturn steht für Angst und das 2. Haus für das Thema »Geld«. Mach weiter mit deiner Deutung: Wie könnten sich Einschränkungen in Bezug auf Geld auf die betreffende Person auswirken? Es ist sehr aufschlussreich, was du aufgrund der Zeichen im 2. und im 8. Haus, der Planeten in diesen Häusern und über die Herrscherplaneten alles ableiten kannst. Handelt es sich bei den Zeichen im 2. und im 8. Haus um selbstbewusste Feuerzeichen? Oder sind es gefühlsbetonte Wasserzeichen? (Ein Feuerzeichen jagt dem Geld hinterher, während ein Wasserzeichen es eher »anzieht«.)

Im Zusammenhang mit dem Thema »Geld« solltest du dir auch die Venus ansehen. Wo steht der Planet, und welche Aspekte bildet er? Wenn du schon dabei bist, dann sieh dir doch auch das 10. Haus an, das Haus der Ziele und der beruflichen Karriere: Wie ehrgeizig bist du oder die Person, deren Horoskop du deutest? Das hat Einfluss auf dein Einkommen, oder nicht? Das Gleiche gilt für die Elemente des 6. Hauses, denn es steht für Arbeit und tägliche Routinen.

Sieh dir auch das 3. Haus an (Bereich der Geisteshaltung und des Intellekts), um deine eigene Lebenseinstellung beziehungsweise die der anderen Person zu erkennen (manche Denkweisen sind gewinnbringender als andere). Überprüfe auch Jupiter, der für Großzügigkeit und Glück steht. Je großzügiger wir sind, desto mehr Fülle ziehen wir an.

Wirf auch einen Blick auf die Venus, denn sie zeigt an, wie viel Luxus du dir selbst gönnst. Bei Merkur geht es um bare Münze. In welchem Zustand befindet er sich in deinem Horoskop? Bildet er harmonische oder dissonante Aspekte zu anderen Planeten? Auch das sagt etwas über das persönliche Finanzgebaren einer Person aus.

ARBEITE MIT DEINEM GEBURTSHOROSKOP

Schau dir dein 2. und 8. Haus an.

Welche Zeichen liegen auf den Häuserspitzen, und welche Planeten stehen im 2. und 8. Haus?

Kannst du dir vorstellen, wie sich das in deinem Leben auswirkt? Versuch das Gleiche mit dem Horoskop eines Freundes oder einer Freundin.

Liebe

Möchtest du herausfinden, wie es um die Liebe in deinem eigenen Horoskop oder im Horoskop einer anderen Person bestellt ist, gibt es mehrere Anhaltspunkte. Zunächst einmal ist das 2. Haus interessant, denn es zeigt das Selbstwertgefühl einer Person an, und das hat großen Einfluss darauf, wie sich jemand in Beziehungen verhält. Der Aszendent weist darauf hin, wie die

Person auf andere wirkt, und das gibt dir Hinweise darauf, wie sie sich in der Liebe zeigt.

Noch wichtiger ist das 7. Haus, denn es ist quasi die Liebeszone. Was passiert dort, und welches Zeichen steht auf der Häuserspitze? Und wie verhält sich der Planet, der dieses Zeichen regiert? In welchem Zustand befindet er sich – welche Aspekte bildet er zu anderen Planeten? Harmoniert er mit einem leichteren Planeten (etwa Sonne, Mond, Merkur oder Venus), oder kollidiert er mit einem schwierigeren Planeten wie Mars oder Saturn?

Und was ist mit dem Mond? Er zeigt an, was du oder eine andere Person sich in der Liebe wünschen. Wirf mal einen Blick ins 5. Haus, das ist schließlich unsere Flirtzone. Last, but not least verrät dir die Venus etwas über die Liebe. Bei einer Frau geht es um ihre Weiblichkeit und wie sie liebt; bei einem Mann zeigt die Venus an, in welche Frauen er sich wahrscheinlich verlieben wird. Bei beiden Geschlechtern geht es dabei auch um Fülle und wie sie in ihr Leben kommt.

Probier mal folgende Übungen zum Thema »Liebe« aus:

- Erstell ein Horoskop für die Venus und den Mars deines aktuellen Partners, eines potenziellen oder eines früheren Partners. Das verrät dir alles in Bezug auf Liebe und Sex. Kannst du Parallelen erkennen?
- Schau dir den Deszendenten (das ist die Liebeslinie und das Tor zum Liebesleben) deines aktuellen Partners oder deines Ex-Partners an. Das Zeichen, das auf der Spitze des 7. Hauses steht, verrät dir viel darüber, wie und wen sie lieben.
- Analysiere Merkur für die Art deiner Kommunikation (denn Kommunikation ist das A und O einer guten Beziehung), den Mond für deine Bedürfnisse, deine Venus für die Liebe und Mars für den Sex. Was kannst du erkennen?

Welche Zeichen passen zusammen?
Diese Frage wird gern mit folgender Faustregel beantwortet: Feuer- und Luftzeichen sind kompatibel, ebenso Erd- und Wasserzeichen. Aber bitte denk daran, dass wir alle mehr sind als nur unsere jeweiligen Sonnenzeichen. So würde ein Krebs mit Venus und Mars in Zwillingen sich zum Beispiel viel besser mit Widder- und Wassermann-Geborenen verstehen, als du nach ihren Sonnenzeichen erwarten würdest.

Die Tabelle zeigt, welche Elemente gut beziehungsweise weniger gut miteinander harmonieren.

	Feuer	**Erde**	**Luft**	**Wasser**
Feuer	Eine himmlische Verbindung	Weniger harmonisch	Eine himmlische Verbindung	Weniger harmonisch
Erde	Weniger harmonisch	Eine himmlische Verbindung	Weniger harmonisch	Eine himmlische Verbindung
Luft	Eine himmlische Verbindung	Weniger harmonisch	Eine himmlische Verbindung	Weniger harmonisch
Wasser	Weniger harmonisch	Eine himmlische Verbindung	Weniger harmonisch	Eine himmlische Verbindung

Karriere, Erfolg und Ansehen

Bei diesen Themen musst du etwas anders vorgehen als bei der Analyse der Finanzen. Zunächst einmal siehst du dir an, welches Zeichen deine Karrierezone regiert, also dein 10. Haus. Was sagt das über dich selbst oder über die Person aus, deren Horoskop du dir ansiehst? Wo steht die Sonne? Steht sie weit oben im

Horoskop, und zeigt sie sich von ihrer besten Seite, oder versteckt sie sich im 12. Haus, wo sie am liebsten allein sein möchte, ohne dass sie jemand zu Gesicht bekommt?

Was ist mit deinem Mond? Sehnst du dich nach Anerkennung? Es heißt, dass ein Mond auf dem Medium Coeli (MC) auf Beliebtheit hindeutet, denn der Mond steht unter anderem für die breite Öffentlichkeit. Ein Blick auf Jupiter verrät dir, ob du oder die Person, deren Horoskop du liest, in der Öffentlichkeit stehen. Taucht er im Horoskop an prominenter Stelle auf – also im 1. Haus –, ist die Wahrscheinlichkeit groß, dass du oder die andere Person in der Öffentlichkeit präsent seid! Schau dir auch den etwas tristeren Arbeitsplaneten Saturn und das 10. Haus an, um zu beurteilen, wie fleißig jemand ist. Das beeinflusst ebenfalls den Erfolg in Hinblick auf den Beruf und das Vermögen.

ARBEITE MIT DEINEM GEBURTSHOROSKOP

Sieh dir das Zeichen in deinem 10. Haus an.

Wen findest du dort vor? Den ehrgeizigen Steinbock? Die harmoniesüchtige Waage? Die kommunikativen Zwillinge? Das jeweilige Zeichen verrät dir, wie du deine berufliche Karriere vorantreibst. Wo steht dein Mars? Wie siegessicher bist du? Was ist mit deinem Saturn? Er steht für harte Arbeit – und die führt zum Erfolg, wie wir alle wissen. Und Jupiter? Wie sehr trägt Glück zu deinem Erfolg bei?

Lebenslektionen und Lebensglück

Saturn beziehungsweise Jupiter geben dir Hinweise darauf, welche Lebenslektionen beziehungsweise welches Lebensglück du erwarten kannst. Wo immer Saturn in einem Horoskop auftaucht, stehen Lektionen an. Und wo Jupiter sich aufhält, da kannst du mit Glück rechnen. Treffen diese beiden Planeten in einer glücklichen Verbindung aufeinander (mit einer Konjunktion, einem Trigon oder einem Sextil), kann harte Arbeit zu günstigen Ergebnissen führen. Kommt es aber zur Kollision zwischen ihnen (durch ein Quadrat oder eine Opposition), kann harte Arbeit der Preis für die eigene Unabhängigkeit sein.

Welche Schlüsselbegriffe fallen dir zu Jupiter und Saturn ein? Zu Saturn passen zum Beispiel »hart«, »anstrengend« und »anspruchsvoll«, zu Jupiter »lustig«, »optimistisch« und »fröhlich«. Besonders viel Glück hast du in dem Bereich, in dem dein Jupiter steht. Und da, wo dein Saturn sich jetzt befindet, darfst du mit Herausforderungen und Lektionen rechnen.

ARBEITE MIT DEINEM GEBURTSHOROSKOP

Sieh nach, wo in deinem Horoskop Jupiter und Saturn stehen.
Kannst du erkennen, dass du in dem Bereich mit Jupiter über mehr Leichtigkeit verfügst, während es im Bereich von Saturn mehr Lektionen zu lernen gibt?

Reisen und Abenteuerlust

Finde heraus, was im 9. Haus geschieht und wo dein Jupiter steht. Welches Zeichen steht im 9. Haus, und in welchem Zustand befindet sich der Herrscherplanet, das heißt, welche Aspekte bildet er zu anderen Planeten? Sind das harmonische oder dissonante Verbindungen? Was zeigt dir das 3. Haus an, das für deine Geisteshaltung steht: Bist du aufgeschlossen und bereit, die Welt zu entdecken? Schau nach, wo dein Saturn steht – was uns Angst macht, kann uns sehr behindern.

ARBEITE MIT DEINEM GEBURTSHOROSKOP

Betrachte dein 9. Haus.

Hast du das 9. Haus eines abenteuerlustigen Menschen? (Stehen zum Beispiel Sonne oder Jupiter im 9. Haus, oder steht der Schütze auf der Häuserspitze?)

Wie du auf andere wirkst

Um dieses Thema zu ergründen, siehst du dir folgende Elemente an: deinen Aszendenten (dein Erscheinungsbild), das 3. Haus (Kommunikationszone) und Merkur. Welche Planeten befinden sich im 3. Haus oder beherrschen es, und in welchem Zustand befinden sie sich? Stellt Merkur harmonische Aspekte zu anderen Planeten her, oder kollidiert er mit Mars, Saturn oder anderen äußeren Planeten?

Wenn du wissen willst, wie gut du mit jemandem zusammenpasst, solltest du prüfen, wie gut dein Merkur mit dem des anderen übereinstimmt – mit anderen Worten: Steht dein Merkur in sich ergänzenden Elementen? Denn nicht nur körperliche Anziehung ist wichtig, sondern auch die geistige Verbindung! Vielleicht harmoniert dein Merkur auch mit der Venus oder dem Jupiter deines Partners, wodurch ein gutes Gefühl zwischen euch entsteht, wenn ihr miteinander kommuniziert.

ARBEITE MIT DEINEM GEBURTSHOROSKOP

Analysiere deinen Aszendenten, dein 3. Haus und deinen Merkur.

Was sagen diese drei Elemente darüber aus, wie du auf andere zugehst und mit ihnen kommunizierst?

Familie

Das 4. Haus und der Mond stehen für die Familie. Welches Zeichen steht auf der Spitze des 4. Hauses, und in welchem Zustand befindet sich der Planet dieses Zeichens? Mit anderen Worten: Harmoniert oder kollidiert dieser Planet mit anderen Planeten? Welches Zeichen befindet sich im 4. Haus, und in welchem Zustand ist der Herrscherplanet? Um das herauszufinden, überprüfe, welche Aspekte der Planet, der das Haus regiert, zu anderen Planeten bildet. Welche Planeten befinden sich im 4. Haus?

ARBEITE MIT DEINEM GEBURTSHOROSKOP

Schau dir das Zeichen in deinem 4. Haus an.

Welcher Planet regiert dieses Zeichen? Wo steht dieser Planet, und in welchem Zustand befindet er sich? Kannst du Parallelen zu deinem Familienleben erkennen?

Kinder

Das 5. Haus steht für deine Kinder (das 10. Haus für Enkelkinder). Welches Zeichen steht auf der Spitze des 5. Hauses, und in welchem Zustand befindet sich der Planet dieses Zeichens – welche Aspekte bildet er zu anderen Planeten? Harmonisch oder dissonant? Welche Planeten stehen im 5. Haus? In welchem Zustand befinden sie sich?

ARBEITE MIT DEINEM GEBURTSHOROSKOP

Schau dir die Planeten in deinem 5. Haus an.

Das beschreibt deine Kinder ein Stück weit. Für deine Enkelkinder siehst du dein 10. Haus an. (Denn sie sind die Kinder deiner Kinder; deshalb stehen sie im 5. Haus nach dem 5. Haus.)

Gesundheit

Im 6. Haus findest du die wichtigsten Gesundheitsthemen. Schau dir auch den Mars an. Treibst du oder die Person, deren Horoskop du liest, zum Beispiel jemals Sport? Wer sich gern bewegt, hat natürlich bessere Chancen auf eine gute Gesundheit! Prüfe die Sonne hinsichtlich deiner Lebensenergie. Harmoniert sie zum Beispiel mit Mars, oder wird sie von Saturn bedrängt?

Steht Saturn auf der Spitze des 6. Hauses, im 6. Haus oder in Konjunktion mit Mars? Das kann den Fluss guter Energien blockieren. Vergiss aber nicht, dass Saturn Disziplin liebt, also kann er auch dazu beitragen, dass du regelmäßig Sport machst und dich fit hältst. Auch der Mond ist wichtig: Was brauchst du, und bekommst du es?

ARBEITE MIT DEINEM GEBURTSHOROSKOP

Nutze deinen Mars als Indikator für deine Gesundheit.

Wo steht dein Mars, und in welchem Zeichen befindet er sich? Steht er im harmonischen Einklang mit anderen Planeten, oder kollidiert er mit ihnen? Das wird dir viel über dein Verhältnis zu Bewegung verraten!

Erotik

Wenn du mehr über das Sexualleben einer Person (oder dein eigenes) wissen willst, schau dir das 5. Haus, das 8. Haus und deinen Mars an. Achte auf die Herrscherplaneten dieser Häuser. In welchem Zeichen und in welchem Zustand befinden sie sich? Harmonieren sie mit anderen Planeten, oder kollidieren sie? Welche Planeten stehen im 5. Haus? In welchem Zustand befinden sie sich? Das wird dir viel über das Sexualleben einer Person und ihre Einstellung zur Sexualität verraten.

ARBEITE MIT DEINEM GEBURTSHOROSKOP

Analysiere dein 8. Haus.

Von welchem Zeichen wird es regiert? Was sagt das über deine Einstellung zu und deine Erfahrungen mit Sexualität aus? Wirf auch einen Blick darauf, in welchem Zeichen und Haus sich dein Mars befindet. Was kannst du daraus ableiten?

Kreativität

Das 5. Haus steht unter anderem auch für Kreativität. Achte darauf, welches Zeichen im 5. Haus steht und welche Planeten sich dort befinden. Welcher Planet regiert dein 5. Haus (also der Planet, der das Zeichen regiert, das in diesem Haus steht). Sowohl Venus als auch Neptun stehen für Kreativität. In welchem Zustand ist Venus (Aspekte), und was sagt sie über deine Kreativität aus?

ARBEITE MIT DEINEM GEBURTSHOROSKOP

Analysiere dein 5. Haus.

Dieses Haus verrät dir, was dir Spaß macht und wie du deine Persönlichkeit zum Ausdruck bringst. Was kannst du daraus ableiten? Falls sich keine Planeten in deinem 5. Haus befinden – welches Zeichen steht auf der Spitze des 5. Hauses, und welcher Planet regiert dieses Zeichen? Was sagt das über dich aus?

Ängste

Orientiere dich an Saturn und dem 12. Haus. Das Zeichen auf der Spitze des 12. Hauses und der Planet, der dieses Zeichen regiert, verraten dir, wovor du Angst hast. Achte auch auf den Saturn. Das Haus, in dem er steht, gibt ebenfalls Aufschluss darüber, was dich beunruhigt (aber auch darüber, wo die wichtigen Lektionen für dich liegen; denn unter Saturn geht es immer darum, etwas zu lernen).

ARBEITE MIT DEINEM GEBURTSHOROSKOP

Suche Saturn in deinem Horoskop.

Wo auch immer Saturn in deinem Horoskop steht, kannst du Ängste finden, die zu bewältigen sind. In welchem Haus steht Saturn und welche Aspekte bildet er zu anderen Planeten in deinem Horoskop? Das wird dir eine Menge über deine Ängste verraten. Zeit, um an ihnen zu arbeiten!

Freundschaften

Wie verhältst du dich in Gruppen? Schau dir das Zeichen deines 11. Hauses und den Planeten an, der dieses Zeichen regiert. In welchem Zustand befindet er sich? Harmoniert oder kollidiert er mit anderen Planeten? Befinden sich Planeten in deinem 11. Haus? In welchem Zustand befinden sie sich? Harmonieren oder kollidieren sie mit anderen Planeten?

ARBEITE MIT DEINEM GEBURTSHOROSKOP

Achte auf Merkur und Venus in deinem Horoskop.
Diese Planeten verraten dir auch etwas darüber, wie du als Freund bist – wie du kommunizierst und wen du wirklich magst. Nimm sie unter die Lupe, beurteile ihren Zustand (Aspekte), und schau, wie sich das in deinem Leben auswirkt.

Lebensaufgabe

Um die Frage nach deiner Lebensaufgabe zu beantworten, musst du deine Mondknoten genauer betrachten. Der absteigende Mondknoten zeigt dir, mit welchen Talenten und Fähigkeiten du zur Welt gekommen bist. Der aufsteigende Mondknoten steht für Glück und Erfüllung in deiner Zukunft und zeigt an, was du dafür tun musst. Eine genauere Erklärung der Mondknoten findest du in Kapitel 11.

KAPITEL 15

Prognostische Astrologie

Obwohl der Schwerpunkt dieses Buches auf der Geburtsastrologie liegt, machen Prognosen einen so wunderbaren und unterhaltsamen Teil der Astrologie aus, dass ich hier eine kurze Anleitung zum Erstellen von Vorhersagen vorstellen möchte.

Was sind Prognosen?

Wie du weißt, bewegen sich die Planeten um die Sonne, und dein Geburtshoroskop ist eine Karte, die zeigt, wo sich die Planeten zum Zeitpunkt deiner Geburt befanden, bezogen auf den Ort, an dem du geboren wurdest. Aber natürlich haben die Planeten nicht aufgehört, sich um die Sonne zu bewegen, nachdem du geboren wurdest, sondern sie bewegten sich weiter und bewegen sich immer noch!

In Kapitel 8 hast du die Gradzahlen kennengelernt. Das sind die tatsächlichen Punkte innerhalb der 30-Grad-Einteilung der einzelnen Tierkreiszeichen, an denen die Planeten in deinem Geburtshoroskop zu finden sind. Umgekehrt bewegen sich auch die Planeten am Himmel (die sogenannten Transitplaneten) immer noch durch die von Astrologen für den Tierkreis verwendeten imaginären Grade.

Im selben Kapitel hast du auch erfahren, dass die Planeten in deinem Geburtshoroskop Aspekte zueinander bilden – das bedeutet, dass sie zum Beispiel 30, 90 oder 120 Grad voneinander entfernt sind (Sextil, Quadrat und Trigon).

Nun stell dir vor, dass die Planeten am Himmel Aspekte zu den Planeten in deinem Geburtshoroskop bilden können. Nehmen wir also an, dass Saturn am Himmel (auch »Transit-Saturn« genannt) auf 10 Grad Schütze steht und die Sonne in deinem Geburtshoroskop auf 10 Grad Wassermann. Der transitierende Saturn steht also im Sextil zu deiner Geburtssonne.

Und schon können wir anfangen, Vorhersagen zu treffen. Wir wissen, dass Saturn sehr produktiv ist und uns hilft, unser Leben zu gestalten. Das ist vor allem dann der Fall, wenn sich der Planet in einem positiven Zustand befindet – das heißt, wenn er einen harmonischen oder leichten Aspekt (in diesem Fall ein Sextil) zu deiner Sonne bildet, die deinen Wesenskern repräsentiert. Steht Saturn also in einem Sextil zu deiner Sonne, ist das eine gute Zeit, um als Persönlichkeit zu wachsen, zu reifen und Saturn-Aufgaben zu erledigen, etwa Verpflichtungen einzugehen und klare Lebensstrategien zu entwickeln.

Du verstehst, was ich da gemacht habe: Ich habe Informationen über die Planeten und Zeichen verwendet und dann den Hintergrund der Häuser hinzugefügt. Wenn der transitierende Saturn zum Beispiel in deinem 3. Haus steht, dann gelten die Themen des 3. Hauses. Das ist ein guter Zeitpunkt, um über diese Themen nachzudenken und sie ernsthaft (Saturn) zu diskutieren (3. Haus).

Noch eine Anmerkung zum »astrologischen Kochbuch«

Die Deutungen im Kapitel über das »astrologische Kochbuch« (Kapitel 13) befassen sich in erster Linie mit individuellen Horoskopen. Die Bedeutung der einzelnen Planeten in den jeweiligen Zeichen und Häusern kann jedoch auch hochgerechnet werden, um ihren Sinn zu ermitteln, wenn es sich um einen Transit handelt. Auf diese Weise kannst du die Informationen in Kapitel 13 nutzen, um Prognosen zu erstellen.

Wenn du zum Beispiel mit der Sonne im 1. Haus geboren wurdest, bist du auf der Welt, um zu strahlen. Aber auch wenn die Sonne im Transit in deinem 1. Haus steht, bist du dazu geboren, um zu strahlen! Die Planeten in deinem Geburtshoroskop und die Planeten, die sich im Transit befinden und Aspekte zu deinem Horoskop bilden, haben allesamt die gleichen oder sehr ähnliche Bedeutungen. Bei Merkur geht es immer um Kommunikation – in deinem Horoskop oder am Himmel beziehungsweise im Transit. Bei Venus geht es immer um Liebe, bei Mars immer um Entschlossenheit und so weiter.

Prognosen erstellen mithilfe der Ephemeriden

Eine Ephemeride ist eine Tabelle, die anzeigt, wo die Planeten und Mondknoten täglich zu einem bestimmten Zeitpunkt stehen (griechisch *ephēmerídos* [Tagebuch]). Ephemeriden sind online erhältlich, oder du erwirbst eine Software, die dieselben Informationen liefert.

In Abbildung 22 findest du ein Beispiel für eine Ephemeride: Sie sieht vielleicht kompliziert aus, aber eigentlich ist sie nicht schwer zu lesen, wenn du dich mit den vielen winzigen Zahlen vertraut gemacht hast.

Die Ephemeriden beziehen sich auf die Greenwich-Zeit (GMT [Greenwich Mean Time]), entweder auf 0 Uhr oder auf 12 Uhr. Wofür auch immer man ein Horoskop erstellt, der Zeitpunkt – für ein Geburtshoroskop beispielsweise die Geburtszeit – muss für die weiteren Berechnungen in GMT umgerechnet werden. Das heißt, man subtrahiert von der mitteleuropäischen Standardzeit eine Stunde: Wenn es in Deutschland 12.14 Uhr ist, beträgt die Uhrzeit laut GMT 11.14 Uhr.

In dieser Ephemeride siehst du in der Spalte ganz links die Daten für Januar 2016. Am oberen Rand stehen alle Symbole der Planeten. Die zweite Spalte enthält die siderische Zeit – das ist die Dauer einer vollen Umdrehung eines Himmelskörpers um sich selbst gegenüber dem Sternenhimmel.

Unter den Planetenglyphen befinden sich die Grad- und Minutenangaben für die Position der einzelnen Planeten. Weiter unten stehen Zahlen, Zahlen, Zahlen, und ab und zu siehst du eine Tierkreiszeichen-Glyphe. Diese zeigen an, zu welchem Zeitpunkt ein Planet sein Zeichen wechselt. Die Spalte mit der Position der Sonne (das ist die Spalte mit dem Sonnensymbol) zeigt an, dass die Sonne am 21. Januar in den Wassermann wechselt.

KHALDEA *Ephemeris* — JANUARY 2016 — Geocentric Longitudes - 0:00 GMT

	☉	☽	☊	☿	♀	♂	♃	♄	♅	♆	♇
1	9♑58'56	26♍42 10	25♍36.1'	29♑16'58	2♐03'28	28♎33'23	23♍09'16	11♐08'33	16♈34'22	7♓32'44	15♑02'54
2	11 00 05	8♎31 52	25 32.9'	29 56'35	3 16'19	29 06'41	23 10'33	11 15'04	16 34'41	7 34'10	15 04'58
3	12 01 15	20 19 39	25 29.7'	0♒27'43	4 29'14	29 39'54	23 11'39	11 21'32	16 35'04	7 35'37	15 07'02
4	13 02 24	2♏11 05	25 26.5'	0 49'27	5 42'12	0♏13'03	23 12'34	11 27'58	16 35'30	7 37'05	15 09'07
5	14 03 34	14 11 24	25 23.4'	1 00'56	6 55'14	0 46'06	23 13'16	11 34'22	16 35'59	7 38'36	15 11'12
6	15 04 45	26 25 07	25 20.2'	1 01'26	8 08'19	1 19'04	23 13'48	11 40'43	16 36'31	7 40'08	15 13'16
7	16 05 55	8♐55 44	25 17.0'	0 50'22	9 21'27	1 51'56	23 14'07	11 47'02	16 37'06	7 41'41	15 15'21
8	17 07 06	21 45 23	25 13.8'	0 27'28	10 34'38	2 24'42	23 14'16	11 53'18	16 37'45	7 43'17	15 17'26
9	18 08 16	4♑54 33	25 10.7'	29♑52'46	11 47'52	2 57'23	23 14'12	11 59'32	16 38'26	7 44'53	15 19'31
10	19 09 26	18 22 05	25 07.5'	29 06'47	13 01'08	3 29'58	23 13'57	12 05'42	16 39'11	7 46'32	15 21'35
11	20 10 36	2♒05 20	25 04.3'	28 10'28	14 14'27	4 02'27	23 13'30	12 11'50	16 39'59	7 48'11	15 23'40
12	21 11 46	16 00 39	25 01.1'	27 05'16	15 27'49	4 34'49	23 12'51	12 17'55	16 40'50	7 49'52	15 25'44
13	22 12 56	0♓04 01	24 57.9'	25 53'06	16 41'12	5 07'05	23 12'01	12 23'57	16 41'43	7 51'35	15 27'48
14	23 14 04	14 11 45	24 54.8'	24 36'13	17 54'38	5 39'15	23 10'59	12 29'56	16 42'40	7 53'19	15 29'52
15	24 15 12	28 20 53	24 51.6'	23 17'05	19 08'06	6 11'18	23 09'45	12 35'51	16 43'40	7 55'04	15 31'56
16	25 16 20	12♈29 23	24 48.4'	21 58'13	20 21'35	6 43'14	23 08'20	12 41'44	16 44'43	7 56'50	15 33'59
17	26 17 26	26 35 54	24 45.2'	20 42'00	21 35'07	7 15'04	23 06'44	12 47'33	16 45'49	7 58'38	15 36'02
18	27 18 32	10♉39 30	24 42.1'	19 30'32	22 48'41	7 46'47	23 04'56	12 53'18	16 46'58	8 00'27	15 38'05
19	28 19 37	24 39 09	24 38.9'	18 25'35	24 02'16	8 18'23	23 02'56	12 59'01	16 48'09	8 02'16	15 40'07
20	29 20 42	8♊33 25	24 35.7'	17 28'25	25 15'54	8 49'52	23 00'46	13 04'40	16 49'24	8 04'10	15 42'10
21	0♒21 45	22 20 20	24 32.5'	16 39'57	26 29'33	9 21'14	22 58'24	13 10'16	16 50'42	8 06'03	15 44'11
22	1 22 48	5♋57 25	24 29.4'	16 00'39	27 43'14	9 52'29	22 55'51	13 15'48	16 52'03	8 07'57	15 46'13
23	2 23 49	19 22 05	24 26.2'	15 30'40	28 56'57	10 23'36	22 53'07	13 21'16	16 53'26	8 09'52	15 48'13
24	3 24 50	2♌32 04	24 23.0'	15 09'55	0♑10'41	10 54'37	22 50'12	13 26'41	16 54'53	8 11'48	15 50'14
25	4 25 51	15 25 49	24 19.8'	14 58'05	1 24'27	11 25'29	22 47'06	13 32'01	16 56'22	8 13'46	15 52'13
26	5 26 50	28 02 54	24 16.6'	14 54'44	2 38'15	11 56'14	22 43'49	13 37'19	16 57'54	8 15'44	15 54'13
27	6 27 49	10♍24 08	24 13.5'	14 59'21	3 52'04	12 26'51	22 40'21	13 42'32	16 59'28	8 17'44	15 56'11
28	7 28 47	22 31 33	24 10.3'	15 11'22	5 05'55	12 57'19	22 36'42	13 47'41	17 01'06	8 19'44	15 58'09
29	8 29 44	4♎28 17	24 07.1'	15 30'14	6 19'47	13 27'40	22 32'53	13 52'46	17 02'46	8 21'46	16 00'06
30	9 30 41	16 18 26	24 03.9'	15 55'22	7 33'41	13 57'52	22 28'54	13 57'47	17 04'29	8 23'48	16 02'03
31	10 31 37	28 06 41	24 00.8'	16 26'15	8 47'37	14 27'55	22 24'44	14 02'44	17 06'14	8 25'51	16 03'59

Abbildung 22: Ephemeride

Wo befinden sich die Planeten jetzt gerade?

Um herauszufinden, wo sich die Planeten in diesem Moment befinden, kannst du beispielsweise auf meine englischsprachige Website (yasminboland.com/horoscopes) gehen und ein »Here-and-now«-Horoskop erstellen, indem du das aktuelle Datum und deinen Standort eingibst. Dein Horoskop wird ähnlich aussehen wie das Horoskop, das ich erstellt habe, während ich dieses Buch schrieb (siehe Abbildung 23).

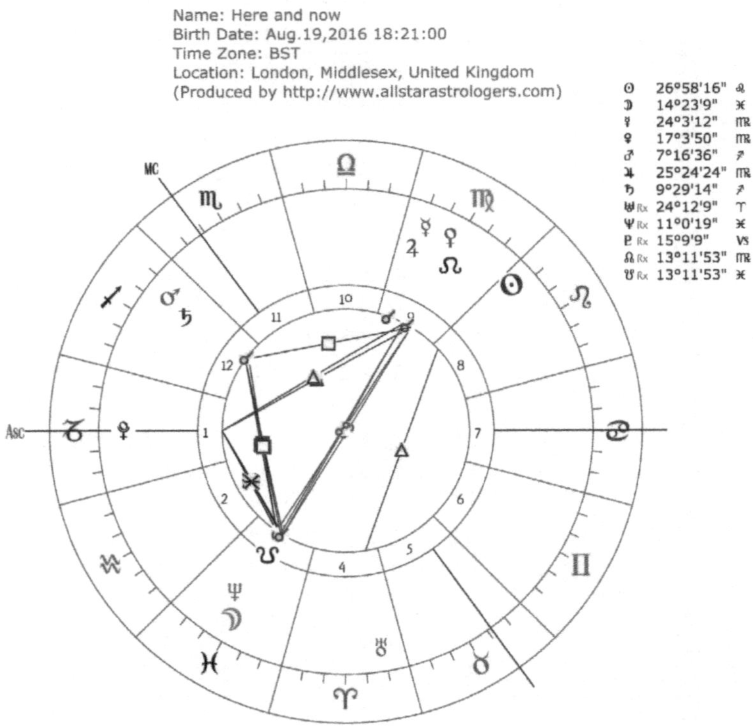

Abbildung 23: »Here-and-now«-Horoskop

In meinem »Here-and-now«-Horoskop steht die Sonne im Löwen, der Mond im Zeichen Fische, Merkur in der Jungfrau und so weiter. All das kannst du im Horoskop erkennen. Diese Angaben stehen außerdem rechts oben im Horoskop.

Schauen wir uns nun das Geburtshoroskop einer Frau an, die am 21. März 1966 um 8.30 Uhr morgens in London geboren wurde (siehe Abbildung 24).

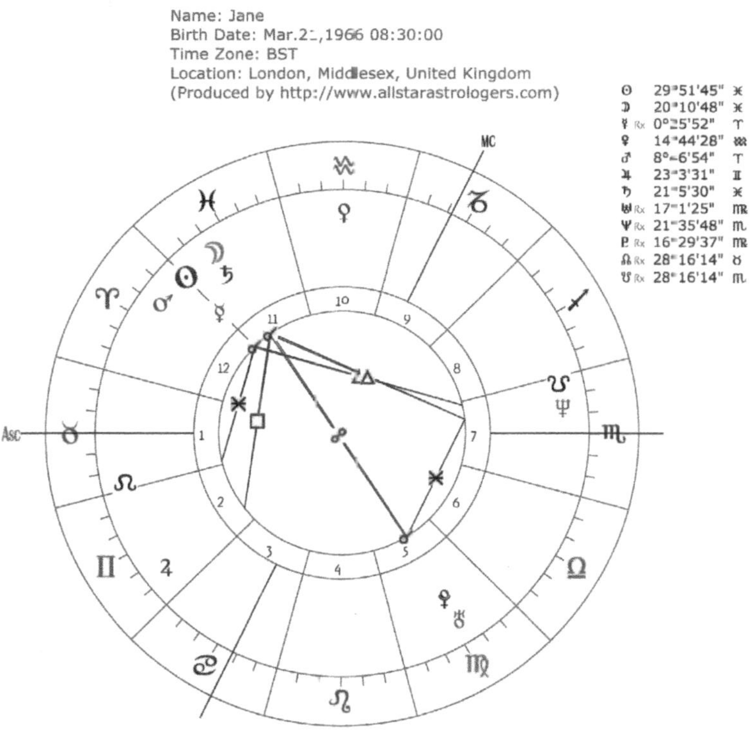

Abbildung 24: Beispielhoroskop

Tragen wir die transitierenden Planeten (wo sie sich jetzt gerade befinden) in ihr Geburtshoroskop ein, sehen wir, dass die Sonne sich an diesem Tag in ihrem 4. Haus befand. In diesem Moment lag ihre Aufmerksamkeit also auf ihrer Familie. Ich weiß, dass sie zu diesem Zeitpunkt mit ihrem Mann und ihren beiden Kindern im Urlaub war (was sich an den Transitplaneten in ihrem 5. Haus ablesen ließ). Das spricht für den Fokus auf ihrer Familie.

ARBEITE MIT DEINEM GEBURTSHOROSKOP

Prüfe, wo die transitierenden Planeten bei dir stehen.

Nutze dein aktuell erstelltes Horoskop (oder eine Ephemeride), um herauszufinden, wo sich die Planeten gerade befinden. Als Nächstes zeichnest du ein, wo die transitierenden Planeten im Vergleich zu deinem Geburtshoroskop stehen, indem du sie außen um den Ausdruck deines Horoskops herum einzeichnest.

Was hat das alles zu bedeuten?

Wenn du alle transitierenden Planeten in dein Horoskop eingetragen hast, schau dir an, in welchen Häusern sie stehen. Wo ist zum Beispiel die Venus? Nehmen wir an, die transitierende Venus steht in deinem 8. Haus – was könnte das bedeuten? Sieh dir die Venus (siehe Kapitel 4) und das 8. Haus (siehe Kapitel 7) an. Auch wenn die Deutungen in diesem Buch hauptsächlich für dich geschrieben wurden, um dein Geburtshoroskop zu analysieren, bekommst du dennoch einen Eindruck davon, was die transitierende Venus in deinem 8. Haus für dich zu bedeuten hat.

Beim Deuten der Transite solltest du Folgendes beachten:

- **Die Sonne** wirkt wie ein Scheinwerfer und bewegt sich im Laufe eines Jahres durch deine Häuser. Sie beleuchtet oder fokussiert den Teil des Horoskops, in dem sie sich gerade aufhält. Wenn sie also in deinem 4. Haus steht, ist es an der Zeit, sich auf die Familie zu konzentrieren; wenn sie im 7. Haus steht, solltest du dich auf dein Liebesleben konzentrieren – und so weiter.

- **Der Mond** zeigt, was du emotional brauchst.
- **Merkur** zeigt, was dich beschäftigt.
- **Venus** zeigt, wen und was du liebst.
- **Mars** zeigt, was dich motiviert.
- **Jupiter** zeigt, wo dein Glück liegt.
- **Saturn** zeigt, in welchem Bereich du etwas zu lernen hast.
- **Uranus** steht für den Bereich, in dem sich etwas weiterentwickelt.
- **Neptun** zeigt dir, in welchen Bereichen du Inspiration findest oder durcheinander bist.
- **Pluto** ist dort, wo tiefe und dauerhafte Veränderungen möglich sind und wo es gilt, Ballast abzuwerfen.

Denk an diese Zuordnungen, wenn du dir ansiehst, wo die Planeten heute in deinem Geburtshoroskop stehen.

Der nächste Schritt

Schau dir als Nächstes in deinem eigenen Horoskop an, welche Aspekte die Transitplaneten zu deinen Geburtsplaneten bilden. Steht Saturn im Quadrat zu deiner Sonne? Steht Pluto im Trigon zu deiner Venus? Finde es mithilfe der Schlüsselbegriffe in diesem Buch heraus. Hier ist ein Beispiel:

- Saturn (Lektionen) macht die Dinge kompliziert (Quadrat) in Bezug auf dein Ego beziehungsweise darauf, wer du bist (Sonne).
- Mächtige Einflüsse (Pluto) wirken zu deinen Gunsten (Trigon), wenn es um Liebe und Fülle (Venus) geht.

Dazu kommt die Ebene der Häuser; hier ist ein Beispiel:

- Befindet sich der transitierende Pluto in deinem 10. Haus (Berufsleben)? Dann stehen die Chancen gut, dass es sich um ein aktuelles Thema handelt, das mit deiner Karriere zu tun hat.
- Oder steht Venus in deinem 4. Haus? Dann wird sich das Gute, das auf dich zukommt, voraussichtlich im 4. Haus manifestieren, zum Beispiel in Bezug auf dein Zuhause und deine Familie.

Im Horoskop meiner Freundin fällt vor allem auf, dass Pluto im Trigon zu ihrem Aszendenten steht (Transitplaneten können Aspekte zu Planeten bilden). Mit anderen Worten: Dies ist der Zeitpunkt, an dem sie ihre Sichtweise auf die Welt grundlegend verändern muss. Ich weiß nicht, wie sie das anstellen wird, aber vielleicht erfahre ich in ein paar Monaten, dass sie sich irgendwie verändert hat – vielleicht durch eine dramatische Veränderung ihres Erscheinungsbildes. Oder vielleicht erfindet sie sich durch ihren Job oder auf andere Weise neu.

Würde ich ihr Horoskop deuten, könnte ich prognostizieren, dass ihr große Veränderungen in ihrem Auftreten bevorstehen oder in der Art und Weise, wie sie sich der Welt präsentiert. Denk daran, dass Pluto transformierend wirkt, Trigone harmonisch sind und der Aszendent repräsentiert, wie die Welt dich sieht, beziehungsweise die Maske symbolisiert, die du anderen zeigst. Du kannst also eine positive Veränderung prognostizieren.

Mach dir keine Sorgen, wenn dir das alles nicht sofort klar ist. Sobald du dich mit den astrologischen Schlüsselbegriffen vertraut gemacht hast, wirst du es verstehen.

Prognosen erstellen mithilfe der Mondphasen

Für einfache Prognosen nutze ich ebenso gern die monatlichen Neu- und Vollmonde im Tierkreis. Du findest alles über diese Methode in meinem Buch *Moonology*, das viele Informationen über die magischen Wirkungen des Mondes enthält, aber hier folgt nun die Kurzfassung.

Sieh in einem Mondkalender nach, in welchem Zeichen der Neumond steht. Mit dieser Information prüfst du in deinem Horoskop, in welchem Haus der Mond sich an diesem Termin befindet. In dem Bereich steht dir in diesem Monat ein Neuanfang bevor. Im Fall einer Neumondfinsternis bezieht sich der Neuanfang auf die kommenden sechs Monate. Hast du einen Vollmond in deinem Horoskop, verändern sich Dinge, oder du musst jemanden oder etwas loslassen.

Schau dir das Geburtshoroskop meiner Freundin noch einmal an: In welches Haus fällt der Neumond im Skorpion? Skorpion regiert ihr 7. Haus. Ein Neumond im Skorpion bringt ihr also neue Energie in Bezug auf ihr Liebesleben, ihren aktuellen Partner, alle Ex-Partner, mit denen sie noch in Kontakt steht, sowie ihr Liebesleben im Allgemeinen. Da das 7. Haus ebenso für Feinde steht, könnte der Neumond im Skorpion ihr auch einen Neubeginn mit einer Person bringen, die sie mehr als Feind denn als Freund betrachtet.

Und wie würde sich der Vollmond im Widder auf dieses Horoskop auswirken? Ein Blick in das Horoskop zeigt, dass Widder das 12. Haus meiner Freundin regiert. Bei einem Vollmond im Widder geht es also darum, dass sie eine Art Gleichgewicht (denn der Vollmond verlangt immer nach Gleichgewicht) zwischen ihrem 6. Haus (tägliche Arbeit) und ihrem 12. Haus (spirituelles Leben) findet. Sie sollte sicherstellen, dass sie genügend

Zeit für ihr eigenes Wohlbefinden hat, um den Alltag zu bewältigen. Sie könnte sich auf ihre täglichen Routinen und Pflichten (6. Haus) konzentrieren (Sonne), aber sie braucht auch eine Auszeit (12. Haus), um sich zurückzuziehen und zu träumen (12. Haus).

Zum Schluss

Du weißt jetzt, dass die Astrologie ein sehr komplexes System ist, und du solltest dir darüber im Klaren sein, dass es noch viel mehr zu lernen gibt, wenn du ein echter Astrologe sein willst! Die Lehren aus Tausenden von Jahren sind buchstäblich unüberschaubar: die antike Astrologie, die ägyptische Astrologie, die hellenistische Astrologie, die Astrologie der Renaissance … Du kannst Methoden wie das harmonische Horoskop oder Firdaria (die Aufeinanderfolge von Lebensphasen-Herrschern), Prognosemethoden wie Profektionen (alle Planeten und Achsen werden nach einem bestimmten Schlüssel um eine bestimmte Strecke verschoben) und das Solar (ein Rückkehrhoroskop, das für den Zeitpunkt deines Geburtstags erstellt wird, wenn die Sonne wieder auf demselben Grad und in derselben Minute steht wie bei deiner Geburt) und vieles mehr lernen. Aber du hast jetzt eine gute Grundlage – das ist im Prinzip schon alles, was du brauchst, um loszulegen.

Du kannst dieses Buch gern mehrmals lesen! Es gibt so viel zu verstehen. Lies es doch wiederholt zusammen mit deinem eigenen Geburtshoroskop und dem deiner Freunde und Familienmitglieder. Ich stelle fest, dass ich jedes Jahr etwas Neues in der Astrologie dazulerne und dass ich Geburtshoroskope, die ich schon Dutzende Male gesehen habe, mit ganz neuen Einsichten besser und detaillierter deute.

Falls du wichtige Abschnitte dieses Buches übersprungen haben und zum Beispiel direkt zum Kochbuchteil übergegangen sein solltest, rate ich dir dringend, zum Anfang zurückzugehen und jedes Mal, wenn etwas nicht auf Anhieb klar ist, den Text noch einmal durchzugehen! Astrologie baut wirklich auf sich selbst auf: Man muss erst eine Sache vollständig begreifen, bevor man die nächste verstehen kann. Sei also geduldig mit dir selbst und dem Thema! Denk auch daran, dass es in der Astrologie um Schlüsselbegriffe geht. Lerne sie und die wichtigsten Informationen über die Planeten, Zeichen, Häuser und Aspekte am besten auswendig. Mit diesen Kenntnissen kannst du immer tiefer in dein Studium einsteigen. Vielleicht möchtest du dich für einen der zahlreichen Workshops, Vorträge oder sogar Studiengänge anmelden. Oder du ziehst es vor, mit einem oder mehreren Mentoren zu arbeiten.

Ich würde dir auch empfehlen, dich für eine Astrologie-Konferenz anzumelden (die gibt es überall auf der Welt) und dir so viele an Astrologie Interessierte wie möglich zu suchen, um Informationen und Ideen mit ihnen auszutauschen (diese sind im Internet sehr leicht zu finden!). Gleichgesinnte Astrologie-Eleven und alte Hasen werden dir gern auf jede erdenkliche Weise zur Seite stehen oder helfen.

Wie mein erster Lehrer einmal zu mir sagte: »Du wirst bald sehen, ob es sich um ein kurzfristiges Interesse handelt oder ob es zu einer lebenslangen Leidenschaft wird.« Ich glaube, dass die Astrologie für mich eine lebenslange Angelegenheit ist. Vielleicht ist es das auch für dich?

Ein wichtiger Gedanke: Nutze alle astrologischen Informationen, die du entdeckst, weise! Denn sie sind machtvoll. Setze sie immer für etwas Positives ein. Nutze sie, um Menschen aufzubauen und ihnen ein besseres Selbstwertgefühl zu geben. Wende sie an, um den Menschen zu helfen, damit sie ihre Schwierigkeiten besser verstehen. Aber vergiss nicht, sie auch auf ihre Talente und Stärken hinzuweisen.

Wenn du dich dafür entscheidest, Horoskope zu analysieren – ob du das nun professionell machst oder »ehrenamtlich« –, trägst du eine große Verantwortung für dich selbst, für die Menschen, deren Horoskope du deutest, und für das Thema »Astrologie« selbst. Astrologie ist ein Instrument zur Persönlichkeitsentwicklung und zur Selbstermächtigung. Nutze sie, um dich selbst besser zu verstehen und um anderen dabei zu helfen.

Wenn du mit Prognosen arbeitest, solltest du auf keinen Fall Ängste schüren. Siehst du eine große Herausforderung am Horizont auftauchen, solltest du sie so ermutigend wie möglich formulieren. Erinnere die Leute daran, dass wir nach einer Lektion in der Regel weiter sind, als wir es vorher waren. Hilf ihnen zu verstehen, was ihre Seele gerade durchmacht. Erinnere dich daran, dass wir aus einem bestimmten Grund mit den Horoskopen inkarnieren, die wir haben – weil unsere Seele die Lektionen dieses Lebens lernen will, die im Geburtshoroskop zu finden sind. Und wir wollen uns weiterentwickeln. Nutze die Astrologie, um dir und anderen zu helfen, sich besser zu fühlen. Sie ist ein sehr mächtiges Werkzeug, und du musst sie weise einsetzen, um zu heilen, zu planen, zu lehren, zu beruhigen, zu erklären und zu helfen. Ich wünsche dir alles Gute auf deinem astrologischen Weg!

Bleiben wir in Kontakt!

Ich würde mich freuen, dir zu helfen, wenn du Fragen zu diesem Buch hast. So findest du mich:

- über meine Website, moonology.com
- auf meinen beiden Facebook-Seiten:
  facebook.com/yasminboland
  facebook.com/yasminbolandsmoonology

- auf Twitter: @yasminboland
- auf Instagram: @moonologydotcom

Das Horoskop von Louise Hay deuten

Lies diesen Abschnitt erst, wenn du das ganze Buch gelesen hast! Am Ende von Kapitel 1 hast du das Horoskop der Hay-House-Gründerin Louise Hay gesehen. Schau es dir noch einmal an, und überprüfe, ob die folgenden Informationen mit dem übereinstimmen, was du erkannt hast … und wenn dir das gelingt, kannst du dir selbst auf die Schulter klopfen:

- Sonne in Waage im 3. Haus.
- Mond in Skorpion im 4. Haus.
- Aszendent in Löwe.
- Merkur in Waage im 3. Haus.
- Venus in Waage im 3. Haus.
- Mars in Stier im 10. Haus.
- Jupiter in Wassermann im 7. Haus.
- Saturn in Skorpion im 4. Haus.
- Uranus in Fische im 8. Haus.
- Neptun in Löwe im 1. Haus.
- Pluto in Krebs im 12. Haus.

Die drei wichtigsten Aspekte in Mrs. Hays Horoskop:

1. Merkur in Konjunktion mit dem IC.
2. Mars im 10. Haus im Quadrat zu Jupiter im 7. Haus.
3. Sonne im 3. Haus im Quadrat zu Pluto im 12. Haus.

Glossar

Für dich ist dieses Buch natürlich vollgepackt mit vielen neuen Themen und Begriffen – du hast eine ganz neue Sichtweise auf dein Leben erworben! Hoffentlich bist du bereits mit den neuen Wörtern und Begriffen vertraut, die du kennengelernt hast. Hier folgt ein kurzer Überblick über einige Fachbegriffe der Astrologie, die du vielleicht irgendwann hörst und dich fragst, was sie bedeuten.

Abgefangene Zeichen

Ich arbeite nicht mit abgefangenen Zeichen, sondern mit dem System der ganzen Zeichen. Bei Ersteren handelt es sich um Tierkreiszeichen ohne Häuserspitze. Dieses Phänomen tritt auf, wenn inäquale Häusersysteme verwendet werden (zum Beispiel Placidus oder Koch). In diesen Häusersystemen ist ein Haus größer als 30 Grad, sodass zwei der zwölf Zeichen vollständig in zwei gegenüberliegenden Häusern enthalten sind und nicht auf der Häuserspitze stehen. Nehmen wir als Beispiel das 4. Haus: Es beginnt mit einem Zeichen, enthält noch ein Zeichen sowie den Anfang eines weiteren Zeichens. Es beginnt also zum Beispiel mit Waage, dann kommen 30 Grad des Zeichens Skorpion dazu, und es folgt sofort Schütze.

Astrologen sind sich nicht einig über die Bedeutung der abgefangenen Zeichen. Eine Theorie besagt, dass die betroffene

Person weniger eindeutige Merkmale eines Zeichens aufweist, weil das Zeichen nicht auf einer Häuserspitze liegt. Wer aber zum Beispiel die Energie des Skorpions für sein Leben braucht, muss dafür am Mars oder am Skorpion arbeiten. Ebenso heißt es, dass ein abgefangenes Zeichen im Horoskop darauf hinweist, dass man ihm vermehrt Aufmerksamkeit schenken sollte, da es etwas Besonderes ist.

Antike Mythologie in der Astrologie

Wenn du die Grundlagen der Astrologie studiert hast, interessiert es dich vielleicht, dass die Astrologie viel mit griechischer und römischer Mythologie zu tun hat. So gehen einige der Planetennamen auf antike Götter und Göttinnen zurück, wie zum Beispiel Jupiter und Venus. Je mehr du über die griechischen und römischen Bezüge weißt, desto besser. Es gibt viele unterschiedliche Möglichkeiten, Astrologie zu studieren, sei es über die antiken Mythen, die Jung'schen Prinzipien oder die Mundanastrologie. Es ist dir überlassen, welche Richtung dich am meisten interessiert. Aber es lohnt sich, sich mit den antiken Mythen zu beschäftigen.

Beziehungsastrologie (Synastrie)

Mit dem Begriff »Synastrie« wird die Überprüfung der Kompatibilität von möglichen Partnern anhand der Gestirnskonstellationen bezeichnet (griechisch *sýn* [mit, zusammen, gleichartig] und ástron [Stern, Sternbild]). Die Frage »Welche Art von Synastrie habt ihr?« bedeutet: »Wie passen eure Planeten zusammen?« Bei einem Partnerbild werden die Horoskope von zwei Personen übereinandergelegt und verglichen, wessen Planeten in Konjunktion, Trigon, Sextil, Quadrat oder Opposition stehen. Steht deine Venus in Konjunktion, Trigon oder Sextil mit dem Mars (oder einem anderen Planeten) deines Partners, ist das harmonischer, als wenn seine Venus, sein Mars oder ein anderes Element in deinem Horoskop im Quadrat stehen. Um das besser zu verstehen, musst du dich mit den Aspekten befassen (siehe Kapitel 8).

Entfernungen zwischen den Planeten

Für den Anfang ist es hilfreich zu wissen, dass einige der schneller laufenden Planeten nie weiter als eine bestimmte Entfernung voneinander entfernt sein können. Das hört sich vielleicht mehr nach Astronomie an, aber in der Astrologie bekommst du damit eher ein Gefühl für eine Person. So können Sonne und Merkur nie mehr als 28 Grad und Sonne und Venus nie mehr als 48 Grad voneinander entfernt sein.

Essenzielle Würden und Schwächen

Die Planeten herrschen nicht nur über ein oder mehrere Tierkreiszeichen oder beeinflussen ein Zeichen je nach ihrer Position. Sie wirken sich abhängig von ihrer Stellung außerdem in bestimmten Zeichen förderlicher (»Würde«) oder schwächer (»Schwäche«) aus als in anderen. Die Würdentafel nach Ptolemäus ist eine sehr komplexe Übersicht, die über die Grundlagen der Astrologie hinausgeht, doch sie ist notwendig, deshalb habe ich die folgende Erklärung hier aufgenommen.

Im Wesentlichen dient die Tafel als Orientierungshilfe dafür, welcher Planet welchen Teil eines Zeichens regiert. Sie zeigt, welche Planeten sich in welchem Zeichen wohlfühlen und welche nicht so gern in bestimmten Zeichen sind. Ich persönlich bin kein großer Fan der Würdetabelle, aber sie wird von vielen Leuten sehr geschätzt – du kannst ja später mal herausfinden, was du davon hältst. Beachte, dass die modernen Planeten in dieser Tafel nicht enthalten sind, da sie vor ihrer Entdeckung entstanden ist.

Im Folgenden findest du eine kurze Anleitung zur Entschlüsselung der Tabelle.

Spalte 1 zeigt die Tierkreiszeichen.

Spalte 2 zeigt an, welcher Planet über welches Zeichen herrscht und zu welcher Zeit (D und N = Day und Night). Zum Beispiel regiert Mars tagsüber den Widder und nachts den Skorpion (wenn du dir das in deinem Horoskop ansehen willst, musst du wissen, ob du am Tag oder in der Nacht geboren bist). Venus regiert Stier, Merkur regiert Zwillinge und so weiter. Der Planet ist in diesem Zeichen zu Hause – in seinem sogenannten »Domizil« – und fühlt sich dort wohl.

Spalte 3 zeigt an, in welchem Zeichen der jeweilige Planet »erhöht« ist (»Exaltation«). Damit ist die sogenannte »Würde« eines Planeten gemeint. Hier fühlt er sich am wohlsten, entfaltet eine besonders positive Wirkung und schöpft sein ganzes Potenzial aus. In der ersten Zeile steht zum Beispiel die Sonne im Zeichen Löwe. Darunter steht der Mond im Stier. Jeder Planet hat nur ein Zeichen, in dem er erhöht ist. Wenn der Planet in diesem Zeichen steht, ist er sozusagen der Ehrengast. Die Zahl zeigt den exakten Grad der Erhöhung an – dort ist ein Planet extrem stark.

Spalte 4: Der Tierkreis ist in vier Gruppen mit jeweils drei Zeichen eingeteilt. Die Zeichen sind jeweils den vier Elementen zugeordnet. Die drei Zeichen eines Elements bilden die sogenannte Triplizität. Diese Spalte zeigt an, welcher Planet zu welchem Zeitpunkt über die ihm zugeordneten Elemente herrscht. Am Tag herrscht zum Beispiel die Sonne über alle Feuerzeichen, nachts ist Jupiter der Herrscher. Steht ein Planet in seiner Triplizität, befindet er sich in einer vertrauten, entspannten Umgebung, fühlt sich wohl und wirkt besonders positiv.

Spalte 5 zeigt die Grenzen der Planeten an. Grenzen sind Untergruppen oder Unterherrschaften der Zeichen. Die Natur eines Planeten wird durch den Planeten verändert, in dessen Grenzen er sich befindet. Wie du in der ersten Zeile sehen kannst, herrscht Jupiter über 0,0 Grad bis 6 (streng genommen 5,59) Grad Widder, Venus über 6 Grad bis 14 (13,59) Grad Widder und so weiter. Als weiteres Beispiel kannst du sehen, dass Jupiter auch 14 Grad Krebs regiert. Steht ein Planet in seinen Grenzen, ist er leicht gestärkt.*

Spalte 6 zeigt die Dekane der Tierkreiszeichen an. Jedes Tierkreiszeichen umfasst eine Breite von 30 Grad und ist in drei Dekane von jeweils 10 Grad Breite gegliedert. Die Dekane werden heute weitgehend vernachlässigt, doch sie tauchen immer wieder mal auf. Steht ein Planet in seinem bevorzugten Dekan, ist er leicht gestärkt*, fühlt sich aber nicht ganz wohl.

Spalte 7 zeigt die Planeten an, die im sogenannten »Exil« stehen (»Detriment«). Damit ist gemeint, dass ein Planet in dem Zeichen steht, das seinem Domizil gegenüberliegt. Im Exil fühlt er sich schwach und entfaltetet negative Eigenschaften. Zum Beispiel regiert Mars in erster Linie das Zeichen Widder. Das dem Widder gegenüberliegende Zeichen ist die Waage, und der Planet, der mit der Waage verbunden ist, ist die Venus. Wenn ein Planet im Exil steht, ist er im Nachteil und muss sich an die Regeln halten; er ist verletzlich. Ich schaue mir das nicht wirklich an, denn ich glaube nicht, dass ein Planet in irgendeinem Zeichen jemals wirklich Schwierigkeiten hat. Es gibt immer etwas Positives. Viele andere moderne Astrologen stimmen mit

---

* *Ein Hinweis zu Stärke und Schwäche der Planeten:* Je stärker ein Planet ist, desto mehr wirst du seinen Einfluss spüren. Bilden zwei Planeten einen Aspekt zueinander, hat der stärkere von ihnen mehr Kontrolle über die Wirkungen des Aspekts. Wenn zum Beispiel Mond und Saturn im Trigon stehen, arbeiten sie gut zusammen, aber wenn der Mond am stärksten ist, findet diese gute Zusammenarbeit auf der emotionalen Ebene statt (Mond).

mir überein. Die Astrologen der Antike nutzten jedoch dieses Konzept.

Spalte 8 zeigt den sogenannten »Fall« von Planeten an. Befindet sich ein Planet im entgegengesetzten Zeichen zu seiner Erhöhung, gilt er als am schwächsten, ähnlich wie im Exil. Befindet sich ein Planet im Fall, ist er in wesensfremder Umgebung und kann sich nicht entfalten. Auch dies ist keine gute Sache, und ich arbeite nicht damit, da ich die Angaben nicht sehr präzise finde. Außerdem ist der Fall eindeutig negativ.

Gegenseitige Rezeption

Zwei Planeten befinden sich in gegenseitiger Rezeption, wenn ein Planet im Zeichen des anderen Planeten steht und umgekehrt, etwa Mars im Stier und Venus im Widder.

Mittelpunkt

Der Mittelpunkt ist das mathematische Mittel zwischen zwei Planeten oder anderen Elementen des Horoskops. Er ist in folgenden Fällen von Interesse: Ein Planet befindet sich auf einem Mittelpunkt zwischen zwei deiner Planeten; ein Planet befindet sich auf einem deiner Mittelpunkte; ein Himmelsereignis (zum Beispiel Neumond, eine Sonnenfinsternis oder ein Planet im Transit) liegt auf einem deiner Mittelpunkte. Ein Mittelpunkt markiert den Brennpunkt, an dem sich die Energien von zwei Planeten verbinden. Transite zum Mittelpunkt aktivieren ebenfalls die beteiligten Energien.

Planetenrückkehr

Wenn du anfängst, Astrologie zu studieren, wirst du vielleicht von der Rückkehr Saturns und anderen Wiederkehrern hören. Das bedeutet, dass ein Planet zum selben Punkt zurückkehrt, an dem er sich zum Zeitpunkt deiner Geburt befand. Angenommen, du wurdest mit Saturn in 18 Grad Wassermann geboren, dann hat Saturn etwa 29 bis 30 Jahre nach deiner Geburt alle Zeichen (und Häuser) deines Horoskops umrundet und dich auf 24 Arten geprüft (zwölf Zeichen und zwölf Häuser; bei Saturn geht es um Reifephasen und Prüfungen). Dann kehrt Saturn genau dorthin zurück, wo er war, als du geboren wurdest.

In den Wochen vor seiner Rückkehr in 18 Grad Wassermann wirst du weiter geprüft. Aber inzwischen bist du in jedem Bereich deines Lebens geprüft worden und nun astrologisch gesehen erwachsen. Außerdem hast du aufgrund dieser Prüfungen eine Vorstellung davon, was in dir steckt, wie widerstandsfähig du bist, was du aushalten und überwinden kannst und woraus du hoffentlich etwas lernst. Sobald Saturn in 18 Grad Wassermann zurückkehrt, erkennst du, was in deinem Leben noch Bestand hat. Das ist oft eine Zeit, in der man sich möglicherweise noch weiter von seinen Eltern entfernt. Ich bin zum Beispiel der Meinung, man sollte nicht heiraten, bevor nicht die erste Saturn-Rückkehr erfolgt ist.

Stellium

Stehen drei oder mehr Planeten in einem Zeichen, spricht man von einem »Stellium« (verkürzte Form des lateinischen *satellitium* [Konvoi]). Das bedeutet, dass dieses Zeichen größeren Einfluss hat, als wenn nur ein Planet in ihm stünde. Das kommt recht häufig vor. Wenn du also viele Widder-Planeten hast – etwa deine Sonne, deinen Mond, Merkur und Venus – bist du ein sehr ausgeprägter Widder.

Stundenastrologie

Diese immer beliebter werdende Form der Prognose wird erstellt, um einen günstigen Zeitpunkt zu ermitteln oder Antworten auf konkrete Fragen zu erhalten, zum Beispiel, ob ein Hausverkauf zustande kommen wird. Diese Horoskope werden auf den Moment, in dem die Frage gestellt wird, und auf den Ort, an dem sich die Astrologin befindet, berechnet. Bei der Deutung werden dieselben Prinzipien angewendet wie beim Geburtsbild. Es macht Spaß, sich damit zu befassen, und die Aussagen können sehr präzise sein. Ich bevorzuge jedoch Tarotkarten und Engelorakel.

FAQ

Nun möchte ich auf einige häufig gestellte Fragen (*frequently asked questions* oder FAQ) eingehen, die auch dir beim Lesen des Buches vielleicht in den Sinn gekommen sind.

Kann ich meine Lebensaufgabe in meinem Horoskop erkennen?
Ja! In deinem aufsteigenden Mondknoten, je nach seiner Position (Zeichen und Haus). Mehr über die Mondknoten findest du in Kapitel 11.

Kann ich in meinem Horoskop frühere Leben entdecken?
Ja: in Saturn und im absteigenden Mondknoten. Eine Konjunktion zwischen deinem Saturn und dem absteigenden Mondknoten gilt als unauflösliche Verbindung, die über alle Zeiten und Leben hinweg Bestand hat. Starke Saturn-Verbindungen (vor allem Konjunktionen) deuten auf frühere gemeinsame Leben hin. Lies mehr über Saturn in Kapitel 4, 10 und 13.

Mein Tierkreiszeichen passt nicht zu dem meines Partners.
Mach dir keine Sorgen. Schau dir vor allem die Verbindungen von Mond, Venus, Mars und Jupiter an. Wie du inzwischen weißt, gibt es noch viel mehr im Horoskop als das Sonnenzeichen!

Etwas in meinem Horoskop macht mir Angst.

Wenn dich das, was du in deinem Geburtshoroskop entdeckst, beunruhigt, wende dich an einen Astrologen in deiner Nähe, oder kontaktiere mich über meine Website yasminboland.com – es gibt keinen Grund zur Sorge!

Sind die Geburtshoroskope von Zwillingen identisch?

Wie wir wissen, sind sich manche Zwillinge sehr ähnlich und manche nicht. Im Allgemeinen wirst du feststellen, dass Zwillinge, die nur wenige Minuten nacheinander geboren wurden und den gleichen Aszendenten (und damit die gleiche Häuser- und Planetenanordnung) haben, sich ähnlicher sind als Zwillinge, deren Geburtsminuten so weit auseinanderliegen, dass sich das Zeichen des Aszendenten geändert hat. Wie du inzwischen weißt, wirkt sich die Anordnung der gleichen Planeten in unterschiedlichen Häusern stark auf ihre Wirkung aus.

Soll ich die Geburtszeit meines Babys festlegen?

Ich persönlich würde das nicht tun, aber spielt das wirklich eine Rolle, da wir ja alle zum richtigen Zeitpunkt gemäß den Bedürfnissen unserer Seele geboren werden? Wenn du also den Zeitpunkt festlegst, ist das genau der richtige Moment für dein Kind, zur Welt zu kommen. Ich kann nur sagen: »Viel Glück dabei, es richtig zu machen.« Nach meiner begrenzten Erfahrung mit der Auswahl des richtigen Zeitpunkts ist es sehr schwer, dadurch »das perfekte Horoskop« hinzukriegen.

Wann ist der beste Zeitpunkt zum Heiraten?

Sobald du es willst. Das Gleiche gilt für die Wahl des Hochzeitstermins. Ich habe vielleicht hundert verschiedene Zeiten und Daten für meine eigene Hochzeit ausprobiert, und keine davon schien ideal zu sein. Also schloss ich die Augen und bat die göttliche

Mutter, einen Termin für mich auszuwählen, und da fielen mir eine Zeit und ein Datum ein. Ich schaute kurz auf das Horoskop, sah, dass Venus auf dem MC stand, und entschied mich dafür. Das war viel besser!

Kann man den Tod eines Menschen astrologisch vorausberechnen?

Früher haben manche Astrologen behauptet, sie könnten ihren eigenen Tod vorhersagen. Einigen mag es gelungen sein, den meisten aber nicht. Ich persönlich bin zu sehr Astrologin auf der Seite des Lichts, als dass ich mich mit einer so dunklen Frage beschäftigen möchte. Ehrlich gesagt wäre ich bei jeder Astrologin, die dir das anbietet, etwas misstrauisch. Was soll das bringen? Es gibt ein paar Dinge, die wir nicht wissen müssen.

Was ist ein Naturhoroskop?

Das ist ein Horoskop, das nicht für eine bestimmte Person oder eine bestimmte Zeit erstellt wurde. Es kann als einfaches und schnelles Nachschlagewerk für die Anordnung von Zeichen, ihrer Quadranten und Triplizitäten und der Häuser, denen jedes Zeichen von Natur aus zugeordnet ist, verwendet werden.

Was ist, wenn ich keine Planeten in einem bestimmten Haus habe?

Du fragst dich vielleicht, ob ein Haus ohne Planeten bedeutet, dass in diesem Teil deines Lebens nichts passieren wird. Das ist jedoch nicht der Fall. Wenn viele Planeten in einem Haus stehen, wird dieses Haus betont. Bei einem leeren Haus musst du dir den Planeten ansehen, der es regiert. Wenn zum Beispiel Stier dein 8. Haus regiert, würdest du dir den Stierplaneten Venus ansehen, um die Themen des 8. Hauses zu deuten.

Literatur

Aspects in Astrology, Sue Tompkins (Destiny Books)
Der innere Himmel. Eine astrologische Reise in das innere Zentrum, Steven Forrest (Neue Erde)
Handbuch der Horoskopdeutung, Stephen Arroyo (rororo)
Healing Pluto Problems, Donna Cunningham (Red Wheel/Weiser Books)
Lehrbuch der astrologischen Prognose, Bernadette Brady (Chiron)
Making the Gods Work for You, Caroline W. Casey (Harmony)
Planets In Transit, Robert Hand (Whitford Press)
Schlüsselworte zur Astrologie, Hajo Banzhaf und Anna Haebler (Kailash)
Spiritual Astrology: A Path to Divine Awakening, Jan Spiller (Touchstone)
Star Crossed, Kim Farnell (lulu.com)
The Astrology Sourcebook, Shirley Soffer (Shirley I. Soffer)
The Gods of Change, Howard Sasportas (Penguin Books)
The Principles of Astrology, C. E. O. Carter (American Federation of Astrologers)
The Rulership Book, Rex E. Bills (American Federation of Astrologers)

Weitere hilfreiche Quellen für deine astrologische Arbeit findest du auf theastrologybook.com.

Dank

Am liebsten würde ich all den Menschen danken, die mir bisher auf meiner astrologischen Reise geholfen haben; aber es sind viel zu viele, und ich bräuchte wohl ein ganzes Kapitel dafür. Stattdessen gilt mein Dank denjenigen, die entscheidend an diesem Buch mitgewirkt haben.

Ich danke meiner Astrologie-Kollegin Michelle Pilley und meiner Astrologie-Studienkollegin Amy Kiberd (ja, ich bin Astrologin und doch noch Astrologie-Studentin!), dass sie dieses Buch initiiert haben.

Ein großes Dankeschön geht auch an Debra Wolter, die sich nicht mit Astrologie beschäftigt und es dennoch schaffte, das Buch zu redigieren – Gott segne ihren akribischen Merkur in der Jungfrau! Außerdem danke ich meinen unglaublich gründlichen Astro-Lektorinnen Kelly Surtees und Kim Farnell, die das Manuskript zu Beginn und am Ende des Schreib- und Bearbeitungsprozesses durchsahen. Sie ermutigten mich beide und bereicherten das Buch mit ihren brillanten Ideen.

Last, but definitely not least danke ich Julie Oughton und Moira Boland, die das Manuskript mit ihrem Adlerblick akribisch korrigierten.

Über die Autorin

Yasmin Boland begann ihre Karriere als freiberufliche Journalistin mit einer Leidenschaft für das Schreiben und die Astrologie. Durch verschiedene kosmische Wendungen wurden diese Leidenschaften zu ihrem Beruf, und heute ist sie eine der meistgelesenen Astrologie-Autorinnen, deren Kolumnen auf der ganzen Welt veröffentlicht werden.

Yasmin liebt so ziemlich alles, was mit Astrologie zusammenhängt, sie hat aber ein besonderes Interesse am Mond, vor allem an Neu- und Vollmonden. Auf ihrer Website moonology.com findest du ihre tägliche Mondbotschaft sowie ihre Wochen-, Monats- und Jahreshoroskope. Sie hat auch eine begeisterte Facebook-Community.

Yasmin Boland veröffentlichte bereits die Bücher *Moonology*™ und *Angel Astrology* 101 (gemeinsam mit Doreen Virtue).

Sie wurde in Deutschland geboren, wuchs in Tasmanien auf und hat bisher in Australien, Frankreich und England gelebt.

yasminboland
yasminbolandsmoonology

@yasminboland

@planetyasminboland

www.yasminboland.com